★

1946-1950

国共生死决战全纪录

桂恒彬◎著

席卷长江

长城出版社

图书在版编目（CIP）数据

席卷长江 / 桂恒彬著. －北京：长城出版社，2011.4
（国共生死决战全纪录丛书）
ISBN 978－7－5483－0079－3
Ⅰ. ①席… Ⅱ. ①桂… Ⅲ. ①渡江战役（1949）－史料 Ⅳ. ① E297.4

中国版本图书馆 CIP 数据核字（2011）第 070617 号

责任编辑 / 徐　华　箫　笛

席卷长江

著　　者 / 桂恒彬
图　　片 / 解放军画报社授权出版　gettyimages 授权出版
　　　　　资深档案专家王铭石先生供稿
出　　版 / 长城出版社
地　　址 / 北京甘家口三里河路 40 号
邮　　编 / 100037
电　　话 /（010）66817982　66817587
开　　本 / 720 × 1000mm　1/16
字　　数 / 260 千字
印　　张 / 20.5 印张
印　　刷 / 北京龙跃印务有限公司
版　　次 / 2011 年 4 月第 1 版
印　　次 / 2014 年 3 月第 2 次印刷

标准书号 / ISBN 978－7－5483－0079－3/E · 1010
定　　价 / 49.80 元

解读国共生死大较量的历史
重温先辈们激情燃烧的岁月

① 1949.4.20~6.1

敌我双方交战示意图

渡江战役示意图

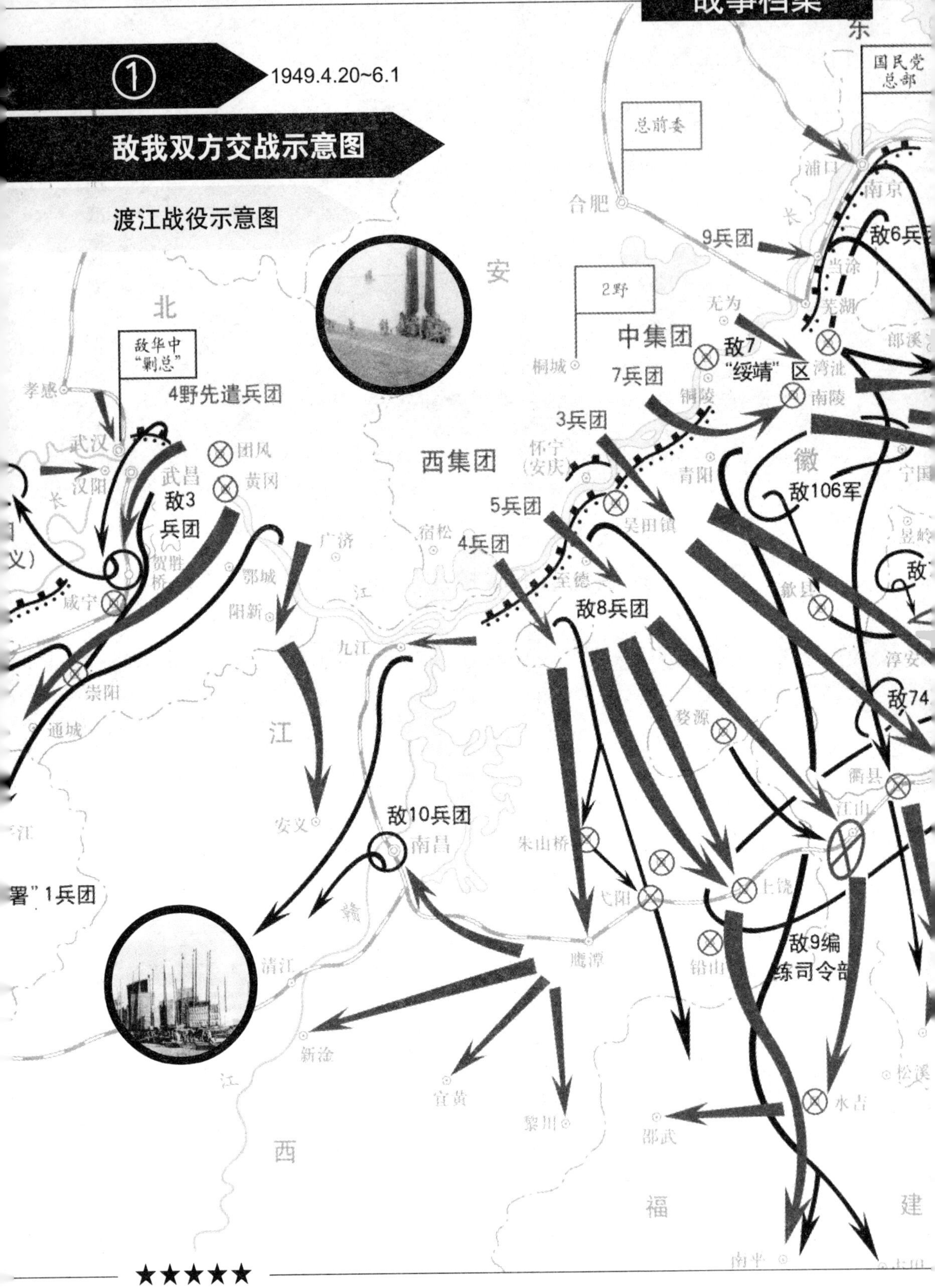

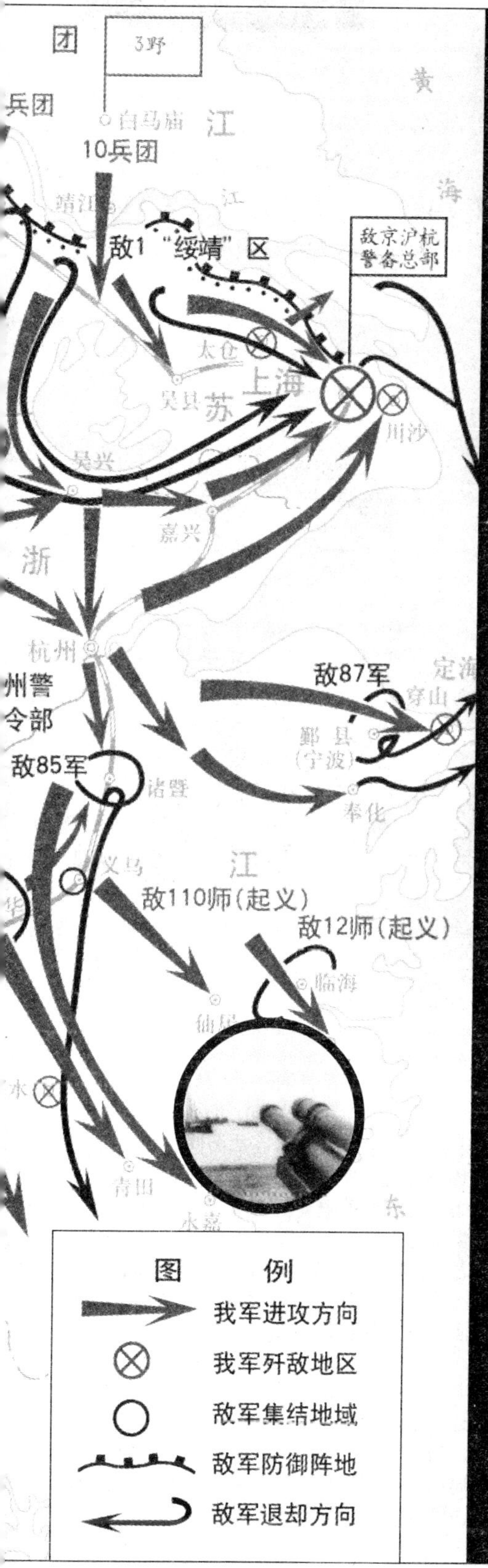

★

② 作战时间

1949年4月20～6月1日

★

③ 作战地点

西起江西九江湖口、东至江苏江阴

★

④ 敌我双方参战兵力

我军：

第三野战军第8、第10兵团8个军35万人，组成东突击集团；第三野战军第7、第9兵团7个军30万人，组成中突击集团；第二野战军第3、第4、第5兵团9个军及地方部队共35万人，组成西突击集团，共7个兵团24个军约100万余人。

敌军：

京沪杭警备总司令汤恩伯指挥24个军共75个师约45万人，布防于湖口至上海间800公里地段上；华中"剿总"白崇禧所部15个军40个师约25万人，布防于宜昌至湖口间1,000公里地段上。共计40个军115个师约70万余人。另有海军第2舰队和江防舰队共130余艘舰艇游弋于长江中下游，300余架作战飞机在长江沿浅布防。

★

⑤ 作战结果及意义

渡江战役历时42天，共歼敌11个军部、46个师共43万余人，我军伤亡6万余人。解放了苏南、皖南、浙江广大地区和江西、湖北、福建部分地区，为尔后向华南、中南和西南地区进军创造了有利条件。

我军主要指挥官

第二野战军司令员刘伯承、政治委员邓小平，第三野战军第一副政治委员谭震林，第7兵团司令员王建安，第8兵团司令员陈士榘，第9兵团司令员宋时轮。

刘伯承

四川开县人。1912年考入重庆军政府将校学堂。北伐战争时期，任国民革命军四川各路总指挥、暂编第15军军长。1927年参加领导南昌起义，任中共前敌委员会参谋团参谋长。后留学苏联。1930年回国。土地革命战争时期，任中共中央长江局军委书记，中央革命军事委员会总参谋长兼中央纵队司令员，中央红军先遣队司令员，中革军委总参谋长，中央援西军司令员等职。参加了长征。抗日战争时期，任八路军129师师长。解放战争时期，任晋冀鲁豫军区司令员，中原军区司令员，第二野战军司令员等职。1955年被授予元帅军衔。

邓小平

四川广安人。1920年赴法勤工俭学，1926年赴苏联中山大学学习，同年底奉命回国。1927年底至1928年夏，任中共中央秘书长。1929年10月底任中共广西前敌委员会书记，是百色起义的主要领导人之一，亦是左右江革命根据地创始人之一。期间任红7军政治委员兼红8军政治委员。1933年调任红军总政治部秘书长。参加了长征。1934年再次出任中共中央秘书长。抵达陕北后，参加了东征战役，任红一军团政治部副主任、主任。抗日战争时期，先后担任八路军政治部副主任，129师政治委员。解放战争时期，历任晋冀鲁豫军区政治委员，中共中央中原局第一书记，中原军区和中原野战军政治委员，第二野战军政治委员等职。

★谭震林

时任第三野战军第一副政治委员。

★王建安

时任第三野战军第7兵团司令员。1956年被授予上将军衔。

★陈士榘

时任第三野战军第8兵团司令员。1955年被授予上将军衔。

★宋时轮

时任第三野战军第9兵团司令员。1955年被授予上将军衔。

⑥ 我军主要指挥官

第三野战军司令员兼政治委员陈毅、副司令员粟裕，第10兵团司令员叶飞，第二野战军第3兵团司令员陈锡联，第4兵团司令员兼政治委员陈赓，第5兵团司令员杨勇。

★ 陈　毅

四川乐至人。1919年赴法勤工俭学。1921年回国。1927年参加了南昌起义，任第11军25师73团政治指导员。土地革命战争时期，任工农革命军第1师党代表，红军第4军12师党代表、师长，红4军军委书记、军政治部主任，红6军、红3军政治委员，红22军军长等职。领导了南方三年游击战争。抗日战争时期，历任新四军第1支队司令员，江南指挥部、苏北指挥部指挥，新四军代军长。解放战争时期，任新四军军长兼山东军区司令员，华东军区司令员，华东野战军司令员兼政治委员，第三野战军司令员兼政治委员。1955年被授予元帅军衔。

★ 粟　裕

湖南会同人。参加了南昌起义和湘南起义。土地革命战争时期，历任红4军参谋长，红一军团教导师政治委员，红11军参谋长，红七军团参谋长，红十军团参谋长，红军北上抗日先遣队参谋长，挺进师师长，闽浙军区司令员。坚持了南方三年游击战争。抗日战争时期，任新四军第2支队副司令员，新四军第1师师长兼政治委员，苏中军区、苏浙军区司令员兼政治委员。解放战争时期，任华中军区副司令员，华中野战军副司令员，华东野战军副司令员、代司令员、代政治委员，第三野战军副司令员。1955年被授予大将军衔。

★叶　飞

时任第三野战军第10兵团司令员。1955年被授予上将军衔。

★陈锡联

时任第二野战军第3兵团司令员。1955年被授予上将军衔。

★陈　赓

时任第二野战军第4兵团司令员兼政治委员。1955年被授予大将军衔。

★杨　勇

时任第二野战军第5兵团司令员。1955年被授予上将军衔。

⑦ 敌军主要指挥官

国民党京沪杭警备总司令汤恩伯、副总司令兼第8兵团司令刘汝明、副总司令兼淞沪警备司令陈大庆。

★ 汤恩伯

浙江武义县人。国民党陆军上将。日本士官学校第十八期炮兵科毕业。20世纪30年代，历任国民党军第4师副师长兼第18旅旅长，第2师师长，第89师师长，第13军军长，第二十军团军团长，第2集团军总司令，第31集团军总司令。1944年任黔桂湘边区总司令。1945年2月任第三方面军总司令。1946年7月，任陆军副总司令兼南京警备司令。1947年3月，任第1兵团司令。1949年1月，就任京沪杭警备总司令。后逃往台湾。

★ 刘汝明

河北献县人。国民党陆军上将。1928年任国民党军第29师师长，第36师师长。“卢沟桥事变”后，任第7集团军副总司令等职。1943年升任第2集团军总司令。1946年任第四“绥靖”区司令。1949年任京沪杭警备副总司令兼第8兵团司令。后逃往台湾。

★ 陈大庆

江西崇义人。国民党一级陆军上将。黄埔军校一期毕业。参加了北伐战争。1935年任国民党军第13军旅长。1937年9月，升任第13军第4师师长。1940年，任第29军军长。1943年，任第31集团军副总司令。1944年升任第19集团军中将总司令。1948年冬，调任京沪杭警备司令部副司令兼淞沪警备司令。后去台湾。

★★★★★

目 录

第一章 决胜西柏坡 / 2

时间：1949 年初，地点：太行山麓河北省平山县西柏坡村。

正当国民党内惶惶不可终日，腐败政府上演“逼宫”闹剧的时候，我党中央统帅部，却沉稳而冷静地关注着世界形势的变化和中国局势的发展，因势利导，将我党在战场上取得的军事优势化为决定性的政治优势，夺取全国胜利。

1. 毛泽东西柏坡策划解放大计 / 3
2. 国民党内部上演“逼宫”闹剧 / 8
3. 李宗仁借假和赢真翻身 / 15
4. “划江而治”如意算盘被看穿 / 25

第二章 双清别墅的战略部署 / 36

时间：1949 年 3 月，地点：北京香山。

双清别墅的新主人共同策划着不流血的战争。毛泽东说：“打嘴皮子仗，还是恩来挂帅，再加上中央其他几位同志，我们是任凭风浪起，稳坐钓鱼船啊！”中共五大领袖们你一言我一语的轻松交谈，便把整个政治军事战略作了部署。

1. 双清别墅新主人策划不流血的战争 / 37
2. 关于渡江 / 43
3. 美国的威胁不存在 / 46

第三章 准备和平渡江 / 54

时间：1949 年三四月间，地点：江北。

总前委召开了扩大会议。一间宽敞的土墙茅舍内烟雾缭绕，一幅巨大的长江地区战略态势图占满了一面墙。《京沪杭战役实施纲要》高屋建瓴，二野、三野部队有计划地向长江沿岸挺进。邓小平亲自给毛泽东写报告。陈毅说，和平渡江自然求之不得，但推迟渡江时间可万万使不得！

1. 渡江计划开始部署 / 55
2. 粟裕大军打前阵 / 69
3. 各路大军汇集长江边 / 81

第四章 平和、平和，只要和了就行 / 102

时间：1949年4月，地点：北京。

“和平将军”张治中飞抵北平，周恩来质问：“你既然来北平是为了和平解决两党问题的，为什么在事前你还要亲到奉化去向战犯头子请示呢？”刘斐问毛泽东：“您爱打清一色呢，还是喜欢打平和？”毛泽东立即说：“平和、平和，中国有句古话，叫做‘和为贵’，只要和了就行。”

1. 张治中和谈起程，蒋介石幕后导演 / 103
2. 李宗仁的“和平诚意” / 113
3. 和谈让步，以退为进 / 120

第五章 渡江战役决心不可动摇 / 128

时间：1949年4月，地点：长江南岸，总统府内，参谋总长顾祝同正在召开国防部江防作战会议。合肥舒城刘伯承一路南行，直奔100里外的安庆。北平香山，来自长江前线的报告，一份份、沉甸甸地摆在毛泽东案前。

1. 依天险蒋王朝垂死挣扎 / 129
2. 刘邓大军与“小诸葛”安庆过招 / 138
3. 推迟渡江 / 147

目 录

第六章 “划江而治”计划破灭 / 156

时间：1949 年 4 月，地点：北平。

周恩来把最后定稿的《协定(草案)》交给了张治中。周恩来说：“这个协定是定稿，南京政府同意就签订，但无论签订不签订，到 4 月 20 日为止，人民解放军都要过江。”张治中沉默了一会儿，说：“也好，干脆！”浙江溪口，蒋介石看到《和平协定》后，拍桌大骂：“文白无能，丧权辱国！”

1. 和平草案出炉 / 157
2. 周恩来重托张治中 / 161
3.“划江而治”阴谋流产，蒋介石恼羞成怒 / 166

第七章 和谈最后的彻底破裂 / 174

时间：1949 年渡江前夕，地点：长江两岸。

渡江和谈判紧密地联系在一起，几天来军委的电报一个接一个，谈判前景忽明忽暗，渡江日期一推再推，瑶岗面对漫长的等待。知彼知己，“先遣渡江大队”和江南游击队，共同演绎《渡江侦察记》的故事。和谈最后彻底破裂，毛泽东、周恩来仗义留人。

1. 谈判前景明暗交错，渡江时间一推再推 / 175
2. “先遣渡江大队”和江南游击队共同演绎《渡江侦察记》/ 181
3. 和谈彻底破裂，毛泽东、周恩来仗义留人 / 188

第八章 百万雄师过大江 / 196

时间：1949 年 4 月 20 日，地点：北平、长江沿岸。

毛泽东、朱德发布《向全国进军的命令》。周恩来嘱托：“毛主席今晚不睡觉了，等待你们渡江成功的好消息。”在总前委统一指挥下，解放军百万雄师强渡长江，并迅速突破长江国民党军防线，红旗插上“总统府”，人民当家做主的时代来临了。

1. 毛泽东、朱德发布《向全国进军的命令》/ 197
2. 解放军百万雄师强渡长江 / 214
3. 长江国民党军防线突破 / 223
4. 红旗插上“总统府”/ 237

第九章 正义之师追穷寇 / 250

时间：1949 年四五月间，地点：江浙地带。

我百万雄师强渡长江后，敌军兵败如山倒，纷纷向浙赣线及杭州、上海逃窜。总前委迅速调整进攻部署，国民党军在人民解放军的多路追击下，不敢南逃，直下郎溪、广德，企图突出重围。郎广围歼战，占领杭州，进入溪口。蒋介石的看家老人流着泪说：“你们真是正义之师，仁义之师啊！”

1. 敌军兵败如山倒，穷寇南窜 / 251
2. 溃兵企图郎广突围 / 258
3. 郎广围歼，占领杭州，进入溪口 / 267

第十章 解放上海，渡江战役胜利结束 / 278

时间：1949 年 5 月，地点：上海。

上海之战，瓷器店里打老鼠，既把老鼠打死，又不损坏瓷器。一个尖锐的问题：“是爱无产阶级的战士，还是爱官僚资产阶级的楼房？”聂军长说：“战士和楼房，我们都爱！现在那些楼房还被敌人占领着，再过几个小时，它就不属于资产阶级，而是属于人民。我们没有任何权利毁坏它，必须尽最大努力去保全它。”

1. 解放上海，欲解决“投鼠忌器”之难题 / 279
2. 蒋王朝残部坚守上海做垂死抵抗 / 286
3. 渡江战役全面胜利，划江而治阴谋彻底破产 / 293

决胜西柏坡

∧ 1948 年，毛泽东在西柏坡。

时间：1949年初，地点：太行山麓河北省平山县西柏坡村。
正当国民党内惶惶不可终日，腐败政府上演“逼宫”闹剧的时候，我党中央统帅部，却沉稳而冷静地关注着世界形势的变化和中国局势的发展，因势利导，将我党在战场上取得的军事优势化为决定性的政治优势，夺取全国胜利。

1. 毛泽东西柏坡策划解放大计

1949年的曙光还没有把大地完全照亮，人民用小车已经把解放战争的胜利推向长江！

三大战役之后，国民党军正规部队还有71个军227个师的番号约115万人，加上特种兵、机关、学校和地方军，总兵力还有204万人，真正用于作战的部队只有146万人。这些部队，已经今非昔比，许多是新建或被歼灭又重组的，分布在从新疆到台湾的广大地区，在战略上已无法组织有效的防御。蒋介石为了赢得时间，依托长江以南半壁山河重整军力，等待时机卷土重来，一方面于1949年1月21日宣布引退，由“副总统”李宗仁任“代总统”，并出面提出与中国共产党进行和平谈判；另一方面仍以国民党总裁身份总揽军政大权，积极扩军备战。他将京沪警备总司令部扩大为京沪杭警备总司令部，任命汤恩伯为总司令，统一指挥江苏、浙江、安徽三省和江西省东部的军事，会同华中“剿匪”总司令部（后改称华中军政长官公署），总司令白崇禧指挥的部队组织长江防御。到1949年4月，国民党军在宜昌至上海间1,800余公里的长江沿线上，共部署了115个师约70万人的兵力。其中，汤恩伯集团75个师约45万人，布防于江西省湖口至上海间800余公里地段上；白崇禧集团40个师约25万人，布防于湖口至宜昌间近1,000公里地段上。同时，以海军海防第2舰队和江防舰队一部计有军舰26艘、炮艇56艘分驻安庆、芜湖、镇江、上海等地的长江水面，江防舰队主力计舰艇40余艘分驻宜昌、汉口、九江等地江面，沿江巡弋；空军4个大队计飞机300余架分置于武汉、南京、上海等地，支援陆军作战。此外，美、英等国也各有军舰停泊于上海吴淞口外海面，威胁或伺机阻挠人民解放军渡江。

晴朗的天空乌云难以遮挡，我人民解放军二野、三野和四野一部，在长江中下游地区蓄势待发——“打过长江去，解放全中国！”

百万雄师将最后敲响“蒋家王朝”的丧钟……

∧ 苏联领导人斯大林主张国共两党进行和谈。

岁末的寒流，滚滚而来。强劲的西伯利亚冷风从北向南，冻结了空中的水汽，一场瑞雪就这样飘飘洒洒地降到了人间。

西柏坡，如今中国人民心中一个祥和的处所，那个和延安窑洞没有多少区别的农家小院，中国人民深爱的领袖毛泽东，久久地站在冰雪中，心静如水地凝望远处被白雪覆盖的山峦……

“北国风光，千里冰封，万里雪飘……”这首他数年前吟过的诗词，此刻正像一团火球在他胸中燃烧。这一天，农家小院的灯火彻夜通明，毛主席一夜未眠，他一生嗜好的香烟整整吸了一包。当黎明的晨光照进窗棂时，卫士轻轻地看到，主席的心血，化作一份手稿，他为中共中央新华社起草的1949年新年献词，墨迹未干地摆在桌上。

这是1948年12月30日前夜，《将革命进行到底》的新年献词，以亘古未有的雄伟气魄，向世人昭示：中国人民将要在伟大的解放战争中获得最后胜利，这一点，现在甚至我们的敌人也不怀疑了。

此时摆在中国人民、各民主党派、各人民团体面前的问题，是将革命进行到底呢，还是使革命半途而废呢？

如果要使革命进行到底，那就是用革命的方法，坚决彻底干净全部地消灭一切反动势力，绝不动摇地坚持打倒帝国主义，打倒封建主义，打倒官僚资本主义，在全国范围内推翻国民党的反动统治，在全国范围内建立无产阶级领导的工农联盟为主体的人民民主专政的共和国。

1949年中国人民解放军将向长江以南进军……把伟大的人民解放战争进行到底。

毛泽东一语惊世：打过长江去，解放全中国！

这是一份宣言书，这是一份动员令。它宣布：中国人民决不怜惜像蛇一样的恶人，不管蒋介石及其同伙企图玩弄何种阴谋，中国共产党人决心除恶务尽，将人民解放战争进行到底！

这是讨伐国民党反动派的战斗檄文。两年半之前，国民党、蒋介石以“统一军令”、“统一政令”为借口，凭借绝对优势的军事实力，发动了“剿匪戡乱”的反共内战。当时，第二次世界大战刚刚结束，饱经战乱的参战国都希望世界出现一个和平局面。一些国家的共产党人已经交出武装，接受了政府的“招安”，国内外的环境都对中国共产党人不利。就连以共产党世界领袖自居的苏联，也希望中国国共两党“和为贵”，由蒋介石的国民党政权“统一中国”。

然而，胸怀大志，性格倔强，视天下为己任的毛泽东却不这样认为。他说："蒋先生总以为'天无二日，民无二主'，我就不信这个邪，偏要出两个太阳给他看看！"为此，毛泽东在陕北的窑洞里告诫他的同志们：人民取得的胜利成果决不能轻易丧失，必须用战斗来保卫！

然而，历史的发展并不是一条直线，就像滔滔不绝、一泻千里的黄河，它虽然注定要流向大海，但毕竟在东奔的遥远路途中，还要经过无数个"九曲十八弯"。

南京国民党政府在军事上惨遭失败后，不得已又重新祭起"和谈"这个法宝。

1949年1月3日，李宗仁尚未执掌南京"总统府"的大印，便积极展开斡旋，通过苏联驻南京外交使团，向苏联政府送交了备忘录。在这份备忘录中，李宗仁直截了当地要求苏联政府充当中国内战的调解人，支持国共两党进行和平谈判。1月9日，苏联政府收到了这份备忘录。次日，斯大林亲自致电毛泽东，全文转达了国民党政府的备忘录，并提出了苏联政府草拟的复文，征求中共中央的意见。

第二次世界大战后，苏美两国开始由合作逐步转向对峙。苏联出于自身安全利益的考虑，既不愿意得罪国民党政府，又不愿意给人留下苏联与中共有特殊关系的印象，更不愿让美国人再度插手中国事务。在得知美国驻中国大使司徒雷登正在积极谋求国共两党之间和谈的情况后，苏联政府显然不愿意反对和平谈判的建议。不过，苏方也要求国民党政府认清，这件事归根结蒂取决于中共的态度，而不取决于外国政府。于是，苏联政府在拟定的回复李宗仁方面的电文中称：苏联政府向来主张中国国内停战，并且建立和平，但是在未表明是否同意调解之前，苏联政府希望知道，对方即中共是否同意苏联承当调停人。

但在给中共中央的建议中，斯大林明确主张进行和谈。出于自身利益的考虑，苏联方面竭力排斥美国充当调停人。电报说，"如果征询你们的意见，大致可以如此答复：中共向来赞成中国国内和平，但中国的内战不是中共开始的，而是南京政府开始的，它应当承担战争后果的责任，中国共产党人赞成与国民党谈判，但是不要那些掀起中国内战的战犯们参加。中共主张直接与国民党谈判，而不要任何外国调解者。中共特别认为这样的外国调解是不可能的，即它们自己以其武装力量与海军参加中国内战反对中国人民解放军，因为这样的国家对于清除中国的战争不能认为是中立的和客观的。”来自远方朋友的关注，中国共产党自然十分感谢。但是，毛泽东对于电文中那些多少有些指手画脚的“意见”不屑一顾。

1月11日，毛泽东迅速就此作出了答复。复电称，“我们认为苏联政府对南京政府要求苏联调停中国内战的照会应作如下之答复：即苏联政府自来是，现在仍然愿意看见一个和平的、民主与统一的中国，但是用何种方法达到中国的和平、民主与统一，这是中国人民自己的事，苏联政府根据不干涉他国内政的原则，未便参加中国内战双方之间的调和工作。”

毛泽东明确告诉斯大林：中国革命目前已经胜利在握，不必再用迂回战术。国民党的和谈建议，其实只是一种拖延革命胜利的阴谋。而在中国革命即将取得全国胜利的时候进行这样的谈判，只会推迟革命胜利的时间。因此，中共中央决定回击南京政府的“和平攻势”，充分揭露其和谈阴谋。

1月14日，毛泽东发表了《关于时局的声明》，针对南京政府和谈呼吁，异常严厉地指出：“虽然中国人民解放军具有充足的力量和充足的理由，确有把握在不要很久的时间之内，全部地消灭国民党反动政府的残余军事力量；但是，为了迅速结束战争，实现真正的和平，减少人民的痛苦，中国共产党愿意在下列条件的基础之上进行和平谈判。这些条件是：

一、惩办战争罪犯；二、废除伪宪法；三、废除伪法统；四、依据民主原则改编反动军队；五、没收官僚资本；六、改革土地制度；七、废除卖国条约；八、召开没有反动分子参加的政治协商会议，成立民主联合政府，接收南京国民党反动政府及其所属各级政府的一切权力。

在声明中，毛泽东强调：“如果南京国民党反动政府中的人们，愿意实现真正的民主的和平，而不是虚伪的反动的和平，那么，他们就应当放弃其反动的条件，承认中国共产党提出的八个条件，以为双方从事和平谈判的基础。否则，就证明他们的所谓和平，不过是一个骗局。”毛泽东的声明，雷霆万钧，气势磅礴，代表了正义、进步和人民的意志，把国民党方面玩弄的假和平、真备战阴谋揭露得淋漓尽致。声明发布后，得到了全国人民以及各民主党派的广泛拥护。

那一场大雪到年后都没有化尽，毛主席常常在院中伫立，望着残雪出神。傍晚时分，卫士小心翼翼地来到他的身后，轻声喊他：“主席，天黑了，外面很冷。”毛泽东似乎没听到。他从口袋里掏出一支香烟，衔在嘴上。“嚓”的一声，卫士帮他点着了火柴，他接过火柴，看着火光一直让它熄灭。

< 时任国民党教育部部长的陈立夫。

国民党教育部长陈立夫

浙江湖州人。早年任黄埔军校秘书，国民革命军总司令部机要科科长。1928年后，任国民党中央党部秘书长、组织部部长、国民党政府教育部部长、立法院副院长、行政院政务委员。曾与其兄陈果夫成立中央俱乐部，控制国民党中央执行委员会调查统计局，为CC系首领之一。1949年后去台湾。

2. 国民党内部上演“逼宫”闹剧

蒋介石针对毛泽东开列的和谈八项条件，于次日召见张群、张治中、吴铁城等，商议对策，决定暂不马上表态。第二天，蒋又召见中央银行总裁俞鸿钧和中国银行总经理席德懋，命他们把存入美国的外汇化整为零，存入私人户头，以免和谈成功后交给联合政府，这种大贪污、大盗窃的行为昭然若揭。

李宗仁见蒋介石仍迟迟不下野，即于17日派特使飞汉口，通知白崇禧，准备共同发起一次呼吁和平的运动，逼蒋下台。

19日，蒋介石于黄埔路官邸召开“御前会议”，孙科、张群、吴忠信、吴铁城、陈立夫等政府要员参加。会议决定由行政院发表声明，愿双方先无条件停火，然后再派代表协商。会上蒋冷冷地说“毛泽东对时局的声明大家想必都看了。他提出在八项条件下的和平谈判，这些条件太苛刻了，我是决定下野了。现在有两个方案请大家研究，一是请李德邻出来谈判，谈妥了我再下野；另一个是我现在就下野，一切由李德邻来主持。”蒋介石的目光扫了扫大家，希望大家极力挽留他，但结果使蒋大为失望，大家面面相觑，半晌无言。

吴铁城首先打破了这种沉闷的局面：“此事关系重大，是否召开中央常委会讨论一下。”听罢此言，蒋介石按捺不住怒火，愤愤地说：“不必，什么常委会！我如今不是被共产党打倒，而是被国民党打倒！”陈立夫眼泪汪汪地叫了一声总统，正想说什么，蒋介石立刻不耐烦地猛然起立，连声说：“好极了！好极了！我决心采取第二条办法，决定于21日下野。”

白崇禧则于20日至21日凌晨在武汉加紧磋商对策，并在电话中叮咛李宗仁要当继任总统，而不能当“代总统”。白与大家连夜磋商后，归纳为三条意见：李宗仁必须当继任总统，而不能当代总统；必须改组孙科内阁，另组张治中和谈内阁；请何应钦出来任陆海空军总司令。这三条意见写好后，由邱昌渭和程思远带回南京向李宗仁汇报。蒋介石毕竟老谋深算，处处高李宗仁、白崇禧一着。当蒋决定下野后，不仅把黄金白银运往台湾，而且已完成了人事的调整和安排。

1月20日晚，蒋介石约见李宗仁，说明下野之意。次日上午10时，蒋介石在官邸召集要员开会。会上，蒋介石以低沉的语调说出引退和由李宗仁上台之事后，好几个人竟痛哭流涕。蒋于此悲痛气氛中，掏出早已拟好的引退文告，叫李宗仁签字。李在一片抽泣声中，也顾不得细看文稿，就签了字。

同一日，蒋介石召见浙江省主席陈仪，问陈对他引退的意见。陈仪向蒋微微一躬后，未加认真考虑，就说蒋的引退是“急流勇退，适当其时”。其实，这是陈不经意的一句顺水推舟的客套话，而蒋听后则脸色突然大变，缄口不语。陈因此话种下了杀身的祸根。下午4时10分，蒋介石飞离南京，到杭州后住在笕桥机场。陈仪赶快请蒋介石到楼外楼吃饭，为他接风。陈诚、蒋经国、俞济时、汤恩伯也陪同在座。但蒋不赏光，滴酒未沾，大家不欢而散。

蒋介石于杭州笕桥机场住了一夜后，次日晨乘机返乡。此时宋美龄还在美国未返，他更感凄凉和孤单。蒋的座机于宁波市郊栎社机场降落后，陪送和迎接的人很多，轿车队浩浩荡荡，直奔溪口而来。到溪口后，武岭学校的学生列队欢迎。蒋介石因心情不好，连手也没有抬一下，就过去了。

蒋在溪口的警卫工作由蒋经国编组的侍卫总队和国防部“绥靖”总队担任。起先，俞济时要安排88军担任，只因军长是程潜的干女婿，蒋未批准，并训斥俞济时：“你不知道他是程潜的干女婿吗？程潜可靠吗？”

蒋到溪口后，仍在幕后指挥军事和有关方面的事务。1949年1月25日，蒋召见何应钦、顾祝同、汤恩伯等高级将领到溪口开小型军事会议。会上，蒋将长江防线分为两段，江西湖口以东归汤恩伯防守，湖口以西归白崇禧防守；他估计白的人马还有75个师，45万人。关于作战计划，他指示各高级将领们：“以长江防线为外围，以京沪杭三角地

∧ 蒋介石发表“引退”文稿后返回老家奉化溪口。这是他在南京与属下告别。

章伯钧

安徽桐城人。1930年同邓演达等创建中国国民党临时行动委员会，当选为中央宣传委员会主任。抗日战争时期，受聘为第一届、四届国民参政会参政员。1941年参与筹组中国民主政团同盟，任中央常委兼组织部长。1947年，组建中国农工民主党，任主席。1948年响应中共“五一”号召，从香港到东北解放区，参与筹备新政协。

带为重点，以淞沪为核心，采取持久防御方针，最后坚守淞沪，与台湾遥相呼应。必要时，我们以优势海空军从台湾支援淞沪，然后待机反攻。”之所以这样安排，是因为蒋介石明白：江西湖口以西由白崇禧控制，他无能为力，就幻想保住淞沪地区，作为台湾的桥头堡，再转而反攻大陆。至于南京，因为李宗仁上了台，他决心放弃，并令汤恩伯将江宁要塞的大炮秘密拆运上海，把主力部队放在镇江以东，然后问汤听懂了没有？汤大声答道：“懂了！卑职一定遵守，不成功便成仁！”为此，李宗仁说蒋介石破坏了江防计划，非常气愤。会上，蒋介石还说：“共产党只要我的命，可是桂系的人既要我的命，又要我的钞票。”对此，谁也不敢表态。为了鼓励士气，蒋又说麦克阿瑟曾表示，只要我们争取支撑一年时间，他们一定会全力支援我们。一年后国际形势必将发生重大变化，第三次世界大战会打起来。

1949年1月22日，也就是李宗仁当上“代总统”的日子，李宗仁电邀李济深、章伯钧、张东荪等共同策划和平运动。同时，又

V 1948年自香港到达东北解放区的民主人士。二排左三为章伯钧。

∧ 下野后的蒋介石与张群在溪口。

罗隆基 ——————————————————————————

江西安福人。1921年毕业于清华大学，后赴美国、英国留学。1928年回国后历任光华、南开、西南联大等大学教授，《新月》杂志主编，北京《晨报》社社长，天津《益世报》主笔等职。1931年组织再生社。次年，再生社改组为中国国家社会党。1941年参加组织中国民主政团同盟（后改称中国民主同盟）。1946年作为民主同盟代表出席在重庆召开的政治协商会议。1949年9月，出席在北平召开的中国人民政治协商会议。

命行政院派邵力子、张治中、黄绍竑、彭昭贤为和谈代表，等候和中共商定地点后进行和谈。又派邵力子到上海访见宋庆龄、章士钊、颜惠庆、黄炎培、罗隆基、张润等人，请他们为和谈出力。回想南京国民政府成立近20年来，桂系曾几度反蒋，但最终都以失败告终，李宗仁不得不承认其实力难与蒋介石抗衡。于是，长期以来，李、白忍气吞声，寄人篱下。而眼下，由于共产党的节节胜利，再加上被美国看中，他们时来运转，终于将党内夙敌逼下了总统权力的宝座。但是，饱经宦海沉浮的李宗仁，对自己执掌“中华民国总统”大印一事并不太乐观。他明白，蒋介石虽然不当总统了，但他还是国民党总裁，依惯例，大政方针必须经国民党中央执行委员会常务委员会，也就是中常委审议后方可实施。由黄埔学生掌握的几百万军队，仍然听蒋的指挥。特别是他那充满杀机的“元旦文告”，充斥着同共产党决一死战的气氛。看来，是战是和，现在还很难预料啊！应该说蒋介石的“因故不能视事”及退隐故里，为国民党中

国民党监察院院长黄绍竑 ——————————————————

广西容县人，国民党陆军上将。保定军官学校毕业。曾任国民革命军第7军党代表，广西省政府主席，第15军军长，南京政府内政部长，浙江省政府主席等职。抗日战争爆发后，任军事委员会第一部部长、第二战区副司令长官等职。1947年6月任国民党政府监察院副院长。1949年4月为国民党政府和平谈判代表团代表，和谈破裂后去香港。同年9月，应邀回大陆出席中国人民政治协商会议。

南京国民政府 ——————————————————————

1927年“四一二”政变后，蒋介石否认武汉国民政府，在南京另立国民政府。“七一五”政变后，宁汉合流。到1928年底，南京国民政府完成了形式上的“统一”。南京国民政府由行政院、立法院、司法院、考试院、监察院组成。抗战爆发后，国民政府迁都重庆。抗战胜利后，还都南京。1949年10月1日，中华人民共和国中央人民政府在北京宣告成立，标志着南京国民政府在中国大陆统治的结束。

的桂系首领李宗仁创造了“改弦易辙”的机会。但李上台后，蒋介石诸事不与其合作，并处处制造麻烦，蒋、李之间的斗争更加激烈。同时，李宗仁幻想“划江而治”，实现“南北朝”。正是在此背景下，李宗仁开始了同中共的和谈。

3. 李宗仁借假和赢真翻身

李宗仁分析了自己的和谈筹码：美国朋友鼎力相助，自己还有那么一点军事实力，再加上与共产党旧恶不多，似乎还有回旋的余地。如果真能将和局谈下来，搞他个划江而治，自己岂不是成了党国的中兴之王啦……

正当李宗仁在南京总统府办公室作遐想之时，办公桌上的电话铃声，把李宗仁从云山雾海中惊醒。电话是张群打来的，张群向李宗仁报告：“代总统，总裁有一个文告，要您过目后发表，能否一晤？”

这个张群，不仅是蒋介石早年留学日本的同学、党内斗争中的盟友，而且是主管国民党“喉舌”的宣传部长，与蒋的关系非同一般。想到此，李宗仁尽量客气地回答：“岳军兄，不必客气，我立刻到府上去。”李宗仁乘车来到张群宅邸，张群出门迎接。李宗仁在客厅刚一坐定，张群便取出文告，说：“代总统，这是总裁的一份文告和他为您代拟的文告，请代总统过目。”张群用“代总统”一词，叫得李宗仁十分不舒服。李宗仁接过文告细读，脸色不由一沉。他抬起头，眼睛直直地望着张群，冷冷地说：“岳军兄，这文告颇有些不妥。”“怎么不妥，愿闻其详。”张群淡淡地问。李宗仁看上去十分激动，连话语中也带有颤音，说：“文告上说于本月21日起，由李副总统代行其职权，那么今后蒋先生是什么身份？没说。应该加上‘引退’字样，如‘决身先引退’。第二，依宪法，蒋先生辞职，我就不是‘代行’，而应该是‘继任’，应该写由李副总统继任执行总统职权。”耐着性子听完李宗仁的一番牢骚话后，张群不慌不忙道：“怕不好更改吧？”事已至此，李宗仁也拉下脸来，气愤地说：“名不正，言不顺，与其顶一块空招牌，倒不如还是蒋先生自己干的好。”见李宗仁发火，张群面带难色地说：“文告是总裁亲自定的稿，不好改呀。”李宗仁愤愤地说：“在这危急存亡之秋，

∧ 1948年4月,李宗仁当选国民党“副总统”后晋见蒋介石。

我不是斤斤计较名位，只是我深知蒋先生的个性，他分明是在文告中预留伏笔，好把我当做他的挡箭牌。而他在幕后操纵，必要时又可东山再起！这样的事，我不干！”

见李宗仁态度强硬，张群也知道蒋介石做事太过分，本不想招揽这得罪人的差事，可无奈利害关系又在老蒋那一边，便以缓和的口气说：“德公息怒，容我与总裁再联系一下如何？”李宗仁起身告辞，等他回到总统府时，张群的电话也追了过来，报告说：“总裁说，遵照李副总统的意思修改文告，直到李副总统满意为止。德公，文告可否明日发表？”乍一听到电话中张群转述蒋介石的指示，一口一个“李副总统”，联想到刚才此公一口一个“代总统”，李宗仁心中火冒三丈，想骤然发作。可转念一想，眼下正是多事之秋，党国危亡，前途未卜，还是不计较为好。于是，便淡淡地应了一声：“就如此办理吧。”

次日早上，一到办公室，李宗仁便吩咐秘书拿来当日报纸，摊开读罢，气得他脸色铁青，浑身颤抖。原来，报纸刊载的文告，仍是昨日在张群处看的原样，绝无蒋介石“引退”、“辞职”等字样。

此外，更使李宗仁难受的是吴忠信以政府秘书长的名义，已于昨日将文告通令全国各级军政机关。白纸黑字的通令上，赫然盖有总统的大印，而李宗仁事前竟然毫无所知。李宗仁立即传来吴忠信，拍着通令大声责问：“礼卿兄，这份通令发出去，我为什么事前毫无所闻？”

吴忠信自知理亏，不由面带歉疚地说：“这是蒋先生的意思，要我发出后再通知你。”“蒋先生已经下野了，连发道通令这样的事他还要管？他说要瞒着我，你就瞒着我，你眼里还有老朋友吗？”李宗仁愤怒地说。

吴忠信的利害关系在蒋介石那边，怎敢造次？便一肚子委屈地诉苦道：“你是知道蒋先生的，蒋先生要我这样办，我又怎能不办？”

罢了，罢了！李宗仁仰天长叹。“礼卿兄，不管怎么说，你这样做未免太不够朋友了！你看我如何能干下去？他也欺人太甚了，我不就职就是了！”

李宗仁伤心动气的一席话，引出了吴忠信的肺腑之言，他诚恳地劝道：“德公，我们是老朋友。民国十六年，咱俩就是一起共患难，虽不够情同手足，也是兄弟一场；我愿以老朋友的名义劝你：你是知道蒋先生的为人的，你应该知道你自己现在的处境。南京现在特务横行，你身边的卫士都是蒋先生留下的人，你还在争什么呢？争得不好，在这种局面下，什么事都可能发生，甚至连你自己的安全可能都没有保证。”

果然，吴忠信一席劝解，使得李宗仁清醒了许多。这位可怜兮兮的“代总统”铁青着脸，冷笑着说：“谢谢你直言相告。他蒋某人如此欺人，我是无法干下去的！”

初掌总统大印，李宗仁原本还多少有些信心。虽然他明白，老蒋不会让他顺顺当当地主政，但毕竟是大势已去，党心民心所向，再加上美国朋友的支持，他还颇有一番抱负。可是，当他真正坐到“总统”宝座上时，尽管宝座上还有一个“代”字，便立马感到了事情的复杂。主政总统府，开局还不到24小时，便接连碰了两个钉子，好不晦气！很快，“李代总统有职无权，一切军国大事还是总裁说了算”的议论传扬出去，南京城沸沸扬扬，民间舆论纷纷为李宗仁鸣不平。白崇禧从武汉打来电话，为李宗仁打气：“要做就做真皇帝，切不要做假皇帝！”

明眼人都感好笑，李宗仁身家性命均在蒋介石手掌之中，还奢谈什么“真皇帝”！其实，李宗仁的处境还不如“假皇帝”，简直就是一个“笼中皇帝”。

蒋介石归隐溪口前的一番精心安排，使李宗仁的一举一动都处于蒋介石耳目的监视之下，权力不得实施，行动毫无自由。面对的是一个收拾不了的烂摊子，可是又不得不收拾。于是，立志在非常时期力挽狂澜，准备做党国中兴之主的李宗仁思虑一番，确定了三大要务：第一，与中共谋和，结束内战，其底牌是划江而治，搞他一个南北朝，

＞时任国民党陆海空军副总司令的张学良。

＜1948年4月29日，李宗仁在南京。

国民党陆海空军副司令张学良

辽宁台安人。国民党一级陆军上将。东北讲武堂毕业。奉系军阀首领张作霖之长子。1928年底，在其父张作霖遇难后，任东三省保安司令。同年底宣布“易帜”，出任东北边防军司令长官，全国陆海空军副司令等职。“九一八”事变后，因奉行不抵抗政策而致使东三省沦陷。1936年12月12日，与杨虎城等人在西安举行兵谏，发动了震惊中外的“西安事变”，逼蒋介石达成停止内战联共抗日等条件。事后，被蒋长期监禁。

这也是美国朋友最希望的；第二，谋求内部团结，加强民主改革，收拾民心；第三，争取美援，制止比共军威胁更大的通货膨胀。

上台伊始，为争取军心民心，并向共产党方面表示友好的姿态，李宗仁先签发了两个手令：命令行政院院长孙科，立即自国库提款，“代总统”亲赴武汉前线犒赏三军；命令参谋总长顾祝同，立即释放张学良、杨虎城。李宗仁采取的这两个行动，有很大的象征意义和宣传价值，这是他上台后的“亮相”。前者是为了振奋日益衰落的军心，后者是为了在国人特别是共产党面前表示和谈的诚意。当然，他也不是不知道，释放张、杨二人无疑是在老蒋的伤口上撒盐，肯定会招来溪口方面的强烈反应。可是，搞政治，讲的是大势大局上的利害关系，还是应以党国大局为重。于是，斟酌再三，李宗仁还是决定打这两张牌，力图以点带面，加强自己的地位，捞取政治资本。不久，李宗仁的两个手令有了回音。国民党元老、行政院长孙科，板起面孔告诉他：国库已空，无款可拨，除非开动印钞机！参谋总长顾祝同向李宗仁报告说：代总统的手令已分别转给台湾省主席陈诚和四川重庆市长兼警备司令杨森。话虽然委婉客气，但仍是个软钉子。李宗仁不甘心，马上派秘书程思远飞台湾，当面向陈诚交涉释放张学良一事。一向待人谦逊的陈诚，这回却毫不客气地对程思远说："张学良幽居新竹，受到很好的照顾，你就转告德

国民党重庆卫戍总司令杨森

四川广安人，国民党陆军中将加上将衔。曾任护国军第1军参谋处长、第2军第4混成团团长、川军第2军军长等职。1922年投靠吴佩孚，任北洋军第16师师长、四川省省长等职。1926年加入国民革命军，任第20军军长兼川鄂边防司令等职。1937年任第六军团军团长，后任第27集团军总司令、第九战区副司令长官、贵州省主席、重庆卫戍总司令等职。1949年去台湾。

国民党立法委员程思远

广西宾阳人。曾任国民党桂系首领李宗仁、白崇禧等人的秘书，广西"绥靖"公署政治部主任，三青团中央常务干事，广西省政府驻渝代表，国民党第六届中央执行委员，国民参政会参政员，国民党立法院立法委员，中央非常委员会副秘书长等职。1949年后，移居香港。1965年，随李宗仁回到北京。

公，不要再坚持了。"程思远无奈回到南京，把陈诚的话如实向李宗仁报告。李宗仁的劳军与释放政治犯两招，没想到一招也未落实。

李宗仁沉思良久，现在惟一可行之路，便是硬着头皮与共产党和谈。经过一番考虑，他吩咐程思远："你起草一份给毛泽东的电报，就说我接受他们提出的和谈条件，希望尽快开始和谈。电报写好后立即发出去。"程思远迟疑地说："和中共和谈，这样重大的事情，按正常程序应该先经过……"李宗仁挥了挥手，带着几多愤慨，说："全免！要是和中常委、行政院商议，就什么事也办不成。我是总统，就以我的名义给毛泽东发电！"李宗仁也不是庸碌之辈，他心里明

＞ 1949 年 3 月，辞去行政院长的孙科（右一）到溪口拜见蒋介石。

白，局势错综复杂，危在旦夕，当前最紧迫的是阻止解放军的进攻，以获得宝贵的喘息时间。目前的局势已经不允许李宗仁在谈判的条件上讨价还价，惟一地选择是接受中共的条件，开始和谈。李宗仁对和谈采取的策略是：先谈起来再说，同时尽快争取美援。在李宗仁看来，美援是“惟一能使气息奄奄的病人活过来的药物”。

1949年1月27日，李宗仁向毛泽东发出了呼吁和谈的电报。在这份由程思远起草的电报中，他多少带有诚意地称：“自弟主政之日起，即决心以最高之诚意，尽最大之努力，务期促成和平之实现……务望先生号召贵党同志，共同迅速促成和谈，即日派遣代表商定地点，开始谈判……贵方所提八项条件，政府方面已承认可以作为基础，进行和谈，各项问题，自均可在谈判中商讨决定。”

这个电报李宗仁未与孙科商量，也未经中常会和中政会讨论，蒋得知后立即打电话和孙科联系，要孙抵制李宗仁，将行政院迁往广州。孙科惟蒋命是从，便于28、29日和内阁要员离开南京到上海，并议决于2月4日将行政院迁往广州。蒋也决定将中央常务会议移往广州举行，以便进一步控制行政院。这种迁院决议，孙科连李宗仁“代总统”也不告诉，实在是根本不把李“代总统”放在眼里。但留沪多数立委，仍愿到南京支持李宗仁。

蒋“引退”后，把李宗仁的南京政府搞得四分五裂，难以工作。此刻，李宗仁内心十分清楚，同意以毛泽东开列的八项条件为基础进行和谈，是要换取国民党在目前困境下所追求的战略目标。而此刻，李宗仁所追求的最大战略目标，就是解放军不要过江，国共两党以长江为界，划江而治。但是，这个目标能否实现，他却心中无底。因为，一是不知道毛泽东的胃口有多大，二是怀疑自己有没有力量守住长江。第一个方面的情况是李宗仁最为担心的，毛泽东的态度似乎十分坚决，那就是“将革命进行到底”，“解放全中国”。当然，就这两句口号而言，它明白无误地显示了共产党的“胃口”。此外，以毛泽东的性格、国共两党几十年的恩怨，共产党现在人多势众，人心民意所向，人家在顺境中能与你谈什么“划江而治”吗？扪心自问，三年前，共产党认真同你国民党谈停战并签订了停战协议，你国民党不是自恃人多势众，有美国人撑腰，以军事进攻作为回答吗？……可是，事在人为，想把共产党阻止在长江北岸，也不是没有可能。

首先，美国支持此方案。美国驻华大使司徒雷登竭力运作此事，并通过苏联政府方面向中共施加压力，也许这一方案会有一线希望。司徒雷登大使曾说：划江而治，搞一个国共两党“南北朝”，是他最大的政治抱负。美国人的一厢情愿，构成了李宗仁全部言行的精神支柱。第二个方面，李宗仁似乎有几分自信。蒋的嫡系和主力虽然已经基本丧失了，可他又加紧训练了200多万部队，加上原有的200多万，尽管部队素质不是很高，暂无法进行决战，但守长江总该可以吧？加上桂系的几十万精锐，同共产党隔长江对峙个三年五载总不会太难吧！

李宗仁在做一个梦，不过已经不是蒋介石的大一统之梦，而是抱残守缺的“划江而治”的“南北朝”梦。

致毛泽东的电报发出后，李宗仁迅速指定张治中、邵力子、黄绍竑等人为政府的正式和谈代表，筹划和谈事宜。他还建立秘密的私人渠道，以求可以与中共最高层直接对话。1月底，刘仲华、黄启汉作为李宗仁和白崇禧的私人代表秘密到达北平。在西郊颐和园，他们向中共代表叶剑英转达了李宗仁、白崇禧两人的秘密口信，表示愿意以中共的八项条件为基础，举行进一步的谈判。

李、白的具体意见是：革命占了优势，愿意到革命方面来。南京政府已经无力继续打下去。承认中共领导下的胜利，愿以和平方式加快这一胜利的进程。具体办法是：首先，实现局部和平，及与中共并肩作战；其次，切实在八项条件下里应外合，为了表明诚意，刘仲华向叶剑英进一步说明了桂系的军事力量情况。“李、白在京沪一带国民党国防部部署的15个军中，可以影响三个军；在侯镜如指挥的五个军中，可以影响两个军；安庆有两个半军，芜湖有一个军，另外还有第55、68两个军，两湖地区也控制有两个军。如果需要，这些部队可以配合解放军作战。”

此次谈话后，叶剑英迅速将刘仲华、黄启汉传递的信息电告了还在西柏坡的中共中央。2月1日，周恩来为中共中央起草致彭真、叶剑英电，明确指出：“李、白代表的谈话，反映出对国民党大有文章可做。应迅速令其告之李宗仁，如其果有反蒋反美接受毛主席八条要求的真意，即应迅速与蒋分裂，逮捕蒋之嫡系将领，如顾祝同、汤恩伯、俞济时、陈大应及特务头子毛人凤、郑介民、叶秀峰、郭紫峻、毛森等人，方能站稳脚跟，进行和谈。否则，李、白不扣复兴、CC（国民党特务组织），结果必致李、白为复兴、CC所暗算，弄得身败名裂，两头失踏。中间道路是走不通的。”对于中共的建议，刘仲华面有难色地表示：“李宗仁虽为总统，但在南京既无力量，亦无胆量逮捕汤恩伯、顾祝同等。”

与此同时，在西柏坡的中共中央通过秘密渠道得知：桂系兵力虽有50万，但汤恩伯全面控制着京沪杭地区的防守，汤恩伯部一面掩护蒋系部队后撤，一面监视李宗仁

国民党军第17兵团司令侯镜如

河南永城人，国民党陆军中将。黄埔军校第一期毕业。曾任国民党第41军驻南京办事处代表，第30军30师参谋长、89旅旅长，第91军参谋长等职。抗日战争时期，任第92军第21师师长、军长等职。抗日战争胜利后，任北平警备司令，第17兵团司令官，天津塘沽保安司令，长江防务预备兵团司令，福州“绥靖”公署主任兼华东军官团总团长等职。1949年后去香港，1952年回祖国大陆定居。

∧ 1949 年，时任北平市长的叶剑英。

的行动。蒋介石本人也在三个师的保护下，于奉化老家继续控制着国民党海陆空军的指挥权。因而，李宗仁在南京实际上是光杆司令。

几天后，刘仲华返回南京，向李宗仁报告了中共中央的建议。李高兴地说："总算很快就搭上了关系。"然而，对中共的建议李宗仁深感为难，他声泪俱下地对刘仲华表示：极其痛恨蒋介石消灭异己，巴不得立即与中共合作，搞垮蒋介石；但若要现在动手逮捕战犯，后果不可想象。动摇、犹豫、观望，缺乏实务，不甘心失败，以及美国人竭力支持的那个"划江而治"的"南北朝"蓝图，使得这位"代总统"游离于共产党和蒋介石力量之间，难有作为。

4."划江而治"如意算盘被看穿

2月6日，以邱致中、吴裕后为首的南京人民代表团乘飞机到达北平。2月14日下午，以邵力子、章士钊、颜惠庆、江庸为首的上海代表团又来到北平。

此时，在平山县西柏坡村的毛泽东，密切关注着北平这场和谈的前哨战。他在审阅了关于北平的晤谈及对方的观点报告后，对代表团成员过高评价桂系作用的说法颇不以为然。同样，当得知2月16日邵力子关于中共将来建设需要美国，苏联政府也希望国共双方直接谈判，中共一定要多听听各方面的意见，毛泽东、周恩来应当说服"左派"，努力同李宗仁坐下来和谈。高谈阔论之后，毛泽东一针见血地指出："邵力子的目的就是告诉我们，革命必须带点温和的色彩。"紧接着，又传来章士钊暗示中共的所作所为不要让人害怕，不要逼走桂系，更不要逼得美国武装日本对付中共，进而引起外国干涉等等言论，毛泽东闻知大为不满，指出："四人的共同立场是使革命带上温和色彩，南北和议承认中共领导，排斥蒋系容纳桂系及江浙资产阶级。"

经过深思熟虑，毛泽东明确指示叶剑英等中共代表，要求他们在以后的谈话中，"痛骂美帝国主义和日本帝国主义，特别要当着章士钊的面骂日本，说如果美国人装备日本军队侵略中国，我们必须并完全有把握彻底干净全部歼灭之。美国在中国的走狗必须肃清，决不许其存在。要当着邵、章的面痛骂桂系，说桂系的军队比蒋系军队还要野蛮，白崇禧过去是主战最力的人，他是仅次于四大家族的战争罪犯，将来人民法庭审判难免要被枪毙，李宗仁完全是骗子，他1月27日给毛泽东的电报以‘千古罪人’相威胁，完全是做和平攻势。蒋系也是做和平攻势，但蒋系比桂系老实，蒋系始终凶神恶煞，桂系昨天凶神恶煞，今天是‘笑面虎’”。

毛泽东的用意在于反击和佯攻，目的是打掉桂系的傲气和不切实际的幻想。因此，要求在大骂的同时还应当把握一个原则，即：“对桂系形式上要打，实际上要拉。”

在随后的谈话中，叶剑英等人根据毛泽东指示的策略原则，同4位代表进行了针锋相对的谈话。特别是当着邵力子和章士钊的面，把二人的话尖锐地顶了回去。不过，从“一打一拉，打是为了拉”的策略考虑，毛泽东很快表示同意代表团4人所提出的希望赴西柏坡的要求。

20日，中共中央通知叶剑英，同意颜惠庆等4人和傅作义、邓宝珊外加北平方面一位负责人，总共8人前往西柏坡，与毛泽东见面。

22日上午10时，颜惠庆等乘机飞往石家庄并转往西柏坡。在不到两天的时间里，周恩来同他们进行了两次会谈，毛泽东也会见了颜惠庆等，并明确表示：可以考虑与李宗仁南京政府谈判的问题，但必须“速议速决”，一切以八项条件为基础，谈得成解放军立即过江，谈不成解放军也立即过江。

毛泽东和周恩来等中共首脑接见“上海和平代表团”，使他们大出风头，令老先生们感到了中共中央对自己的重视。既然中共方面能够同意和谈，各位代表自然深感满意，感到不虚此行。为此，章士钊迅速起草了一个协议要点，提交讨论。经过简短的讨论之后，双方就协议的基本文字达成一致意见。

4位代表于24日傍晚返回北平。27日，上海代表团携秘密协议和毛泽东写给李宗仁的信返回了南京，迅即向李宗仁汇报了情况，转达了中共中央的意见和双方商定的条件。当时，国民党内蒋桂两系矛盾的激化，特别是桂系首领李宗仁有联共、抑蒋等进步倾向，中共中央对利用桂系力量解决江南和孤立蒋系势力寄予希望。因此，极力催促李宗仁、白崇禧的代表、同时也与共产党有着秘密联系的刘仲容，尽快从上海经武汉前来北方与中共中央会面。这时，李宗仁对刘仲容的双重身份实际上也早就有所了解。因此，他要刘仲容转告中共中央：他已决意和平，并且打算在蒋介石敢于破坏和平时，公开与中国共产党携手。在通过刘仲容转告中共中央的口信中，李宗仁希望中共方面给他们时间，他正极力促使蒋介石出国、逼迫反对和谈的行政院长孙科下台。

然而，以李宗仁为代表的桂系成功地搞掉了行政院长孙科，表面上开始控制政府之后，自以为羽翼渐丰，不甘心臣服于共产党的统治之下。因此，李宗仁、白崇禧对"上海代表团"带来的条件不仅未置可否，甚至还企图拖延时间，以求多掌握一些力量，使得和谈结果能够对他们更有利些。对于国民党内部，李宗仁也错误地估计了形势，认为蒋介石已经众叛亲离，大势已定，不难对付。

> 1926年，时任北洋政府总理的颜惠庆。

北洋政府总理颜惠庆

上海人。1912年后，任北洋政府外交部次长，驻德国、丹麦、瑞典等国公使，中国出席巴黎和会代表团顾问，外交总长、内务总长等职。1926年春，任国务总理并摄行总统职务。南京政府成立后，先后任驻美大使、驻苏大使，出席国际联盟大会首席代表。抗日战争爆发后，在上海从事慈善和教育事业。1949年2月，任上海和平代表团团长，到北平、石家庄与中国共产党商谈国共和平问题。

正是基于这样一种判断，为了取得军事上的实力和分化蒋系，李宗仁竟任命蒋介石的嫡系何应钦来担任新的行政院长。李宗仁的这一举措，立刻受到各方面指责。对此，中共方面当然十分不满。

李宗仁在北平的代表之一黄启汉得知这一情况后，立即于3月11日致电李宗仁，警告说："当兹和谈机会接近之际，行政院人选，各方甚注意，似宜以令争取和谈顺利进行者为第一前提，尤为避免引起误会是为幸祷。"但是，李宗仁却颇不以为然，甚至忘乎所以。他在3月13日对刘仲华、刘仲容说："蒋介石完了，是条死蛇，无论军、政、经、党都已崩溃，大势已去，特务也不足为虑。何应钦是和平内阁，任命何出任行政院长主要是为了控制军队，便利将来改编缩军，希共方谅解。"

∨ 1949 年 2 月 26 日，叶剑英等在北平六国饭店与“上海和平代表团”成员合影。前排左起：郭宗汾、董必武、邓宝珊、江庸、邵力子、章士钊、颜惠庆、叶剑英、林彪、傅作义、聂荣臻、薄一波、徐冰。

实际上，李宗仁起用何应钦出任行政院长，除了企图分化蒋系外，更深层次的原因是进一步控制国民党的残余军事力量，拖延时日，准备实现他“划江而治”的政治蓝图。为此，他通过电报及信件，反复交代其在北平的代表，特别强调说：希望中共相信他，他是诚意求和，但中共应当给他一些时间，让他用政治方法解决，尤其不要在和平谈判时过江，否则他没法交代，只好一走了之，结果白崇禧必定会打，蒋介石也必会复出，美、日均会放手干预。

实际上，中共方面清楚李宗仁还有自己的小算盘，但为了实现真正的和平，还是对争取李宗仁、白崇禧寄予了某种期望。中共中央在3月22日密电李宗仁：

速以桂系可靠部队一个师守卫总统府，严防蒋系于情况紧急时对其暗算；不要惧怕我军渡江；速以谈判代表内定人数及名单即日电告；告白崇禧不要占平汉路；李宗仁本人必要时可与中共中央直接商谈；告白崇禧不要破坏平汉路。

对于中共方面用心良苦的忠告，李宗仁大都承诺并兑现，同意调兵，同意必要时自己直接与中共中央谈判，同意通知白崇禧不破坏平汉路。惟对解放军过江之事却避而不答。

3月25日，李宗仁通过黄启汉转电中共中央，要求正在向麻城、罗田、英山、望江、安庆、无为、巢县、瓜州附近泰兴之线大举推进的解放军停止前进，勿再向长江靠近，“以利求和，免生枝节，而顺民意”。不难看出，李宗仁仍死死抱定“划江而治”的“南北朝”梦。

出于策略上的考虑，同时也为了最大限度地争取桂系，等待李宗仁、白崇禧的觉悟，中共中央军委下令前线部队暂停向花园及其以南之孝感、黄陂、黄安、阳罗、黄冈、麻城、浠水等地推进。然而，中共方面的这一系列行动，并未引起南京方面的积极回应。

毛泽东、周恩来等心头雪亮，李宗仁利用美国人的暗中支持，仍然没有放弃“划江而治”的希望。桂系首脑人物的自作聪明，使他们错过了一次历史赐予他们的机会！

V 1948 年 4 月 29 日，李宗仁当选“副总统”后接受何应钦道贺。

❶ 我军步入庆祝延安光复大会会场。

②

③

④

⑤

❷ 被我军某部击毙的敌军士兵。
❸ 人民群众自发地派出骆驼队，帮助我军运输给养。
❹ 人民群众运粮支援我军作战。
❺ 守敌举手向我军投降。

粟　裕

(时任第三野战军副司令员兼第二副政治委员)

辽沈、淮海、平津三大战役，消灭了国民党军队的主力，从根本上动摇了国民党反动统治，国民党反动集团在军事上、政治上、经济上都已濒临总崩溃的境地。

国民党在两年多的作战中，共损失495万人，蒋介石赖以发动反革命内战的精锐主力部队，已被我歼灭殆尽。

残存的作战部队不足150万人，而且分布在从新疆到台湾的广大地区，在战略上已无法组织有效的防御。

政治上国民党统治集团内部互相倾轧，愈演愈烈，逼迫蒋介石下野。

一些高级将领公开要求蒋介石停战言和。

经济上财政已山穷水尽，物价飞涨，工商企业纷纷倒闭，农村经济迅速破产，民怨沸腾，岌岌不可终日。

总之，国民党当时的形势是军事上主力被歼，士气丧尽，政治上众叛亲离，人心失尽，经济上财政崩溃，力量耗尽。

——摘自：《粟裕战争回忆录》

★★★★★

叶　飞

(时任第三野战军第10兵团司令员)

在辽沈、平津、淮海三大战役胜利后，敌人不仅在军事上，并且在政治上、经济上，均已面临绝境。

中国人民将要在伟大的解放战争中获得最后胜利，这一点，甚至我们的敌人也不怀疑了。

国民党统治集团惶惶不可终日，四分五裂，南京、上海、广州……都自称“政府”、“发言人”，成为国际政治上的笑柄……

——摘自：《叶飞回忆录》

双清别墅的战略部署

★★★★★

∧ 1949 年 3 月，毛泽东率中共中央自西柏坡迁往北平。这是他在西苑机场检阅部队。

时间：1949年3月，地点：北京香山。
双清别墅的新主人共同策划着不流血的战争。毛泽东说："打嘴皮子仗，还是恩来挂帅，再加上中央其他几位同志，我们是任凭风浪起，稳坐钓鱼船啊！"
中共五大领袖们你一言我一语的轻松交谈，便把整个政治军事战略作了部署。

1. 双清别墅新主人策划不流血的战争

双清别墅位于北京香山。

"双清"因为两股清泉从山石中缓缓流下而得名，乾隆皇帝曾题"双清"二字于石壁之上。1920年，熊希龄开办慈幼院时，在"双清"建了一座漂亮的别墅，故称双清别墅。

> 曾任北洋政府总理的熊希龄。

北洋政府总理熊希龄

湖南凤凰人。曾任清政府东三省屯垦局总办、农工商局总办、财政监理官等职。辛亥革命后，任北洋政府财政部长、国务总理兼财政总长等职。南京国民政府成立后，任国民政府全国赈济委员会委员。抗日战争爆发后，在上海设立伤兵医院和难民收容所，收容伤兵，救济难民。上海、南京沦陷后，熊赴香港为难民、伤兵募捐。1937年12月25日因病在香港逝世。

双清别墅幽静别致。清晨，云雾缭绕，从远处望去，好似天宫仙境，景色宜人。院内不仅有苍松翠竹，还有一池清澈见底的泉水。池边有六角亭，亭北是一排坐北朝南的平房。中共中央统帅机关进驻北京后，双清别墅内的这排平房便成为毛泽东办公和居住的场所。

从双清别墅西侧门北去，一条路通向来青轩，这里为朱德、刘少奇、周恩来、任弼时的住所。刘少奇一家住东房，朱德和任弼时住北房，由任弼时的住房往西上走数步，

< 解放战争时期，李克农在北平留影。

李克农

安徽巢县人。土地革命战争时期，任中央苏区国家政治保卫局执行部部长，中国工农红军第一方面军政治保卫局局长，红军工作部部长，中共中央联络局局长等职。抗日战争时期，任八路军总部秘书长，中共中央长江局秘书长，中共中央情报部副部长等职。解放战争时期，任驻北平“军事调处执行部”中共代表团秘书长，中共中央社会部部长，军委情报部部长等职。

杨尚昆

四川潼南人。土地革命战争时期，任中华全国总工会宣传部部长、中共江苏省委宣传部部长，中共中央宣传部部长，红一方面军政治部主任，红三军团政治委员，红军大学政治部主任等职。抗日战争时期，任中共中央北方局书记等职。解放战争时期，任中共中央军委秘书长，中央外事组副组长兼中央警卫司令员，中共中央办公厅主任等职。

李维汉

湖南长沙人。土地革命战争时期，任中共临时中央常委，江苏省委书记，上海市委书记，中共中央组织部部长，军委2纵队司令员等职。抗日战争时期，任中共陕甘省委书记，中央党校校长，中央宣传部副部长，陕甘宁边区政府秘书长等职。解放战争时期，任中共中央统战部部长。

便到了周恩来的住所。

中共中央、解放军总部及毛泽东等迁驻北平，是件具有重大政治意义的大事。为此，中央指定由周恩来、任弼时、杨尚昆主管这项工作。

1949年2月初，即开始准备迁移工作，在西柏坡成立了转移委员会，由杨尚昆、曾三负责。

在北平打前站的是李克农。中共中央进入北平，驻地确定在香山，是有其深刻背景并精心安排的。

主要目的是为了确保中共中央机关及毛泽东、朱德、刘少奇、周恩来、任弼时等中共领袖的安全。由于北平是和平解放，反动势力残余不能一下子扫除干净。北平又是北方的第一大城市，东北、华北等地的特务大都潜伏于此，因此，敌情相当复杂。当时我军正在准备渡江南下，而英、美帝国主义又企图插手干涉，且青岛尚未解放，敌飞机随时有来轰炸的可能。于是，为防止形势的突变和敌机轰炸，中共中央将驻地选在位于北平西郊。距城区较远、宜于警卫、便于防空的香山，无疑是上选。

此外，中国共产党长期处于农村环境，缺乏管理城市的经验。由于形势的迅速发展，必须很快转入城市，并由城市领导乡村。这样，无论从思想到生活，方方面面都需要有一个过渡，有一个熟悉情况、学习经验的过程。基于这样的考虑，将驻地选在城郊的香山，有利于逐渐过渡，是十分合适的。再者，北平解放不久，城内傅作义的军事机关尚未撤完，房屋十分紧张，且环境复杂，城内暂不适合作为中央的驻地。而香山，有慈幼院等3,000多间房子，作为中共中央和毛泽东等中央领导人居住和办公的地方，在当时是最为适当的。因此，香山就成为中共中央和毛泽东迁驻北平后最早居住和办公的地方，成为党中央指挥百万雄师，强渡长江向江南进军，解放全中国和筹建新中国的指挥部。

3月26日，中共中央五大书记毛泽东、周恩来、刘少奇、朱德、任弼时在西苑参加入城式后，率中央机关进驻了香山。

这一天，中共中央将关于举行和平谈判的事宜通知南京政府。其内容为：谈判开始时间：4月1日。谈判地点：北平。派周恩来、林伯渠、林彪、叶剑英、李维汉为代表，周恩来为首席代表。以1月14日毛泽东主席对时局的声明及其所提八项条件为双方谈判的基础。

3月下旬的北平，乍暖还寒。在香山南麓的双清别墅里，时间已近午夜，仍灯火通明。长期的战争锻炼，使中共的领袖们已习惯深夜工作。双清别墅内的办公条件已大为改善，自从离开西柏坡后，便永远告别了煤油灯，蜡烛。

此刻，北房正中的会客厅，烟雾缭绕，笑声不断，毛泽东、刘少奇、周恩来、朱德、任弼时正坐在沙发上，吞云吐雾，纵谈大局。这些有着几十年艰苦革命斗争经历的领袖们，都显得精神有些亢奋，客厅里洋溢着一种豪迈之气，一种不加掩饰的喜悦。他们知道，全国胜利在即。今夜，他们议论的主题，便是即将要举行的北平国共谈判。毛泽东长长地吸了一口香烟，不紧不慢地向众书记们说："和谈的地点、时间已经对外公布，我方代表团也已组成。作为我方的首席代表，恩来，你有什么高见？"

周恩来手里握着茶杯，在细细品茶的同时，似乎借杯中的水暖手。听到毛泽东点了题目，他微微一笑，从容地说："李宗仁已经伸出了和平触角，刘仲容、黄启汉先后来过北平与我们接触，看来桂系讲和的心情很迫切。当然，他们的'和'与我们的'和'其内容是有很大差别。"

任弼时身体欠佳，重病在身，但精神还好，思路清晰。他接上话题，继续分析道："李宗仁和蒋介石各打各的算盘，他们的关系已经紧张到有你无我的地步。由于实权还在蒋介石那里，所以即使李宗仁真的想和怕也和不了。"

毛泽东又吸了口香烟，接着话头，轻松而自信地说："谈还是要谈的，不管在什么时候，就是现在快要胜利了，和平的旗帜也不能放下，我们不能给国民党任何口实。再说，我们也需要这段时间嘛，我们还没有做好渡江的准备，这段时间正好唱一台和谈戏么。此外，我们可以利用这个机会，扩大蒋桂之间的裂痕，敌人的分化对我们总是有利的。""不过，我以为，南京当局的和平诚意是大打折扣的。从颜惠庆、邵力子等人的言谈来看，桂系总是在实质问题上躲躲闪闪，不肯将底牌亮出来，这里头大有文章啊。"

毛泽东的话音未落，朱德接过话头，从纯军事角度分析说："有

> 1936年，杨尚昆（右一）与罗瑞卿（右二）、聂荣臻（右四）等人在延安。

∧ 1949 年 3 月 26 日，毛泽东、周恩来、刘少奇、朱德、任弼时与叶剑英（左一）亲切会面。

一个问题要警惕，不能让蒋介石利用谈判拖延时间。我们渡江的时间最晚不能超过4月底。因为，4月底以后江水暴涨，江面将大大增宽，会给我们过江的部队增加困难。如果躲开洪水，又是秋后了，蒋介石就有喘息的时间。蒋介石正抓紧编练新的兵团，他的目标是三个月内再武装 200 万军队。那样一来，将增加我们解放全中国的困难，战争不知要延长多久了。”

“这个问题提得很好，朱老总一语道破蒋介石和谈的根本目的所在，我们要提高警惕！”刘少奇说。

“有我们英明的朱总司令在，我们当然不会上蒋介石的当。那么我们定个最后期限，

强渡大渡河

1935 年 5 月，中央红军渡过金沙江后继续北上。国民党军在尾追的同时，加强大渡河的防御，企图歼灭红军于大渡河畔。24 日晚，红军先头部队袭占安顺场渡口，歼灭守军 2 个连，俘获 1 只木船。25 日晨，由 17 名勇士组成的突击队，乘船强渡成功，占领右岸，突破了被国民党军视为不可逾越的天险大渡河。

比如4月中旬，怎么样？”毛泽东诙谐地说道。

作为首席谈判代表的周恩来，对北平谈判早已有了充分的准备和考虑，依据他多年来同国民党打交道的经验，十分从容地说：“可以！具体限定的日期暂不定死，视谈判情况而定。但是，不能拖过4月下旬这个最后时限，不仅仅是从军事上考虑的，而且也从政治上考虑的。”

看到大家意见都比较一致，毛泽东的声音抬高了些说：“这个问题就这么定了。打嘴皮子仗，还是恩来挂帅，再加上中央其他几位同志。我们是任凭风浪起，稳坐钓鱼船啊。”

2. 关于渡江

毛泽东的幽默引起了大家的一些笑声。“关于渡江，总司令你是怎样估计的？”毛泽东转移话题，笑着问朱德。

朱德呷了一口茶，以其惯有的沉稳，徐徐言道：“经过三大战役，蒋军基干力量丧失，守备长江的兵力就显得严重不足。长江防线长达2,000余里，还需必要的纵深配备，这需要大量兵力，蒋介石到哪里弄这么多兵去？由于兵力不敷分配，再加上南岸交通困难，纵深配备的兵力不易发挥作用，所以蒋军的主要兵力，只能直接配备于长江沿岸浅近纵深内。目前，我们掌握的情报也证实了这点。”

讲到这里，朱德习惯性地站立起来，走到墙边的地图旁，用手指着蜿蜒曲折的长江，继续说：“这样，蒋军漫长的长江防线就成为一条不能动弹的‘死蛇阵’，任人横斩。一处被斩断，则全线崩溃。它的江防舰队，由于北岸掌握在我军手中，很容易遭到我军炮火的轰击，也不易发挥作用。当然，最重要的一点嘛，蒋介石发动的反人民的独裁内战败局已定，士气空前低落，所以他们要守住长江，搞南北朝，纯粹是镜花水月，空想！”

朱德对双方的军事情况分析得十分透彻，毛泽东似乎想起了什么，指着朱德，向大家笑道：“总司令历来很乐观。1935年5月，红军长征在大渡河边，那时，是后有追兵，前有滔滔河水，蒋委员长已经封我们为‘石达开第二’。我问朱总司令，‘我们过得去过不去？’他告诉我，过去得！结果怎样？我们过去了呀！他说长江我们一定可

< 1949年，朱德在北平西苑机场阅兵。

以过得去，我是相信的啊！”说这话时，毛泽东一脸纯真的表情。

朱德笑着补充道：“你不要光听好的，摆在我们面前的困难也还不小哩！长江自古天险，史称天堑，小看不得。我军没有任何现代化的渡江登陆器材，甚至连帆船也没有。长江北岸的船只早已被国民党拉到南岸，所以船是一个很大的问题。第一线突击梯队以及指挥机关、后勤部队、炮兵部队等，合起来是一个了不得的数字。短时间内征集这么多船，再加上运输，这是一件很艰巨的任务。另外，我们的战士大部分是北方人，不熟悉水上作战，短时间内掌握渡江技术和战术，这也是一个很大的困难。”

毛泽东十分兴奋，引经据典道：“这长江，不仅是文人墨客吟诗赋词的场所，而且是千古英雄豪杰们成就霸业的战场。”“赤壁之战，曹操丧师83万，片甲不归。我们的对手，大概还做着赤壁之战的美梦哩。曹操大败，一是北兵不善水战；二是不习惯南方潮湿天气，瘟病流行；三是中了反间计，杀了会水战的荆州降将蔡瑁、张允；四是上了庞统的大当，把船只钉在一起，无法机动；五是中了苦肉计，黄盖带来一片大火。曹操干了这一连串的蠢事，焉有不败之理？这五条，前两条对我们还是现实问题，虽然过去了1,700年，我们还是使用曹操那个时代的木船。想当年，曹操在巢湖练水军，横槊赋诗，不可一世。巧得很，我们也在巢湖练兵，但是我们决不会重蹈曹操的覆辙。虽然我们的渡江工具和曹操时代相比进步不大，但是时代不同了，我们的军队是为人民的利益而战，有人民的拥护。”

赤壁之战

中国历史上以弱胜强的著名战例。东汉末年，曹操初步统一北方后，欲吞并江南，统一天下，于建安十三年(公元208年)，率兵20余万（号称80万）南下。孙权和刘备联军5万，共同抗曹。曹军进到赤壁（今武汉武昌县西赤矶山），小战失利，退驻江北，与孙刘联军隔江对峙。孙刘联军利用曹军远来疲惫、疾疫流行、不习水战、后防不稳等弱点，用火攻击败曹操水师，孙权大将周瑜和刘备水陆并进，大破曹兵。战后，孙权地位更加巩固，刘备据有荆州大部地区，又取得益州，形成曹、孙、刘三方鼎峙的局面。

3. 美国的威胁不存在

刘少奇接着说："现在有人替我们担心，认为我们渡江美国会干涉。如果美国出兵，就要引起第三次世界大战，劝我们不要打过去，以长江为界，搞个南北朝。"

谈到国际问题，各位书记都慎重多了。因为他们长期从事国内武装斗争和政权建设，国际问题对他们来说的确是一个新的领域。

对于外交方面的问题，周恩来显然更具发言权，他立即说："从美国政府对华政策看，由于国民党的失败，美国白宫亦感到无可奈何。1月26日，杜鲁门正式宣布停止训练国民党军队，并召回驻华军事顾问团团长巴大维，次日宣布撤回美国军事顾问团。从这些迹象看，美国已经开始从中国'脱身'。但是，《1948年援华法》应于1949年4月到期，艾奇逊却向美国国会提出延长这项拨款的使用期限，并由国会通过。另外，当我军向长江沿岸集结时，美国又开始向国民党政府运送军火，许多原来暂停的船只奉命继续运行。这些事实，反映出美国当局决策的矛盾与混乱。蒋介石为了挽救他的失败，竭力想把内战国际化，把美国拖下水。综合起来看，不能绝对排除美国干涉的可能性，但是，美国要干涉也很困难。"

任弼时插言道："美军在青岛的驻军，便是个晴雨表。我们解放济南后，美军仍赖在那里不走，甚至还加强力量。但在行动上，他们还是很谨慎的，始终避免与我军发生正面的冲突。"

谈到对美国是否会介入中国内战的估计，几位书记不约而同地将目光移到毛泽东身上，征询他的意见。因为，在一些重大的战略性问题的决策上，大家已经习惯于倾听他的意见。

毛泽东从容不迫地说："基本的估计，美国不敢直接进行干涉。他们不是没这个心，而是没有这个胆。但是，我们在实际的战斗过程中，必须做好应付万一的准备，有备无患嘛。在渡江的兵力使用上，我的意见，用两个野战军，二野、三野一齐渡江。这样的安排，陈毅、粟裕他们会有意见的，同汤恩伯比，无论兵力还是气势，三野都占绝对优势嘛。但是要考虑到万一发生美国的武装干涉，所以二野紧靠三野过江。渡江后，二野沿浙赣路摆开，防备美军从杭州湾登陆，保障三野的侧翼安全，三野全力进攻宁沪。与此同时，在平津休整的四野迅速南下，进逼武汉，钳制白崇禧集团。总之，我

∧ 1949 年，任弼时在中国新民主主义青年团第一次全国代表大会上作政治报告。

们要拿出260万以上的兵力过江，这样，不管发生什么情况，都能保证我军处于优势地位。我军在江南的进军速度，将会是很快的。”

这时，思维缜密的周恩来补充道：“四野南下，西北、华北军区三个兵团随后也要向大西北进军，这样，华北空虚。我料想敌人会情不自禁地利用这个机会，袭击天津、塘沽、秦皇岛、唐山一线，威胁北平的安全，这种情况不可不考虑。”

“你说得很对。”毛泽东深深吸了一口香烟，继续说：“渤海湾是帝国主义侵略中华民族的老路了，这个历史绝不会再重演。华北军区三个兵团打过太原、大同一线后，可抽出一个兵团驻扎在京津唐地区。蒋介石自身难保，不会有太大的力量光顾我们，我看留一个兵团看家足够了。”

五大领袖们你一言我一语的轻松交谈，便把整个政治军事战略作了部署。

屋里响起轻快的笑声。

此时，极为兴奋的毛泽东想到中共元老林伯渠，又跳到另一个话题上，说：“林老已经把在东北的民主人士接到了北平。这些人是长期与我们合作的爱国民主人士，他们同我们站在一起，蒋介石在政治上就彻底孤立了。争天下，只有军事的手段是远远不够的，蒋介石不懂得这点，他不懂得政治与军事的关系，以为枪杆子是万能的。枪多就可以左右一切吗？他犯了一个愚蠢的大错误。”

停了片刻，刘少奇接着毛泽东的话题说道：“我们要与党外民主人士长期合作，将来成立民主联合政府时，要吸收这部分人参加，要使他们有职有权，向天下人民昭示我们共产党的气量！”

刚入北平、初驻香山的中共领袖们，真可谓日理万机。然而，工作千头万绪，富有斗争经验的中共领袖们始终抓住了关系到全局的两步重要棋局：一是国共北平谈判，二是向江南进军的准备。毛泽东深深地懂得，“枪杆子里面出政权”。一个新的政权，要想在中华大地站稳脚跟，就必须铲除旧政权的残余，并且要除恶务尽。为了达到这一目标，共产党除以八项条件为基础同南京政府谈判之外，还积极筹划着向江南的进军。毛泽东内心清楚，中国共产党人将要赢得彻底的胜利。

∨ 1949 年 3 月，毛泽东在中共七届二中全会上发表讲话。

❶战役初期我军某团召开营以上干部会议，研究战役的打法。

② 

③ 

④ 

⑤ 

❷ 我军炮兵向碾庄圩守敌猛轰。
❸ 我军炮兵进入阵地。
❹ 我军在缴获敌之铁甲列车上清查胜利品。
❺ 我军缴获的敌军山炮。

叶　飞

(时任第三野战军第10兵团司令员)

当时，美帝国主义武装干涉中国革命的威胁是存在的。

但是，正像毛主席说的，除非美帝国主义的参谋总长是个“疯子”，否则它是要考虑后果的。

美帝国主义的武装威胁，一是时机，主要是它能以小的代价取得大的成果，如果错过这个时机，美国就干涉不起来了。

但也有第二种可能，蒋介石千方百计挑起美帝国主义的武装干涉，拖它下水，把战争的重担压到美帝国主义头上。

因此，两种可能同时存在，这确实是一个十分重要的政治问题。

——摘自：《叶飞回忆录》

郭化若

（时任第三野战军第 9 兵团政治委员）

淮海战役结束后，我们根据野战军首长的初步渡江设想，紧紧抓住“一切为了打过长江”这一中心环节，全面部署了渡江的各项准备工作，并组织军、师干部率侦察队先期赴预定渡江地段侦查，了解敌情、地形、长江水情、居民及船舶情况。

1 月 **19** 日，华野前委在徐州贾汪召开扩大会议，传达 **1** 月 **8** 日中央政治局会议通过的《关于目前形势和党在 **1949** 年任务的决议》，研究了渡江作战的任务、部署和准备工作，广泛开展政策学习和纪律教育，为我军渡江南下打下了良好的基础。

——摘自：《郭化若回忆录》

准备和平渡江

∧ 1948 年，陈毅与粟裕在西柏坡。

时间：1949年三四月间，地点：江北。
总前委召开了扩大会议。一间宽敞的土墙茅舍内烟雾缭绕，一幅巨大的长江地区战略态势图占满了一面墙。《京沪杭战役实施纲要》高屋建瓴，二野、三野部队有计划地向长江沿岸挺进。
邓小平亲自给毛泽东写报告。陈毅说，和平渡江自然求之不得，但推迟渡江时间可万万使不得！

1. 渡江计划开始部署

1949年2月3日，是阴历正月初六。春节期间一直没有得到休息的毛泽东，这时又开始考虑第二、第三野战军的渡江问题。

还在淮海战役围歼黄维兵团时，毛泽东就电示淮海战役总前委刘、陈、邓：歼灭黄维兵团后开一次总前委会议，商讨战役结束后的渡江作战计划。

渡江战役作战方针中很重要的一点是：华野、中野同时休整，同时举行渡江作战。渡江以后，华野、中野协力经营东南，包括皖南、苏南、浙江、福建及江西一部。

1948年12月17日，毛泽东电示淮海战役总前委："拟请伯承、陈毅二同志偕来中央一商。"当晚，刘、陈、邓驱车去华野指挥所。淮海战役总前委在徐州蔡洼村举行全体会议，议题却是渡江。这是自总前委成立以来，5位成员第一次有机会相聚在一起。会后，刘伯承和陈毅分乘两辆吉普车，连夜从蔡洼出发前往西柏坡，去向毛泽东汇报战场情况以及渡江作战计划。

邓小平也要连夜回中野前指。粟裕、谭震林和他们一一握手道别。最后连谭震林也驱车去了山东兵团。

茫茫的雪原，静静的寒夜，云霭不知何时散去，一轮明月细细打量着这些互道珍重的人。

粟裕在户外站立了许久才转身回屋。吉普车行驶在冰雪之中，为了防滑，轮胎用链条捆了起来。车开得很慢，又嘎吱嘎吱地响，使人昏昏欲睡。陈毅一会儿就打瞌睡了，坐在陈毅旁边的警卫员，看他一歪一歪的，不时拉住他，怕他碰伤。

陈毅有些难为情地说："干脆把我捆到车上吧！"

"这行吗？"警卫员觉得不合适。"捆吧！"陈毅叫驾驶员停车。

大家七手八脚地用背包带将陈毅捆在靠椅上。陈毅哈哈大笑说："就是不大雅观，

V 1949年2月11日，毛泽东起草的“中央军委关于渡江作战计划等问题的指示”（节选）。

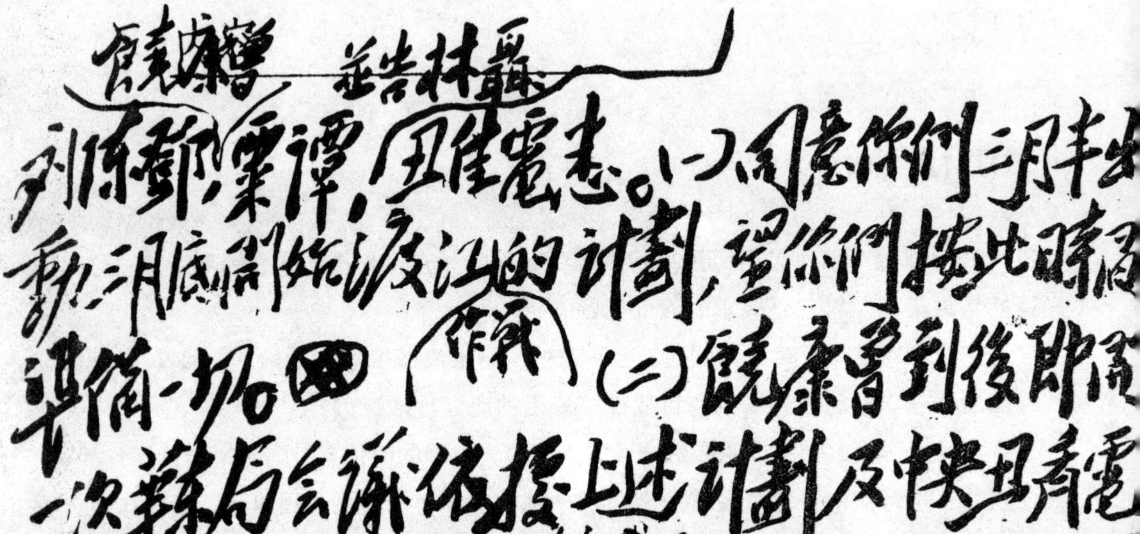

饶康曾 并告林罗

刘陈邓粟谭，丑佳电悉。（一）同意你们三月半出动，三月底开始渡江作战的计划，望你们按此时间准备一切。（二）饶康曾到后即开一次华东局会议，依据上述计划及中央丑青电方针（丑青电中整训时间应缩短半月至三月半为止）部署一切。（三）你们丑佳电所列八条，除第八条以林罗二部先行南下一事已告罗荣桓同志并另电通知外，其余七条凡涉华东及你们自己解决者，由此次华东局

天一亮，或是到了有人群的地方，就叫醒我，给我松绑。”

他们日夜兼程，赶到西柏坡已是1948年的最后一天。刚刚住下，门口突然有人通报：“两位司令员，主席来看你们了。”

刘伯承、陈毅笑着和毛泽东、周恩来、朱德握手互道问候。他们脸上都洋溢着久别重逢的喜悦，目光里闪烁着坚定、自信的光芒。从他们的目光中似乎看到了中国的未来。1949年1月6日，刘伯承、陈毅在西柏坡列席中央政治局会议，聆听了毛泽东所作的题为《目前形势和党在1949年的任务》的报告。毛泽东的声音在整个大厅里回荡，激励着每一位出席会议的同志。

会议分析了当前形势和确定了党在1949年的任务，指出：1949年和1950年将是中国革命在全国范围内胜利的两年。确定1949年的主要任务是：解放湘、鄂、苏、皖、浙、闽、陕、甘等省的大部，其中有些省则是全部；召开政治协商会议，成立中华人民共和国。同时确定准备组成海军和空军；进一步加强各野战军的正规化建设。

2月8日，总前委召开会议，具体研究渡江时间、部署及准备工作。邓小平作了国际国内形势报告，提出了渡江战役的要求。此时解放军已统一整编，中原野战军改编为第二野战军，华东野战军改编为第三野战军，所有纵队改z称为军。

渡江时间初定3月底，前委考虑到这时候雨季未到，春汛未发。同一天，毛泽东和中央军委电示二野和三野：横渡长江进军江南以后，要占领许多城市和广大乡村。中央强调，要研究农村，学习农村政策，学习城市工作，如果不能迅速学会管理城市，将来解放江南的广大城市以后，将会遇到很大困难。

2月11日，中央军委批准了淮海战役总前委渡江战役的初步部署和部队整训计划，指出：“此次我百万大军渡江南进，关系全局胜利所在，淮海战役总前委照旧行使领导军事及作战的职权，华东局和总前委均直属中央。”从此，淮海战役总前委更名为渡江战役总前委，邓小平仍为总前委书记。毛泽东对这个团结统一的班子，十分满意。

毛泽东认为，二野、三野两大野战军并肩渡江直插东南，含有准备在必要时防备美国武力干涉之意。这就要求指挥者既有胆略又能把渡江战役组织指挥得周密灵活，使军队强渡天堑的损失尽可能减少，而渡江后消灭的敌军尽可能多。越能如此，则中国南方解放越快，人民遭害越小，美国出兵的可能性也就越小。

∧ 淮海战役期间，总前委成员合影。左起：粟裕、邓小平、刘伯承、陈毅、谭震林。邓小平为总前委书记。

中央军委于1949年2月3日至3月20日先后决定：以第二、第三野战军的7个兵团24个军及地方部队100万人，准备于4月间发起渡江战役。

3月21日，蚌埠以南凤阳县的孙家圩子，显得异常热闹。从清晨起，已有几十辆吉普车驶进这个默默无闻的小乡村。从战火硝烟中冲杀出来的解放军将领们，在解放了大批中等城市后，仍习惯于在沿交通线的乡村建立指挥部。时至中午，淮海战役总前委的全体成员刘伯承、陈毅、邓小平、粟裕、谭震林，和二野、三野兵团司令员们及参谋人员先后到达这里，研究渡江战役的详细方案。

邓小平点了支烟，宣布会议开始。

他以平稳有力高度概括的语调说："渡江战役我军的战役目标是，以第二、第三野战军全体，歼灭上海、镇江、南京、芜湖、安庆等地及浙赣线蒋军的全部或大部，占领苏皖南部和浙江全省，夺取京沪杭，彻底摧毁国民党反动政府的政治、经济中心。"

多么鼓舞人心的光明前景，它标志着国民党的统治将告结束。为了这一天，以毛泽东为代表的中国共产党人已经浴血奋斗了28个春秋！会议室里涌动起一股昂扬热烈的气氛，生性好说好动的陈毅大笑起来，说道："讲得好！同志们哪加把劲哟，等过了长江，可捞不着大仗打喽！"

刘伯承笑着纠正道："还不能这样说，三野的同志们还有一块大上海的硬骨头要啃哩。"

粟裕笑着说："总不会比淮海战役更难打吧？蒋介石把真正的希望寄托在上海，但是蒋介石的愿望没有一次不是落空的。"

平素不苟言笑的邓小平，这时嘴角上也现出微微笑意。会场平静下来后，他继续说道，"前委统一部署是：刘伯承司令员、张际春副政委、李达参谋长指挥二野的第3、4、5兵团及四野一部为西突击集团，在枞阳镇至望江段渡江作战。三野代司令员兼代政委粟裕和参谋长张震，率三野统帅机构，直接指挥第8、10兵团为东突击集团，从扬中至江阴段渡江作战。三野副政委谭震林指挥第7、9兵团为中突击集团，从贵池至芜湖段渡江作战。三野的两大突击集团由粟裕、张震统一指挥。

"我和陈司令员在大本营统一指挥渡江战役，主持全局工作。只要我军渡江成功，无论敌人采取何种处置，战局的发展都会发生有利于我们的变化，并有可能演变成敌人全面混乱的局面。因此党中央要求我们一举渡江成功！在解放军渡江成功后，三野的两个突击集团应迅速合围，力求达到全部或大部歼灭敌江防部队的目的，不使其龟缩进上海、杭州，此着是全战役的关键。”

3月26日，总前委召开了扩大会议。一间宽敞的茅舍内烟雾缭绕，一幅巨大的长江地区战略态势图占满了一面墙，屋子里坐得满满当当，香烟的味道伴和着阵阵笑声，从室内一直飘到村外。

时间是极其紧迫的，渡江战役即将拉开帷幕。这次战前会议即具体实施渡江方案的会议。

邓小平指出会议的总原则是：要有对付敌人集结兵力于京、沪、杭地区暂时与我对峙或决战的准备，要考虑渡江后站稳脚跟，巩固滩头阵地，打退敌人反扑，尔后乘胜向纵深扩大战果。

这个原则是在粟裕的情报网所搜集的大量情报基础上提出的。

毛泽东在1948年就有派粟裕渡江的战略构想，后听取了粟裕的意见，推迟了这一行动。但一向有着“超前”意识的粟裕，从那时即开始了渡江的准备，先后派出三批小部队和地方干部南下，对长江的渡口、水文以及与长江相关联的湖河港汊进行了详尽的调查，并绘制了地图。第三野战军分布在南京、上海等城市的军事情报网络搜集的大批有价值的军事情报和各类军事地图也为这次会议提供了重要的信息。

会议在研究具体方案时，谭震林指出：军委要求我们4月13、14日渡江，13日正是农历十六，月光通宵，我第1梯队的突击队无法隐蔽，不能求得战术上的突然性。因此建议推迟两天，于4月15日，即农历十八晚九时以前开始渡江，那时正值昏夜，出动有利。

大家一致同意此建议。

讨论到渡江的具体办法时，邓小平说：“1947年我们大军南下，强渡黄河前，伯承同志对敌前渡河战术进行过一番研究，给部队下发过一份材料，反映很好。这次会议他没能来，我这里有一份《渡江作战之研究》，是伯承同志写的，非常有价值。”

陈毅接道：“伯承同志的这个《渡江作战之研究》，我看了，能回答解决渡江中的许多问题，我看还是在这里念一下子。”他从邓小平手中接过材料，风趣地说，“伯承同志可是个大军事家，大知识分子，对军事理论很有研究，我陈毅照本宣科，众将官可要听好噢。”

根据我们了解，长江上是不能架浮桥的，只能漕渡，主要的渡河工具是木船加风篷；其次，我们的渡江行动，敌人已有准备，不

∧ 第二野战军司令员刘伯承和政治委员邓小平在研究渡江作战的有关问题。

易奇袭偷渡；第三，长江很宽，我岸上的炮兵不易收到压制敌人火力之效，支援第1梯队困难；第四，敌人有海空军配合，对我渡江是一个较大的威胁。怎样看待这些问题呢？

刘伯承上来就抛出了一大堆问题，像一把钩子先勾住指战员们的心，而后才逐一分析研究，论据、论理独到精辟，令人豁然开朗。可惜陈老总念得太快，那些做笔记的兵团司令员忙得丢三落四，还是没记全。

陈毅说："小平同志，伯承这份材料干脆多印一些下发部队，你看如何？"

邓小平表示赞同。这时机要参谋送来两份电报。邓小平接过展读，一份说李宗仁又从西北调了一个独立第95师增防江南。邓小平把电报递给陈毅他们，想了想，说："对头，从前我在冯玉祥那里工作的时候，就晓得这个部队，现在又要见面喽。"

接着，邓小平又看第二份电报。看着看着，突然倏地扬起了双眉，欣喜地高声说："好啊，毛主席、党中央，昨天进北京啦！"

当时北京还叫北平，但是在座的人都听到邓小平说的是北京。

这个消息使会场为之雀跃，虽然党中央和毛泽东进北平是情理中的事，然而一旦这一天成为了现实，那种振奋与激动，还是让这些数十年横刀立马的将军们为之动容的。这让他们切实地感到，新中国的诞生已为时不远了，共产党为之浴血奋斗的理想就要实现了。

邓小平为了克制难以抑制的兴奋，点上了一支烟，一口嘬下半截儿，不太喜欢说笑的他，这时不乏幽默地说："哎呀，以后进京可要三跪九叩喽！"

三野的参谋长张震是个活跃的人物，接道："可要小心哟，弄不好要推出午门斩首的！"

陈毅大笑："同志哥，还要刀下留情嘛。"

谈笑间，两张并在一起开会用的桌子已经拉开，摆上了饭菜，不等招呼，众人早围桌而坐，挥舞起筷子。

饭后会议继续，傍晚时总体部署完成：第二、三野战军120万渡江部队，划分为东、中、西三个作战集团。首先以中集团从芜湖、南京段突破，击敌左侧背，切断敌南撤道路。中集团由第三野战军第7、9兵团及榴弹炮兵第2、4团、1团的一个营和骑兵团组成，约30余万人。由第三野战军副政委谭震林指挥。

再以东集团从镇江、江阴段突破，切断南京、上海间交通，割裂敌人防御体系，尔后视情况以主要兵力控制京沪线，以主力协同中集团挺进合击可能南撤之敌主力于太湖西侧郎溪、广德地区。东集团由第三野战军第8、10兵团及榴弹炮第5、6团、苏北军区三个警备旅、海防纵队、坦克团、炮兵预备队等组成，约35万人。由第三野战军副司令员粟裕和参谋长张震指挥。

西集团由安庆东、西地段渡江，进击浙赣线。西集团由第二野战军第3、4、5兵团组成，约35万人。由第二野战军司令员刘伯承和参谋长李达指挥。

为便于整个战役的组织指挥，邓小平、陈毅率轻便指挥所，进至合肥附近，统一协调各集团的行动。

粟裕、张震率第三野战军司令部进驻泰州白马庙，指挥东集团。

谭震林随同第7兵团行动，指挥中集团。

刘伯承、李达率第二野战军司令部进驻舒城指挥西集团。

在这次会议上，邓小平还高兴地通报：由第四野战军第40、43军组成的第四野战军先遣兵团已经南下，近日即可抵达江岸指定位置。

经过几天热烈的讨论，3月31日邓小平在会议讨论的基础上，运筹帷幄，拟订了《京沪杭战役实施纲要》（以下简称《纲要》）。

《纲要》全文共分8个部分，从全局上正确分析了敌情，提出了我军的作战纲领、作战部署、战役目的及发起战役的时限等，既从大处着眼，提挈全军，又不统得过死，充分体现了战役计划的灵活性。在赋予各野战军、兵团任务时，同时指出了各部可根据情况的具体变化，机断专行。

《纲要》规定：

以第二、第三野战军全部，歼灭国民党军集结于上海至安庆段之兵力，占领苏南、皖南、浙江全省，夺取京沪杭，彻底摧毁国民党反动政府的政治、经济中心，于4月15日18时在江苏靖江至安徽望江段实施全线渡江作战，并决定以第二野战军为西集团在枞阳镇至望江段实施渡江，以第三野战军为中、东两集团在贵池至芜湖和扬中至江阴间实施渡江。战役指导上要求从最困难的情况出发，作遇到严重战斗的准备，着眼于粉碎敌固守江防和在我军渡江后敌收缩兵力击我一路的企图。

战役计划分三个阶段：第一阶段达成渡江任务，实行战役展开；

第二阶段达成割裂包围敌人，控制浙赣线一段，断敌退路；第三阶段分歼被围之敌。战役的关键在于第三野战军两个集团迅速东西对进，打乱敌之作战体系，完成钳形合围，达成割裂包围敌人之目的。第二野战军着重密切协同第三野战军行动，适时以主力东进，担任攻占芜湖、夺取南京和杭州地区之任务，并以主力一部迅速出密县地区，控制浙赣线一段及屯溪南北公路，断敌退路。

二野渡江突破地段，为汤恩伯、白崇禧两集团的接合部，又是长江向南突出部分，处于汤恩伯集团之左侧背。沿江守敌为第8兵团刘汝明部3个军8个师约4万余人，其第68军军部位于贵池，3个师分布在东流至湖口线，第55军军部位于贵池，一个师位于乌沙闸至贵池段，两个师位于三野渡江正面之铜陵、青阳地段，第96军军部位于段家汇，两个师分布在吉阳大渡口至乌沙闸线。敌纵深地区仅有第17兵团侯镜如率两个军在联县至宁国地区。

我军整个渡江地段之敌战斗力较弱，机动部队极少，且皖南地区有我游击队活动，成为我有利的突击方向。但白崇禧集团置主力于我渡江地段之右侧，严重威胁我侧背安全，其夏威兵团又以九江、安庆为据点，向望江、太湖、潜山伸出警戒部队，企图迟阻我军接近江岸，并破坏船只或将船只劫至江南岸，防我渡江。

二野遵照中央军委和总前委指示，根据当前敌情，确定战役要首先抓紧突破江防，渡江后着重密切协同三野行动，保障其钳形突击的成功，并视敌情变化而不失时机地向敌纵深发展。遂决心以3个兵团并列在贵池至马当间宽约100公里的正面，以安庆东西地段为重点实施突破。

具体部署为：第3兵团由安庆以东至枞阳镇段渡江，挺进歙县（即徽城）截断徽杭路，尔后沿公路东向杭州；第5兵团在安庆以西至望江段渡江，尔后速沿浮梁、婺源直出衢县，控制浙赣线，断敌退路；第4兵团于望江至马当间渡江，尔后沿江东下，接替第9兵团监视芜湖敌军的任务，并准备参加夺取南京的战斗。

各部队在突破南岸后，即向两翼扩张，主动接应兄弟部队登陆，协同作战。暂归二

> 抗战时期的萧劲光。

萧劲光

湖南长沙人。土地革命战争时期，任闽赣军区司令员兼红七军团政治委员，红三军团参谋长，中共陕甘宁省委军事部部长兼红29军军长，中共中央军委参谋长等职。抗日战争时期，任陕甘宁留守兵团司令员，陕甘宁晋绥联防军副司令员等职。解放战争时期，任东北民主联军副总司令兼参谋长，南满军区司令员，东北野战军第1兵团司令员，第四野战军副司令员兼12兵团司令员。

< 解方，1955年被授予少将军衔。

解　方

吉林东丰人。抗日战争时期，任中央军委情报部第三局局长，中共中央党校军事训练班秘书长，八路军120师358旅参谋长。解放战争时期，任东北民主联军副参谋长兼参谋处长，辽北军区副司令员，辽宁军区副司令员兼参谋长，第四野战军12兵团参谋长等职。

< 谭启龙，曾任华东野战军第7兵团政治委员。

谭启龙

江西永新人。土地革命战争时期，任共青团湘鄂赣省委书记，中共湘鄂赣省委常委，湘鄂赣省军区政治部主任。抗日战争时期，任中共赣东北、苏皖、皖南特委书记，苏南、浙东区委书记，新四军浙东纵队政治委员。解放战争时期，任新四军第1纵队政治委员，华东野战军第7兵团政治委员，中共浙江省委副书记。

< 解放战争时期，袁仲贤曾任第8兵团政治委员。

袁仲贤

湖南长沙人。黄埔军校第一期毕业。土地革命战争时期，任中国工农红军东江军委主席兼东江独立师师长，中共湘江特委书记。抗日战争时期，任范筑先部高级参谋，八路军平原纵队司令员，115师司令部教育科科长，抗日军政大学第一分校副校长，山东军区参谋长、副司令员。解放战争时期，任华东军区副参谋长，第8兵团政治委员，南京军区警备司令员等职。

野指挥的四野先遣兵团（司令员兼政治委员萧劲光，副司令员陈伯钧、韩先楚，副政治委员兼政治部主任唐天际，参谋长解方）主力位于武汉以东地区，并指挥桐柏、江汉、鄂豫军区部队积极活动，牵制白崇禧集团，策应我军渡江作战。

《京沪抗战役实施纲要》高屋建瓴，从宏观决策上提出了渡江战役的作战纲领及部署，为渡江战役的胜利指明了方向。

1949年4月1日以总前委名义发出，呈报中央军委并告二野的刘伯承、张际春、李达。

4月3日，中央军委批准了《京沪杭战役实施纲要》。此时，国民党在和谈阴谋地掩护下，积极将其主力集团沿长江布防，企图凭借长江天险阻止解放军渡江。

2. 粟裕大军打前阵

总前委会议之后，三野前指为贯彻战役实施纲要，又对三野各兵团的任务作出具体部署与调整。

粟裕说："敌人主要是扼守长江，只要我军渡江成功，在陆上作战，将会如虎添翼，纵横扫荡，使敌整个防线发生混乱。因此，保证渡江胜利，是京沪杭战役的关键。"

张震接着说："在我军渡江之后，三野7兵团王建安、谭启龙部，9兵团宋时轮、郭化若部与8兵团陈士榘、袁仲贤部，10兵团叶飞、韦国清部迅速会合，达成割裂包围之目的。此着为渡江后全战役的关键。"

粟裕对韦国清政委说："据华中工委陈丕显、管文蔚同志报告，经过几年来的艰苦工作，江阴要塞已被我地下党员唐秉琳、吴广文、王德容等控制，要塞司令员戴戎光已被架空。前些时候，华中工委已派吴铭同志过去，接着华东局社会部又派第三室科长王征明同志过去具体掌握。华中工委命令他们努力做好迎接你们渡江的准备工作，到时率部起义，配合你们行动。这是华中工委转来的敌人在京沪线的军事部署，江阴要塞兵力火力配备、弹药储量等详细材料。我已命陈、管将要塞的关系转给你们，以便直接联络。你们回去后和陈、管好好商量一下，要绝对保密！"

< 第二野战军一部离开大别山向长江挺进。

粟裕继续说道："国民党海防第2舰队司令林遵在镇江时曾与我华中工委取得联系，陈丕显、管文蔚同志已做了些工作。林答应我军小部队过江，他们佯装不知，大部队过江时，即挂白旗起义。"

粟裕从桌子上拿起一份材料递给第7兵团政委谭启龙。谭政委边翻边看，又转手递给司令员王建安。未等王建安看完，粟裕又接着说："这是林遵通过华中工委转来的敌海军江防情况和英美军舰动态。你们好好研究一下。林遵的第2舰队现已移至南京以西江面，你兵团从那一带渡江，要密切注意这一动向，把工作做好。"

粟裕、谭震林、张震等又对渡江的船只、物资、弹药等作了详细部署。之后，粟裕总结道："总之一句话，我们要过江。若中央同国民党谈判成功了，我们可以轻松地过江，若谈判不成功，我们就要军事过江。军事过江，就是用今天我们部署的兵力，用鲜血去换取胜利。各兵团、军负责人回去后要抓紧行动，保证各项作战准备工作扎扎实实，卓有成效。"

渡江准备，从部署方案到广大指战员的精神思想准备都在紧锣密鼓地进行。但是，由于北平正在举行和平谈判，渡江日期却颇费斟酌。

4月3日后，总前委为便于指挥二野三野渡江，主持全局并便利与驻桐城的刘伯承、张际春、李达的联络和就近照顾第7、9兵团，邓小平、饶漱石、陈毅率华东局、总前委和华东军区机关，由孙家圩子南移安徽肥东县瑶岗村；粟裕、张震则率三野指挥机关于4月4日东移泰州白马庙，以便统一指挥东、中集团渡江。

二野、三野的部队有计划地向长江沿岸挺进！

在江北的条条公路上，滚动着川流不息的炮车、辎重车；战马嘶鸣，风一般疾驰在辽阔的原野上；经过了济南、郑州、淮海战役的二野、三野，如今告别了"游击时代"，几乎是全副的美式机械化装备。

战士们排成几路纵队背着枪，扛着炮，迈着矫健的步伐，唱着雄壮的战歌：

血战两年半，胜利在眼前，长江南的父老姊妹们，你们解放的日子已不远……

解放全中国

∨ 我军各部队纷纷举行誓师大会，指战员们振臂高呼“打到江南去，解放全中国！”

歌声落处，响起清脆的呱嗒板儿：

长江天险不可怕，毛主席早已有计划。蒋匪主力被消灭，剩些零星不经打。长江水有几千里，他守住这里守不住那。咱们翻江倒海过江去，蒋匪统治一齐垮。解放江南老百姓，革命功臣人人夸……

踏着呱嗒板儿抑扬顿挫的节奏，瞟一眼宣传员那两条活泼飞舞的黑辫子，战士的脚下抹了油，生了风……

成千上万的民工，推着小车，赶着牛车，抬着担架，浩浩荡荡地跟着大军向南前进！

在宿营地，在行军的行列里，时时都可听到战士们这样的议论。

"这回蒋介石算是叫咱们给打趴下了，所以才打出和平旗号。吃人的狼还能改本性？指导员说，蒋介石表面上下台了，换上个李宗仁暗地里却在组织部队，想争取3到6个月的时间，编400个师再来和咱们干。"

"说干就干，马上打过长江去，干它个窝底朝天！"

"可上级讲，到江边还要准备。"

"准备个啥？抗战时咱来来回回走了几趟？啥样不知道？蒋介石剩下的三等残废部队还经得住打？我要是粟司令，下令大军南下！我们第1梯队，刘邓第2梯队，一直打到广东，没人配合也行。"

部队越往南走，对长江的议论也就越多。有说十个黄河也抵不上一条长江。长江无风三尺浪，一个浪比船还高。有说是呀，长江宽有40公里，水有几十丈深，轮船开过将江水划成一条深沟，一个钟头也合不拢！

"江无底，海无底，一个秤砣沉底得三天！"

"听说江猪很厉害呀，不仅吃人，它还能把船拱翻。"

江里还有九里十三矶，船撞上就沉。难怪曹操当年八十三万大军都过不了江。

经过长途跋涉的部队来到了江边，面对长江，一个个心潮澎湃，自然又是一番感慨。

"这是我一生中第一次见到长江，真是气势雄伟呀！"

"嗨，长江原来才五里宽，就是爬也爬过去了。"

"江面水流平稳，哪有什么浪？"

"国民党不是有军舰吗？"怎么也看不到？经过有组织的看水，干部战士对长江的恐惧心理顿消大半。

为了解决干部战士存在的各种思想问题，坚定广大指战员将革命进行到底的决心，部队到达江边后再次进行思想动员，并请来在江边生活多年的老船工，介绍江情、水情，讲江猪是一种什么动物，可能是中华鲟。九里十三矶，就是礁石滩。并没有那么可怕。各军还结合渡江任务召开了英模表彰会、思想检讨会。经过以上工作，部队士气更加高涨。第 20 军第 172 团的一个干部讲，渡江时我脸孔一直向南，万一牺牲，如发现我脸孔朝北，可以开除党籍！

> 秦基伟，1955 年被授予中将军衔。

秦基伟

湖北黄安（今红安）人。土地革命战争时期，任红 31 军第 274 团团长，红四方面军总参谋部补充师师长等职。抗日战争时期，任八路军 129 师秦赖游击队支队司令员，晋冀豫军区第 1 军分区司令员，129 师新编第 11 旅副旅长，太行军区第 1 军分区司令员兼中共地委书记。解放战争时期，任太行军区司令员，晋冀鲁豫军区第 9 纵队司令员，第二野战军 15 军军长。

二野 4 兵团 15 军为先遣军，先期向江边跃进，他们 3 月 5 日先于其他兄弟部队，向长江出动，此时快要过淮河了。

军长秦基伟自己开着一辆越野吉普，时急时缓地行进在洪流之中。他高挑的个头，白净的脸膛，气宇轩昂，颇有几分书生气，用他自己的话说，却是一个地道的“大老粗”。

他出身贫寒，家住穷山僻壤，参加革命后才知道了革命战士要努力学习。共产党的队伍里，大都是像他这样的人。但他现在是军长了，不能像以前只知道甩帽子，挥大刀片子喊冲锋了。必须学习，不学习就指挥不了打胜仗……

解放军第15军

1949年2月，由中原野战军第9纵队和豫西军区部队一部整编而成，军长秦基伟、政治委员谷景生，下辖第43师、第44师、第45师，归第二野战军第4兵团建制。该军成立后立即参加渡江战役，后又参加两广作战。1950年初奉命赴川、黔、康进行剿匪作战。1950年3月，第43师兼云南军区昭通军分区。1951年2月，第10军第29师归第15师建制，第43师脱离第15军建制。

平汉战役

亦称“邯郸战役”。1945年10月中旬，国民党第11战区3个军4万余人，由郑州、新乡沿平汉路（今京广铁路）进攻晋冀鲁豫解放区。晋冀鲁豫军区司令员刘伯承、政治委员邓小平奉命统一指挥所属3个纵队和冀南、冀鲁豫、太行军区主力共6万余人，在10万民兵和自卫队的配合下，于10月20日发起平汉战役。此役至11月2日结束，共歼敌4万余人，俘敌副司令长官马法五。战役中，高树勋率国民党新8军及河北民军约万人战场起义。

V 平汉战役中，我军在拆除铁轨，阻敌前进。

尤其是到了刘邓麾下后，更得勤勉好学。一仗打下来，即便打胜了，如果打得“笨”，要挨批；杀敌一万，自损八千，也要挨批。在刘邓帐下为将，草莽英雄是不受欢迎的。

刘邓要求一个指挥员必须讲究战术，以智慧弥补兵力和装备的劣势，以奇谋方略克敌制胜。同样是伏击战，在不同的情况下，有的伏其救者，有的伏其退者，有的是“引诱而伏击之”，有的是“威胁而伏击之”。同样是口袋战术，有的是“围三阙一，网开一面，虚留生路”，有的是“围师不阙”，“紧缩敌人于狭小范围之内而困饿之”。同样是围点打援，有的是虚张声势，攻城是假，打援是真，有的则真围真打，既夺城又打援。同样是歼灭战，平汉战役是“猫盘老鼠”，陇海战役是“纵深闪电”，鄄城战役是“拖刀计，回马枪”，滑县战役是“猛虎掏心”，金鱼台战役是“釜底抽薪”……

这些年跟随刘邓转战，秦基伟常为他们那满腹韬略，气度恢弘的兵法家、谋略家的赫赫风采而诚服。在刘邓麾下为将，如同饮了浓咖啡，时时被一种兴奋所鼓荡，又似丑女坐在镜子前，时时不能对自己满意。

这次渡江战役15军被选为先遣部队，上上下下着实兴奋了一番，包括来队的家属，

也红着脸说："俺们都光荣得了不得哩！"离队之前，她们把绣着"将革命进行到底！"的鞋垫垫在丈夫的鞋子里。

全军掀起请缨热潮，各级党委、支部，干部、党员、功臣、模范竞相表态："要做全革命，不做半革命！""一百里不到，九十里不停，保持光荣，再立大功！"

有的战士枪托上刻着一行字："打过长江去，解放全中国！"从那稚嫩歪斜的字体上可以看出，是个刚摘掉文盲帽子的新兵。

这时军里还出了件新鲜事，某团2营机枪连9班全体战士用指血给军长写了"挑战书"。他们提出了以"打通思想"和"任何情况下不动摇，不逃跑"，"保证完成任务"为挑战的条件。

秦基伟深受感动，并亲笔给他们写"应战书"。

亲爱的第9班全体同志：

你们热情的来信我已经看到了，在"打过长江去，解放全中国"的伟大进军中，我很高兴来和你们作革命竞赛，虽然我们的工作岗位不一样，可是我们的奋斗目标都是一致的。你们给我提出的挑战条件，表现了你们对革命的无限忠诚，给了我很大的鼓励和督促，我很愿意在和你们的革命竞赛中间，更好地完成党给予我的任务。我决心在渡江进军中兢兢业业地执行上级一切命令指示，努力学习战术，学习政策，做到把部队指挥好，把政策执行好，保证我们在军事上、政治上都要打胜仗。这样来回答你们对我的热望，回答党和人民对我的希望。同时，我也希望你们努力全部实现你们的挑战条件，除了原来的两个条件以外，我还提议增加：一、执行党的新区政策、城市政策；二、坚决服从命令，执行三大纪律、八项注意；三、努力学习，不断进步。这样三个条件，如果你们同意的话，我们就一起努力吧！

秦基伟加的条件准确地表达了中央和毛泽东的要求，渡江战役之后，解放军将直接进入大城市，一改中国共产党从前以农村包围城市的战略。解放军能否赢得国民党统治区以及城市人民的信赖，能否获得各阶层人士的支持，都需要有一个与国民党所宣传的，"匪"的形象截然不同的形象出现在江南人民面前。

所谓"先遣"，不但在时间、态势上有要求，更主要的是要把一支有足够战斗力的部队带上去，为主力打开通道，构成迫敌就范的军事压力。因此，此次行动将直接配合中央在政治上的举措，不可等闲视之。秦基伟和15军的首脑正是这样做的。

然而，春天不总是阳光明媚，江北不尽然绿叶红花，有时忽地雷声炸响，接着就是哗哗的麻杆子大雨。有时灰云低垂，细风柔飘，淅淅沥沥的牛毛雨把北方兵的骨头都下得长出青苔来。那黄泥巴，黏得赛糨糊，鞋子用绳子绑在脚上还是一样被泥黏掉。常常是掉了来不及找，走着走着，脚又踩进了前面100人掉的鞋子里。

3月9日这一天，15军过了淮河，葱茏的大别山已经在望了。

大别山是第4兵团前身4纵队的诞生地，司令员兼政委陈赓当年任红四方面军第12师师长时，就战斗在这里。大别山对革命有着巨大的贡献，她的子弟成千上万涌进革命的队伍，秦基伟就是大别山的儿子，4兵团副司令员郭天民，13军军长周希汉，14军军长李成芳，都出生在大别山。

随着每一步的迈进，思乡的情结越拧越紧，血脉的跳动越来越急促……他们离别大别山的时候，大都是十几、二十岁，唇上的胡子还是软软黄黄的茸毛。数十年戎马倥偬，腥风血雨，南北转战，九死一生，如今带着满腮的胡须，又回到了这乍土地上；他们每人都带着一身的战伤，走进了千万次缭绕在梦中的大别山。

> 徐其孝，1955年被授予少将军衔。

徐其孝

湖北麻城人。土地革命战争时期，任红四方面军第25军军部交通队队长，第31军91师272团营政治委员。抗日战争时期，任山西青年抗敌决死队第1纵队3总队中队长、大队长，决1旅25团团长。解放战争时期，任晋冀鲁豫野战军第4纵队11旅团长，中原野战军第4纵队11旅副旅长，第二野战军13军38师师长。

38师师长徐其孝站在离别20年的村口，茫然四顾。原来热闹的一座镇子，眼前只有东倒西歪的6座茅屋。没人再认识他，他说出父亲的名字，一个中年女人告诉他，那一家人全被白崇禧部队的“猴子”杀啦，就活下一个老太太，到外地乞讨去了。

14军军长李成芳，16岁离开家，这次部队正好路过家门，乡亲们挤在村口等他，他和乡亲们面对面互相看着，谁也不认识谁。良久，他终于认出叔父李清义。

＜李成芳，1955 年被授予中将军衔。

叔父声泪俱下，说："你走以后，白军把大别山压死啦！……民国二十一年3月杀死了你爹，7月又杀死了你娘，全村16家，饿死的，杀死的，有54个人呀！第二年你妹妹又失踪了，饿得谁也顾不上谁了，你家的房子也被白匪烧了……"

李成芳又去看望一个同志的母亲。当年他是和李成芳一块离开大别山的，已经牺牲在长征路上了。茅草棚里满是蛛网、尘埃，破烂不堪，遍地凄惨，从草堆里爬出一个瞎眼的白发老婆婆，一听成芳的名字，一把将他抱住痛哭不止，半天才说出一句话："都叫白党杀光啦，成芳，快带部队去！去打他们！去报仇哇！"

15军一进入大别山，车辆、辎重遇到了难题，有的山路连牲口马匹都很难通过，只有拆了大炮扛着走。平原上长大的兵，不会走山道，一下雨，走几步就是一个"大马趴"，苦不堪言。加之连队炊事员北方人居多，不会做大米饭，一锅米煮出来，下面是糊的，中间是黄的，上面是生的，难以下咽，战士面有饥色，离队逃亡人员日有所增。

秦基伟下到了炊事班，袖子一卷，给炊事员做示范。两尺深的大锅，水加得适当，火候适度，锅盖一掀，白亮亮的大米饭上下一色，糯软喷香，战士们边吃边说好吃的很，连锅巴都吃光了。

行军路上，军首长全部下到基层，和战士一起行军，带头唱歌，组织拉拉队喊口号。秦基伟将马让给了病号，甩着两条长腿走在队列里。当他把一挺机枪从战士的肩上移到他的肩上时，那战士哽咽了，说：“首长，我怎能要你扛机枪呢！”军长说：“我开始和你一样，就是扛机枪过来的！”

军长帮战士扛机枪了！似一道无声的命令，榜样的力量，如一场飓风，席卷过前进的队伍。整个儿的队伍都知道，军长就在他们中间；和他们一样跋山涉水，在风雨里在泥泞的道路上行进，而且，他帮战士扛着机枪！

3. 各路大军汇集长江边

邓小平伫立在窗前，望着院中一棵开放出粉白色花蕊的丁香，提笔给毛泽东写报告。他说，江北各地党政和人民的努力支前，尽到了超过其本身能力的努力！

地方各级党政机关竭尽全力动员和组织广大人民群众进行支前工作，仅随军参战的船工即达1万余名，临时民工达300万人，山东、苏北解放区还组建了16个民工团随

∨ 我军某部突击队决心将红旗插到江南去。

军服务。这100多万野战军，320万常备民工和近2万随军南下的地方干部的吃、喝、用，以及渡江作战的种种准备，百姓负担之繁重，实在是超过了他们所能承受的极限。仅苏北、皖北两地群众，筹集并运送到前线的就有1.7亿公斤粮食、11亿公斤草料、15万公斤油、10万公斤盐、12.5万公斤肉。

好在4月7日中央军委来电，告之4月15日准时渡江，电报说，和平谈判已有进展，可能于15日以前成立协定，现决定请饶漱石同志接此电后立即乘专车来北平一谈。如能于9日夜或10日晨到平，在平停住两天，则13日或14日即可返部。请加紧准备于15日准时渡江，你们方面务必不要变更，如果我们需要略为推迟时间，当临时紧急通知你们……

夕阳西沉，满天烧起火红的晚霞，有如千百万红旗在飘动。浩渺的长江水被感染，那黛色的江面渐而变得浅紫，接着又幻化成胭脂红，不待细观，又转为深红、深紫、古铜……

变幻无穷的长江，从青藏高原奔突而出，到这里已经停息了狂嗥怒吼，茫茫江面沉重地起伏，急匆匆；后浪赶着前浪，仿若暴风雨前的马匹，茫然成群又倏地散乱一片。风平浪静的时候，江面似动荡颤抖的大幅轻绡，成千成万的条条水流，忽隐忽现的点点漩涡，遮掩了一个神秘的世界。那表面的温顺，不动声色的恬静，使它那崩天裂地的内蕴更具雄浑的力度。日复一日，年复一年，它时而扩展身躯，时而扭动腰肢，傲然从地球表层流淌着，流向没有日月星辰，没有人烟声息，没有战火刀戈，没有生离死别的地方……

距离长江20公里有一片村子，叫运漕镇。1949年4月初，第三野战军25军74师222团来到了这里。他们从淮河到长江的进军，在运漕镇结束了，这里是他们长途行军的目的地。

风尘仆仆的部队踩着落日的余辉向镇子开进，团政治委员谢雪畴在路边站下了。

运漕镇坐落在水量丰沛的运漕河上，湿意浓重的流云从西南方向低飞过来，擦着小镇周围的树梢，在河面和水田中飘散。那些稻草屋顶，褐色土墙，墙上宽敞的木窗，临着水塘的大门，屋前一小块平整光洁的打谷场……这一切，都脉脉含情地望着谢雪畴，一直望进了他心里。他恍惚嗅到了从这些茅屋厨房里飘散出饭菜的香味。

∧ 我军某部突击队通过光荣门前往渡江出发地。

恍惚听见了农妇们吆喝鹅鸭回村时的喊叫，那吆喝声是清脆、快活，节奏分明的，简直是一首牧歌。

他的确是第一次到运漕镇，但整个抗日战争期间，他所在的那个部队都活动在这一带。这里的风土、人情、景物，对于他是那样的熟悉和亲切，一踏上这方湿润的土地，顿时涌出一种游子归里之情。

部队“刷刷”地从他身边走过，一个特殊的身影将他的目光拽了过去。

那是 2 营营长董光继。他拄着一根棍子，蹒跚地走着，带领着他的 2 营。

这次2营的驻地最不理想，房屋既少又分散。这些中下级指挥员总是特别关心自己部队的住房，都希望住得宽敞点，尽量靠得拢一点。住得宽敞点，战士们高兴；靠得拢一点，便于干部集合开会。他们的小算盘总是打得周到精细。像渡江战役这样规模空前的大战，谁不想让自己的部队有个理想的驻地，而后敞敞亮亮地搞临江训练呢？

谢雪畴迎上前去，说：“你们营这次住得挤了些。”

“没关系，再挤点都行。”董光继似乎毫不介意，脸上浮着浅浅的笑容。

谢雪畴愣了愣，继而脸上也浮起笑容。

他目送这个拄着根棍子，一摇一晃吃力迈动双腿的年轻营长，心里荡起一阵阵涟漪。

去年 7 月打兖州的时候，一颗炮弹炸伤了董光继的一只眼睛，腿和胸部也受了重创。紧急抢救时，又出现了严重的脓胸，医生尽了最大的努力，最后还是无能为力。

转年到了2月，董光继幽灵一般出现在前线，出现在他的2营。死神向他让步了，却夺去了他的一只眼睛，在他的胸前留下了一道又深又长的紫黑色刀痕，将他变成了一个残疾军人。谢雪畴曾在隆冬的夜晚，耐心地对他进行说服解释，劝他到后方机关工作。师政委甚至还对他下过命令。但是他执拗地要求留在营里："我只要求这一次，只要求让我再打这一仗，过了江，一切都听从组织分配。"董光继那只深凹进去的受伤的眼睛里向外溢着泪水。

谢雪畴再不忍心说不，他找到师政委，代董光继请求，把他留下。

现在，董光继带领着他的一营人，走进了渡江战役的行列里，走到了长途行进的集结地。他那笑容，是因为从营区的配置上，猜出了团里的意图——他的营将要担负渡江第1梯队的任务。

谢雪畴

湖南宁乡人。抗日战争时期，任新四军第4支队连指导员，第2师政治部教育科科长、团政治处主任等职。解放战争时期，任华东野战军团政治委员，第三野战军师政治部主任。1949年在渡江战役中，率团快速突破江防，抢占吴淞要塞，所部3营被授予"渡江模范营"称号。

这个机智的董光继。谢雪畴也抿嘴笑了。

2营的部队过去后，3营的部队紧跟了上来。

3营长武广臣从队列里走出，端端正正给谢雪畴敬了个军礼，嘴唇嚅动了几下，没有张开。他的神色显得局促不安，满腹心事从那紧锁的双眉上流露出来。

谢雪畴先开口了："没有掉队的吧？""现在哪来掉队的？！""这回，你们的驻地最好。"

"那是小事……"武广臣话说了一半，又吞下去了。显然，当着部队的面不好说。

"先驻下，我们以后再谈。"谢雪畴说。

武广臣勉强答应了一声"好"，样子仍有些流连不舍。

"你的心思，我都知道。"谢雪畴说。

武广臣这才笑了笑，走开了。今天中午武广臣看到了部队集结宿营配置图，他的3营放在了团预备队的位置上，这深深刺激了他，他要的是第1梯队，第1船，而团里却……

团里自然要从全团的实力考虑战斗力的布局。3营是个好部队，3营长武广臣是全军闻名的战斗英雄，每次战斗，他想尽办法把那些顶顶重要的任务揽到自己身上。但他的营在淮海战役中伤亡太大，战斗力减弱了，渡江战役必须让战斗力最强的部队，担当“第一波”的角色，这是干系全局的大事。团里不得不给这个英雄的心里添点苦恼了。

夜已经很深。月亮从水田尽头的树梢上爬出，将那银光泻进水田里，又从水田里反射出来，天和地一片透明柔和，浑然成了一体。

谢雪畴枕着水田的流水声、青蛙的聒噪声、草虫的低吟声，灵魂却已经出窍，飞腾到了他冥想中的长江上去了。多少日子了，长江成了他心里的惟一世界。

抗战时期，他们那支部队就活动在长江淮河之间，他周围的许多同志自幼就生长在长江边上。在他们嘴上长江有说不尽的好处，又充满近乎神话的险恶，还有历代的英雄豪杰，在长江留下了滔滔不绝的故事和传说。至于那吟咏长江的诗词歌赋，更叫人神往。遗憾的是，谢雪畴始终没有机会领略长江的风采。有一年，在离长江10公里的村子，由一个熟悉长江的同志领着，他爬上了一座小山，贪婪地眺望了一番。从望远镜里，看到一长串蓊葱耸伏的群山，群山下，拥着一派腾腾的烟雾。那位同志说，这就是长江。

1942年冬，日寇“扫荡”刚刚结束，谢雪畴他们的支队在滁县境内的岱山、池河间游击。在一个风雪交加的夜晚，在劫后的村庄里，他和他的战友们围着一炉柴火，谈论将来反攻的话题。一提反攻，自然就扯到长江。那时他们深信，大反攻的时机一到，最先过江收复南京的，必定是他们那支部队。就在那天深夜，他按捺不住江涛一般亢奋的心情，披着棉被在油灯下赋诗寄情：

此日横戈啸岱池，山河壮色动雄思。挥兵欲越长江去，勒马城矶血写诗。

日军投降的一天终于到了，但是他们通向长江的路，却被敌伪顽合流的逆浪深深隔断。随后，国民党撕毁协定，大规模的国内战争开始。他们不得不抛下八年血肉创建起来的根据地，一步一步，由长江北岸，退过淮河，退过陇海铁路，退进山东腹地，最后退到黄河南岸，渤海之滨。也就是在这个退却的终点上，听到了战争的车轮扭转过来的声音。于是，那遥远的江涛声，又在他的胸中响起。

∧ 我军某部从安徽桐城出发，向长江进军。

现在，他带领着部队居然又逼近长江了。而且，这次是注定要从长江上飞渡而过，一直向南横扫，解放全部国土了。

临江的第一个夜晚，江涛声浩浩荡荡，不在40公里之外，而且在他的胸间。

第二野战军4兵团先遣部队15军先期抵达江边。3月28日，军前卫45师，以霹雳手段将据守华阳镇及江字号滩头阵地之敌60军119师355团全部歼灭，扫清了江北障碍，控制了直出长江的华阳渡口。

华阳镇在望江县东南8公里，这里的湖泊水域宽广，便于屯集渡江器材和水上练兵。江湖之间有华阳河连贯，是良好的出击通道。南岸多系沙滩，便于登陆，是个非常理想的集结地。

然而，摆在他们面前的一个严峻现实是：没有船只，没有水手，没有各种必需的修造船工具和器材，真正的“两袖清风”。当地的船只，有的被敌人破坏后沉入江底，有的在敌人撤退时被拖走。沿江的群众和渔民，遭到蒋军的迫害，有的“逃反”到外地，有的被蒋军连人带船逼到江南。

15军面对的现状是普遍的。和15军同期出发的先遣11军，遇到的是同样的难题。

渡江作战，不能“渡”便谈不上战。就“战”而论，随着部队到了江边的湖汉河网，新的问题也出现了。部队的战士绝大部分是黄土高原和豫北平原的子弟兵，他们的一双脚，一天一夜，跑上100公里，不起泡，不红肿。若让他们骑上马，在那辽阔无垠的大平原上奔跑，他们能撒开缰绳，空扬起双手，在人们的喝彩声中，来一段精彩的骑术表演。他们中间，有的能够在黑夜里把轻机枪100多零件拆卸下来，再摸索着一一装好。

现在，他们那些“绝活”几乎全派不上用场了。在湖上一圈兜下来，五脏六腑都倒了个个儿，哇哇直吐。长江还没见着，长江的这些小分流就把他们折腾成这副模样。于是在他们心底装着“一江春水，两岸桃花”的那个长江，不再如诗如画，面目变得狰狞起来。而面对的任务又十分紧急，要求“半个月内必须完成一切渡江准备”。

这一切，囊括了侦察、情报、船只、水手、战术、技术……渡江所有需要的全部。燃眉之急的是船只和水手。刘伯承再次嘱咐他的部队“万勿骄情疏忽”。

共产党的军队再次显示了他和人民的血肉之情，听说是当年的新四军、八路军来到江边“逃反”的，流浪他乡的，陆续返回家园，胆子大些的，被抓到江南岸的也偷渡过来。部队在宣传渡江意义的同时，将自己的口粮省下来，救济那些“青黄不接”闹春荒的人家。地方工委配合部队制定了船只征集政策，宣布：有主的船只，使用后确保物归原主，无论新旧，损坏赔偿；无主的船只，谁发现打捞并提供给部队的，将来就归谁。布告贴出后，船主和知情者的积极性被子调动了起来。

为了支援部队渡江，有的把早先隐藏起来的船只自动划出来参战，有的带着解放军一起打捞被国民党破坏的沉船，有的夜以继日地为解放军修理旧船、赶制新船……在短短的时间内，二野筹集1,228只船，三野筹集8,070只船，并且修造了大量的木排、竹筏、担架船、三角芦苇、竹竿盆等各式渡江工具，并改装了一部分机帆船。

有了船，不等于有了水手。将船工变为敢在炮火中强渡的突击队员，比征船更为艰难。那些教育战士颇有一套的指导员、教导员，凭着自己的热情和经验，分头召集船老大们开会、座谈，忙活开了。

那一天指导员靳虎堂组织船工们开会，他滔滔不绝，大谈土改翻身，大讲渡江意义、军民合作，他是经过认真准备的，讲得头头是道，自己都被感动了。看看船工们，有的不知在想什么，有的伸着懒腰，有的干脆蹲在角落里打瞌睡。靳虎堂问，老乡，你们有什么感想？可回答他的却是“听不懂、坐太久、屁股疼……”

这犹如一盆冷水，靳虎堂有说不出的沮丧和失望。

地方党委得知此情后，笑道：你们把搞土改的经验搬到这里来，怎么行？他们都是跑码头的，见识广，吃亏多，疑心大，不轻信。但他们有他们的脾性，讲义气，重交情，你敬他一尺，他敬你一丈，你真心对他好，他拿脑袋换。他们都在“帮”，就是“三番子”。在“帮”的人，都论辈分，“老头子”一句话，就是圣旨。

秦基伟首先出面将“老头子”请至“帐中”喝酒，请他“参与军机”；师团主官也请“大辈分”的人聚餐同饮，请他们出点子；指导员、教导员都上了船，和船老大聊家常，交朋友；战士们则像徒弟服侍师傅那样，上了船首先集体向船工敬礼，端饭递水，虚心学艺。除此之外，对船工家属的生活一律优待；对于帮助部队有功、有特殊贡献的，颁发记功令，挂光荣旗，领导宴请，记者照相。

那些经常喝几口老酒，衣襟大敞的江湖汉子，把手掌重重地往战士的肩上一拍，另只手握成拳狠狠砸着自己的胸脯，掏出心窝子话：“老弟，一百个放心。有船在，就有我在，有我在，就准保送你们过江。”

“别把我看成糊涂虫，你们大军为哪个来过江的，我还不明白？人都是娘身上掉下的一块肉，命只有一条，你舍得丢，我留着干什么？！”

“老弟，人穷志不短，俺们都是有血性的，生平恨的就是那些压迫派。从古到今，

∧ 沿江地区的船户，将隐藏在水底的船只拉出来支援我军渡江。

∧ 当地群众积极帮助我军赶修渡船。

没见过你们这号好人。要说送你们过江都不干，还算得上是闯江湖的汉子？”“一句话，不送大军过江，枉为今世人！”

此时，水上大练兵也开展起来了。

农历三月天，冬眠的虫子刚刚苏醒不久，战士们甩下棉衣，赤条条只剩下一件短裤。他们一整天一整天泡在冰冷刺骨的河汊水网里，有的抱着一块门板，乱扑腾；有的抱着一根粗毛竹，扎猛子；有的一拱一拱，像狗刨，风里，雨里，这些“旱鸭子”终于熟悉了水性。

晴空下，湖波涌起，泱泱一片，船工们带领着新徒弟，不时发出短促地叫喊：“左舵”，“右舵”，“半篷”，“满篷”……船身笨拙地移动开来，在湖里打转转。新徒弟急得憋红了脸，越使蛮劲，船越转，船工哈哈大笑。风停了，船像被水吸住，再不肯动。小伙子耐不住性子，仰起脖子，瞅着桅杆顶的小风信旗，“呵—咯！”一声，吹着新学来的呼哨，结结巴巴，十分蹩脚，全没了在老水手嘴里的神韵。引得补网的渔家女，掩口讪笑。

很快渔家人就发现“大兵”们的聪明，他们那双握枪弄炮的手，不但摆弄顺溜了舵把、橹把、篷索，还把他们祖代相传的一帆、两橹，顺风快、逆风慢的渔船变了样。铁路工人出身的战士樊瑞来，用一块块长0.99米，宽1.25米的木板做水叶子，套成十字架，在船面上装设一个前卡子和一个后卡子，将十字架的轴钳在里面，端头再装一个木柄，人坐在舱里摇，等于加了十副橹，既可隐蔽身体，又大大加快了航速。

驻扎在江边的二野12军的战士们发明了一种“救生圈”。他们用20公斤重的稻草拧成把子，围成一个圈，往身上一套下水去，既可托枪，又能救生。这种救生圈在水里浸泡12个小时后仍可使用。

12军军长王近山来到35师驻地。上午刘伯承给他通了电话，让12军搞一次实战演习。一是取得江上作战的经验，二可消除一下北方战士对长江的畏惧心理。王近山选中了35师。他们师靠近敌军江防据点的江心洲——铁板洲，洲上有敌第29师87团3营300余人，筑有地堡工事。

王近山在35师布置过任务，来到湖边看战士们练兵。看到战士们一个个从“登山虎”变成了“浪里蛟”，浑身上下晒得黑不溜秋，他咧嘴笑了。

战士们很喜欢他们这个“烧铺草”的军长，大声喊道：“王军长，来一个！”

王近山心里早痒痒了，被这么一喊，帽子一甩，便脱棉衣。

随行的参谋急了：“军长，要冻病的！”

“哪个说的，数九天我还敢在河里扎猛子呢。”王近山说着已经脱得差不多了，“扑通！”一声，跳进湖里。湖里的战士们一片欢呼。

王近山从小就戏水，在红安家门前那个水塘里，他将一个孩子所能淘的气全淘了。几十年过去了，功夫居然还在，他或仰或潜，或立或垂，什么竖蜻蜓！捞月亮！八仙过海！整个一个“浪里白条”，战士们的眼看晕了，掌声一阵接一阵。

王近山的警卫员小孟十分得意，他知道军长有“绝活”，扯着嗓子在岸上喊：“军长，再来个鲤鱼跳龙门嘛！”……

“不来了，不来了，我腿都抽筋喽！”湖面上腾起一片笑声。

这时，12军副军长萧永银正在枞阳一线江堤附近奔走。父他指挥的是一个强大的炮群：12军的4个山炮营，3兵团的一个山炮团，野司的一个榴炮团。按二野指挥部的部署，12军将从主要突击方向——安庆以东的枞阳横渡长江，他们的左翼是三野部队，后侧桐城方向是二野刘伯承的指挥部。

200余门大炮隐蔽在长江大堤茂密的柳树林里，吐着嫩绿新叶的柳枝垂垂洒洒，绿腾腾、翠沉沉一片，似渡江部队大炮的天然伪装，严严实实覆盖着乌亮的炮群。还有一部分大炮隐蔽在正对江南岸的半山坡上，坡上密密匝匝长满了迎春花，一人高的枝丛油绿乌亮，与那炮群浑然一色。蓬蓬勃勃的迎春花树丛顶满了花蕾，在那一片油绿上随风摆动，远远望去，似一群嬉闹的顽童。

萧永银蹲在大堤上的军指挥所里，挑着浓浓的眉毛，注视着烟雾凄迷的江对岸。他的那些乌黑的大炮炮口，齐刷刷指着江南岸，全部编了号，对岸所有的敌工事，也都被编了号，“对号入座”，他的炮群必须进行有效的“发言”。如今不是强渡大渡河的窘迫了，那时只有可怜巴巴的三五发炮弹，现在，每门炮有100～150发的炮弹。真正的“今非昔比，鸟枪换炮”了。

4月上旬，二、三野战军百万雄师已经完成渡江作战的部署。两万多艘船只隐蔽在长江北岸的河湖港汊中，无数正义的炮口直指预定目标，整师整团的突击部队集结在出发地。

芬芳的丁香在朝霞里灿烂，蜜蜂和蝴蝶飞来飞去，雨雾不知几时躲进天空，飘浮的云彩变成灰白的棉团，多日不见的阳光使大地亮堂起来。

邓小平内心的沉重，一下子缓释了许多。一场场春雨不停地下，曾使他担心长江的雨季亦会提前到来，一旦如此，江水暴涨，渡江将面临不可想象的严峻。这是邓小平几天来最为焦心的事。

早上，邓小平端着一缸子白开水开始了一天的工作，通常早上他批阅文件，起草文件、电报。陈毅的秘书是陶旭斌，舒同的秘书是林路，邓小平不带秘书，凡事他都是亲自动手，亲自处理，值班秘书只需将文件、电报送给他即可。

他在既是床头柜又是办公桌的一张两斗桌前坐了，点上一支烟，开始审阅第三野战军颁发的入城三大公约十项守则。

就要进城了。毛泽东已经进入京城，第二、第三野战军跨过长江也将向国民党的首都南京、国际大都市上海开进。中国共产党自诞生之日一直走着以农村包围城市的迂回道路，跨过长江这道天险，从此将进入由城市领导农村的新时期。党的工作重心，由农村移到了城市，革命在全中国的胜利指日可待，共产党和他的军队将以崭新的面貌出现在城市的舞台。

渡江前夕，邓小平被赋予指挥华东与中原的党、政、军、民大权，这是党中央的英明果断决策。作为中共中央华东局的第一书记，重任在肩，对整体部署既要有宏观关照，又必须看到细节在大局中的至关作用，不可疏漏。历史证明，他在第一书记的位子上，在总

> 解放战争期间，舒同任第三野战军政治部主任。

舒　同

江西东乡人。土地革命战争时期，任红4军宣传科科长，红一军团政治部宣传部部长、师政治部主任等职。抗日战争时期，任八路军总司令部秘书长、晋察冀军区政治部主任、中共中央山东分局委员兼秘书长等职。解放战争时期，任山东军区、华东军区政治部主任、中共中央华东局常委兼宣传部部长、第三野战军政治部主任。

∨ 参加渡江战役的我军炮兵阵容。

前委书记之职上，始终不负毛泽东重托、人民的期望。

中午，一大碗鲜美的豆腐烧泥鳅端上了桌子。泥鳅是管理员从村头流溪中逮的。陈毅哈哈地笑着："同志哥儿，我们可以打打牙祭喽！"

"好得很嘛，放辣子没有啊！"邓小平高兴地说。

陈毅、邓小平刚拿起筷子，值班秘书进来，将一份中央军委的电报递给了邓小平。

总前委，并告刘、张、李，粟裕：

卯佳电悉。我们卯虞电询问你们一个月内江水情况是否会有大的变化，尚未据复。我们和南京代表团的谈判已有进展，可能签订一个全面和平协定，签字时间大约在卯删左右。如果这项协定签订成功，则原先准备的战斗渡江即改变为和平渡江。

因此渡江时间势必推迟半个月或一个月。关于江水情形究竟如何，推迟渡江时间有何不利，望即告，以便决策。

陈毅见邓小平的神色迅速发生变化，心里便猜出几分。

"和平渡江自然求之不得，但推迟渡江时间可万万使不得！"陈毅将手上筷子一放，接过电报又看。

邓小平点上烟，滋滋地抽了几口，一弹烟灰，说："我们要把水情和推迟渡江的种种不利因素，迅速报告军委。"

"要的，这就拟电！"陈毅转身就喊他的秘书，"陶旭斌！"

邓小平摆摆手："我先拟，尔后请你过目。"

午后，给军委的电报发出：

灰丑电悉。前接虞电后即令部队调查江水情况，尚未获答复。顷据曾希圣等说：他们在长江边驻数年，每年阳历五月初开始涨大水，而且五月的水比七、八月还大，两岸湖区均被淹，长江水面极宽，届时渡江作战将发生极大困难。同时现我百万大军拥挤江边，粮食、柴草均极困难，如过久推迟，则必须将部队后撤就粮、就柴草。

所以我们意见，只有在能保证和平渡江的条件下，才好推迟时间，否则亦应设想敌人翻脸，大江不易克服时，准备推延至秋后过江。果如此，则从五月起的大军供应必须由老解放区重新准备，此点亦甚重要。按目前部队准备情况，立即渡江把握颇大，先打过江，然后争取和平接收，为更有利。究竟如何，请核夺。

＜ 1949 年，中共七届二中全会期间，邓小平（左一）与陈毅在交谈。

❶ 我军通过荒无人烟的草原。

②

③

④

⑤

❷ 我军战士向前线运送攻城云梯。
❸ 我军某部指挥员在战役中观察敌情。
❹ 彭德怀（举望远镜者）亲临前沿阵地视察。
❺ 我军部队通过黄泛区，行进在大平原上。

向守志

(时任第二野战军第15军44师师长兼政治委员)

部队进至江岸后，担任了第15军渡江作战第一梯队的任务。我师正面位于长江中游，滚滚东去的长江一眼望不到对岸。当地流传着一句民谣："江无底，海无边，秤砣掉下落三天。"老百姓说，就连小鸟过江，也要口中衔一根树枝，飞到一半，放到江中休息一段，才能飞到对岸。

还有的说，江里的江猪很大，一头江猪就能把一条船拱翻。

这么大的江怎么过？

面对我国第一大江奔腾不息的波涛，北方来的战士大多是"旱鸭子"，对渡江作战心存疑虑，有的战士听信水流会缠住头发的传言，纷纷把原来的长发剪成了短头发，有的还剃成了光头。

针对我师没有江河作战的经验，指战员对渡江存在疑惧心理，部分人员对水上作战有畏难情绪等情况，我和师其他领导共同研究决定，一面加紧筹集船只，一面对部队深入进行动员教育，邀请船民给部队介绍长江水情和船上生活特点，组织南方战士座谈水性，通过组织"讲水"、"看水""教水"等一系列熟悉水性的活动，逐渐消除了大家对长江的疑虑和谣传。

特别是沿江人民的热情支援，更激发了全体指战员的积极性，鼓舞了部队渡江作战的胜利信心，迅速掀起了轰轰烈烈的水上练兵热潮。

——摘自：《向守志回忆录》

★★★★★

张池明

（时任第43军政治委员）

在深入进行思想动员的基础上，各师、团都进行了渡江作战的训练。根据长江两岸的地形条件，进行了江河、水网、稻田和山地作战的训练演习。针对桂系军队作战特点，及其在我渡江地段的防御部署、设防工事、火力配备的情况，专门进行了研究。在战场准备方面，我们紧紧依靠地方武装进行。中原军区所属的河南、鄂豫、江汉军区的部队，为吸引敌人，掩护野战军南下和渡江，向江北展开了积极的活动。我们侦察部队在他们的帮助下，很快查明了敌军的详细情况，收集了重要地理情况，征集了部分船只和动员了一批船工。我们还派部队协同地方修补沿途的桥梁道路。此外，在物资保障方面，我们还协助地方政权征集粮食，除自己所需外，并准备供给继续南下的兄弟部队。部队还依当时情况逐步改变生活习惯，如吃大米饭、穿草鞋、雨天行军等等。

——摘自：张池明《先遣兵团南进过大江》

平和、平和，只要和了就行

∧ 解放战争时期的周恩来。

时间：1949年4月，地点：北京。
“和平将军”张治中飞抵北平，周恩来质问：“你既然来北平是为了和平解决两党问题的，为什么在事前你还要亲到奉化去向战犯头子请示呢？”
刘斐问毛泽东：“您爱打清一色呢，还是喜欢打平和？”毛泽东立即说：“平和、平和，中国有句古话，叫做‘和为贵’，只要和了就行。”

1. 张治中和谈起程，蒋介石幕后导演

张治中自4月1日到北平，看了一场专为代表团安排的文艺演出，接触了三轮车夫、饭店茶馆店员，还和大学生、中学生进行了交谈，一种从未感受过的新鲜气息扑面而来。北平他并不陌生，春天依旧刮着干涩的风，风里裹携着来自塞外的黄沙，但无论走在街头的行人，还是忙碌着的男女，那富有弹性的脚步，那挂在嘴角的微笑，那舒展的眉梢，更有那大街小巷的欢庆锣鼓、秧歌队、腰鼓队，都真实确切地给人以“换了人间”的感觉。然而这并没有给他多少喜悦，他像被套在喜悦中的痛苦者，徒使痛苦加倍痛苦。

这种感觉临来北平前也曾有过。那是3月30日，他为和谈之事专程去溪口听蒋介石面谕返回南京，应邀到立法院讲演。他的和平演说博得全场阵阵掌声，这是自国民党行宪以来，从未有过的热烈场面。面对听众的热烈情绪，他内心却十分痛苦。这些人赞成和谈，是因为他们对和谈抱着不切实际的奢望，以为可以“谈”出个划江而治的局面。国民党内无论主战的还是主和的，均缺乏对时局的清醒冷静的认识，他们不明白或不愿相信，国民党已经到了风烛残年。战也罢，和也罢，要想挽回颓势，已不可能。

张治中内心的矛盾交织着，他的痛苦在于他既对国民党的失败有着清醒的认识，又对这个为之服务了20余年的党仍一往情深，对蒋介石怀着知遇之恩。他的这种矛盾情绪时时流露出来，在上海《新闻报》记者俞树立采访他的时候，他说，我是一生主和的人，对国内和平存着痴心梦想，但是当前形势太险恶了，我只能是知其不可为而为之！

来北平之前，3月29日张治中执意再到溪口去一次，也是在这种心情驱使下成行的。当时屈武问他：“文白，这种时候去溪口，还有必要吗？”

张治中叹道：“这样大的事情，须总裁点头才行。他虽退居溪口，力量还在他手上，没有他的认同，和谈即使达成协议，也没用。他还是党的总裁，我们是党员，也有向

国民党政府立法委员李蒸

直隶滦州人。曾任国民党政府教育部社会教育司司长、北平师范大学校长。抗日战争时期，任西北联合大学校务委员会常务委员、西北师范学院院长。抗日战争胜利后，任三民主义青年团中央干事副书记长、中央常务干事兼北平支团部筹备处主任、国民党中央常委、国民党政府立法委员。1949 年任国民党政府和平谈判代表团代表，赴北平参加国共和谈。

他请示的义务。再者，从礼貌出发，临别看看他也是应该的。”

蒋介石接见了他，仍是优礼有加，但情绪的冷淡是明显的。溪口亦不是他上次去时的清静，南京去的人很多，人人表情冷漠暗淡，有些人抹不开面子，同他敷衍几句，有的有意回避。张治中揣度，这种气氛可能与即将开始的和谈以及他担任的角色有关。

蒋介石对国共的这次和谈，态度很微妙。他十分清楚，和谈是李宗仁挥舞在手，取

∧ 1946 年，国共和谈期间，国民党代表张治中（左三）与美国政府代表马歇尔（左二），中共代表周恩来（左一）在一起。

媚于国内国际的旗帜，李宗仁的这种举措、努力，目的只有一个，那就是划江而治。只要达到这个目的，桂系便能在江南半壁江山称孤道寡，蒋家天下便被桂系所代替。但蒋介石积多年政海宦波之沉浮，清楚政治交易场上的游戏规则，绝对是你死我活，或者，你活我死，除此之外没有别的余地。他断定李宗仁的梦想难以成真，故而他不出面反对和谈，而且做出支持和谈的姿态，因为他需要和谈来赢得他所需要的时间。只要和谈能拖至秋后，或者夏末，他正在装备的新兵团——200万部队即可投入战场。

张治中在与蒋介石短暂的见面中，报告了北上和谈的时间和代表成员：张治中（首席代表）、邵力子、刘斐、章士钊、黄绍竑、李蒸。并将一份“和谈腹稿案”的文稿呈与蒋介石。这个以行政院名义拟就的“腹稿案”，只供代表团在谈判过程中掌握，并非提出的谈论方案，其内容，是针对中共的“八条”，把蒋介石新年文告再具体化。蒋介石早已知道，但还是看了一遍。

预拟与中共商谈之腹案：

一、双方既确认以和平商谈解决国是为全国人民之要求，则双方所应商谈者，端在国家元气之如何保存，人民痛苦之如何解除，国家政策之如何拟订，及政治制度之如何建立，以谋长治久安，是以关于战争责任问题，不应再提。

二、同意重订新宪法，此新宪法之起草，我方应有相当比例之人数参加。

三、关于法统问题，与前项有连带关系，可合并商讨。

四、双方军队应分期分年各就驻在区域自行整编，并应树立健全的军事制度，俾达成军队国家化之目的，至分期整编时双方应保留之军队数字，另作商讨。

五、“没收官僚资本”一节，原则同意，但须另行商订施行条例办理。

六、“改革土地制度”一节，原则同意，但须另行商订施行条例办理。

七、关于“废除卖国条约”一事，将来由政府根据国家独立自主之精神，平等互惠之原则，就过去对外签订条约加以审查，如有损害国家领土主权者，应予修改或废止。

八、同意召开政治协商会议，并由该会产生联合政府，惟在该会与联合政府中，我方与共方应同等名额参加，其属于第三方面人士之名额，亦以双方区域中各占其半。

九、代表团抵平后，即向中共提出双方应于正式商谈开始之前，就地停战，并参酌国防部所拟停战意见进行商谈。

张治中补充说明，该腹案为国方可能让步之原则极限，商谈的时候还要逐条力争。

蒋介石良久道："唔，我没有什么意见，你此次担当的是件艰苦的任务，自己一切要当心。"

送走张治中，蒋介石对儿子蒋经国说："今日之文白，不再是以前之文白了。"

蒋经国在这天的日记中记曰：张治中以其即将赴平，特于昨天电呈父亲，要前来溪口，当面报告政府所定的和谈腹案。父亲说："他来不来无所谓。"今天他竟然来到溪口了。父亲对他的态度非常冷淡，只邀他游览溪口附近的风景。我对张的理解也很深，他是一个没有立场的投机人物，一切都成了定型，所以也不愿同他多谈。

张治中回南京后，于4月1日率和谈代表团飞北平。无论如何沉重、艰难，他终于带着国民党过多的幻想与奢望，如同一只纸舟，驶向彼岸。

张治中此次作为南京国民党政府的首席谈判代表出使北平，可谓逆水行舟。这位"和平将军"明白，在国民党内部派系纷争愈演愈烈的情况下出任和谈代表，完全是处于夹缝之中，无论谈判的结果如何，均不会有好果子吃。因此，张治中避居西北，从一开始就极力回避这一差事。

但是，在"代总统"李宗仁心目中，南京方面优先考虑的人选当然是张治中。于是南京政府决定，张治中为首席代表。但张治中在了解到蒋介石的底牌后，却留在兰州不肯动身南下，仍旧当他的西北军政长官，对和谈一事不闻不问。为此，李宗仁大为着急，每天不是长途电话督促，便是十万火急电报询问，而张治中仍不肯出山。

这样一直拖到3月底，李宗仁忍不住了，又打长途电话督促说："文白，你如果真的不肯来，我要到兰州接你回南京了。"

"不必，不必，我真的不能代表。"张治中推托着，并说，"不瞒代总统说，我已决心不回南京，决心不参加国内和平商谈！"

∧ 蒋介石与蒋经国在奉化溪口。

“文白，你再固执，我真的要到兰州来了。你如果怕不可靠，我可以文书具结，放在你身边，这样行了吧？”李宗仁急了，拍着胸脯说。

张治中见李宗仁抓住自己不放，犹豫片刻，道出了自己的内心想法：“溪口对我的态度，对和平谈判的态度，你不是不知道。”

李宗仁明白张治中的顾虑后，急忙表白：“文白，他是他，我是我，我现在是国民政府的负责人，我们大家要和，他没办法；除非他重新出山，要我下台，他不能不要和谈，他自己说过的。”

第二天，张治中被接到南京后，又向李宗仁进一步解释说：“目前的问题在于是否有诚意。如果有诚意，我就去；没有呢，绝不去！有人抨击我们在利用和谈拖时间，以便训练好新兵卷土重来，如果真是这样，我没法干！”

张治中的担忧、顾虑可谓一针见血，李宗仁又极力劝说道：“代表团是非去不可！如果不谈，就无法解决具体问题。”

张治中见李宗仁在实质性问题上也打哈哈，不肯表态，沉痛地说：“今日之下，耍花腔的日子已经过去了。我们不得人心，战败了，共产党胜利了，这是事实！如今的问

/\ 蒋介石“引退”后代行“总统”职权的李宗仁。

题，绝非同中共讨价还价，更不是我们报上所说，因为我们宽宏大量才同对方和谈，而是对方的气度不凡才肯同我们坐下来谈。如果这一个基本观念不澄清，本党还以为自己是三头六臂，那才糟哩！”

听了张治中的一番感慨，李宗仁则十分乐观地表示：“对于和谈，至少我是有兴趣、有信心的！不过，话说到这里，我也不能不说我的心里话。你知道，中共的答复来了以后，我们受了不断增大的压力。”张治中苦着脸说：“事实摆在面前，只要我们真的肯同他们一起为新的中国而努力，中共对我们不会太难堪，傅作义便是个例子。但这样就牵涉到一个古老的所谓忠贞的问题。蒋先生只希望我们为他个人而死，国家放在其次。这一点，本党不少重要人员都不否认，引以为憾。那么，一旦和谈过程中出现了使他不痛快的事情，你说该怎么办呢？如果有些问题牵涉到代总统，你对我们又怎么看法呢？”

张治中又切中了要害问题，李宗仁沉吟着说：“这个嘛！文白兄顾虑是事实，不过我早已说过，一切得从和谈中解决。”

李宗仁这时虽对和谈一再表示“诚意”，但还是希望通过谈判实现“划江而治”的美梦。他曾对刘斐说：“我想划江而治，共产党总满意了吧！只要东南半壁江山得以保全，我们就有办法了。如能确保东南半壁江山，至少是可以在平分秋色的基础上来组织民主联合政府的。”

蒋介石之所以“引退”，让李宗仁出面“和谈”，其实只是一种缓兵之计，想借此获得一个喘息的机会，以便将残余军队全部撤至长江南岸，组成若干兵团，阻止人民解放军渡江，并在江南将新兵迅速编组成二线兵团，准备最后决战。对于李宗仁、蒋介石二人的底牌，张治中十分清楚。

鉴于这种情况，张治中在临到北平前，又在总统府秘书长吴忠信的陪同下，到溪口跑了一趟，一来是进一步摸底，二来是劝蒋介石出国。当然，劝蒋介石出国，一是可以为国共和谈创造一些气氛，取信于共产党；二是减少国民党的压力，使谈判可以少受到一些幕后操纵。张治中顺乎民意，敢当面向“总裁”提出，实属难能可贵，真可谓用心良苦！

谁知蒋介石一听就气炸了：“他们逼我下野是可以的，要逼我‘亡命’就不行！下野后我就是普通国民，哪里都可以自由居住，何况是我的家乡！”

张治中就是在这种情况下，率代表团乘中国航空公司天王号专机赴北平的。

起程前，他在飞机扶梯上发表谈话说："我们此次奉政府之命，到北平和中共进行和平商谈，深感责任重大，实有如临深渊，如履薄冰的心情。我们也知道在和谈进程中，当不免遭遇若干困难，但是我们双方商谈，似无不可克服的难题。我们当谨慎地秉承政府旨意，以最大诚意和中共方面进行商谈。希望能够获得协议，使真正的永久的和平得以早日实现，以慰全国同胞殷切的期望。"

1949年4月1日下午2时，以张治中为首席谈判代表的南京国民党政府和平谈判代表团飞抵北平。同来的除代表外，还有代表团顾问屈武等和其他工作人员共计20多人。

走下飞机后，张治中发现中共和谈代表团首席代表周恩来没有到机场迎接，心里顿时生出一种不祥之感。上飞机之前，南京机场上官盖云集，夹道欢送；当飞机飞临北平机场上空时，代表团本以为也会有同样热闹的场面。因此，张治中特地命令驾驶员驾驶飞机盘旋两周，以示礼貌。不想，下飞机后，机场上竟冷冷清清，几乎没有人欢迎他们。因为张治中来北平前先赶到溪口去见蒋介石，中共方面仅由北平市副市长徐冰、中共和谈代表团秘书长齐燕铭、四野参谋长刘亚楼等到机场迎接。由机场来到下榻的北平六国饭店时，代表团众成员抬头一看，一幅大标语赫然写着十个大字："欢迎真和平，反对假和平"。代表们心中更加无数。

此情此景，令张治中等人更加意识到任务之艰巨。几个人稍愣片刻后，张治中的顾问屈武说："看来，中共对我们的诚意是有怀疑的。"

正当南京代表团成员手足无措、十分尴尬之际，六国饭店大门

> 全国解放初期的刘亚楼。

齐燕铭

北京人。1930年毕业于中国大学国语系。曾在北平中法大学、中国大学等校任教，并从事进步文化活动。1938年加入中国共产党。后任鲁西北《抗战日报》主编、政治干部学校教务长，冀南行署太行办事处主任。1940年后任延安中央研究院研究员。1945年后任中共赴重庆、南京代表团秘书长，中共中央城市工作部、统战部秘书长。

刘亚楼

福建武平人。土地革命战争时期，任红 12 军营长、红 4 军第 3 纵队 8 支队政治委员、第 12 师 35 团政治委员、第 11 师政治委员、红一军团第 2 师政治委员、第 1 师师长、陕甘支队第 2 纵队副司令员、红一军团第 2 师师长等职。抗日战争时期，任抗日军政大学训练部部长、教育长。解放战争时期，任东北民主联军、东北野战军、东北军区参谋长，第四野战军 14 兵团司令员。

∧ 1946 年国共和谈期间,张治中(右二)与美国总统代表赫尔利(右三)等赴延安与毛泽东、朱德、周恩来会谈。

豁然洞开，中共代表团首席代表周恩来及李维汉等人到饭店看望南京和谈代表团。周恩来同张治中，虽分别属于不同党派，信仰不同，但两人私交甚好。然而，这次见面，周恩来十分罕见地“忘记”了寒暄、问候，而是开门见山地对张治中说：“文白先生，很对不起，没有到机场去迎接你。但是，我有一事不明。我请问，你既然来北平是为了和平解决两党问题的，为什么在事前，你还要亲到奉化向战犯头子去请示呢？”

不容张治中解释，周恩来又说：“这种由蒋介石一手导演的和平，我们是不能接受的！”

张治中非常尴尬，连忙解释说：“恩来先生，这正是我的苦衷啊！我为了使和平工作不致中途夭折，就必须事先扫除实现和平的一切障碍。”

“蒋介石虽退到溪口，力量还在他的身上，如果得不到他同意，即使商谈得到协议也没用，这是一种现实的做法。”

周恩来认为，这样做只会加强蒋介石的地位。周恩来是共产党内杰出的人才，曾经长期驻重庆、南京，代表共产党同国民党谈判，并领导国民党统治区内的地下党工作。张治中是国民党内出了名的“和平将军”，为了国共两党间的关系，曾三到延安，一时传为佳话。

然而，此次周恩来与张治中见面的情况，与从前大不相同。此次会谈，张治中是作为军事上濒临失败的南京政府代表，前来同胜利者共产党谈和。更重要的是，张治中在动身之前，还专门去了溪口，向蒋介石请示，这不得不引起中共方面的强烈反应。机场的冷清、周恩来的严词质问，盖出于此。

2. 李宗仁的“和平诚意”

由于南京国民党政府方面没有准备任何方案，张治中心里没底。在谈到和平问题时，周恩来问：“我们的广播（指3月26日关于谈判的广播通知）你们收听到了；已经带来了为实施八项条件所必需的材料吗？对和谈有没有具体的意见？”“我们没有具体的方案，想听听你们的。当然，是以八项原则为基础。”张治中回答。“这是前提，是没有疑义的。我们设想，采取今天这样个别谈话的形式，充分听取你方的意见。如果可能，经过三四天的商谈后，在五日左右，提出成熟的东西，供双方讨论。”周恩来说。接着，双方还就其他问题交换了意见。

由于南京方面没有任何方案，也就对和谈的日程提不出任何建设性意见，一切均按中共方面的安排进行。谈判分为两个阶段：第一阶段为双方代表个别交谈的非正式谈判阶段；第二阶段为正式谈判阶段。

4月1日晚间，中共首席谈判代表周恩来和代表团成员林彪、罗荣桓、聂荣臻前往南京代表团所住的六国饭店，看望并设晚宴招待南京代表团全体成员，气氛稍有缓和。

4月2日，双方代表开始进行非正式会谈，个别交换意见。周恩来与张治中谈，叶剑英同黄绍竑谈，林伯渠同章士钊谈，李维汉同邵力子谈，聂荣臻同李蒸谈，林彪同刘斐谈。双方争执的焦点明显地集中在战犯问题上。由于中共方面曾将李宗仁列为第二号战犯，所以，南京国民党代表团的多数代表认为：我们是第二号战犯派来的，第二号战犯怎么能办第一号战犯呢？这件事根本办不通。纵然签了字，不仅南京不会同意，而且我们根本就回不了南京。

章士钊面带难色地告诉林伯渠："如战犯问题不放松，则有两点顾虑。在人情上说，此次6个代表，除本人之外，均属国民党，如果一定要抓蒋介石，等于让儿子签字杀老子，恐怕5个代表决不肯签字，这是其一；二呢，从利害观点讲，目前蒋介石尚有残余力量，美国和日本又窥视在侧面，如逼得太紧，即是促成蒋介石系统的团结。"

4月2日晚上，周恩来在六国饭店接见了李宗仁的联络官黄启汉。在谈到以八项条件为谈判基础问题时，周恩来气愤地说："你们的代表团并没有诚心诚意地接受八项原则。根据这两天来和他们6位代表个别交换意见的情况，除邵力子外，其他几个人都异口同声地说，惩治战犯这一条不能接受。这是什么话呢？李宗仁不是公开宣布承认毛主席提出的八项原则为谈判基础的吗？怎么代表团来了又变卦呢？还有，南京代表团到北平来之前，张治中还到溪口去向蒋介石请示，这就产生另一个问题：你们代表团究竟是代表南京，还是代表溪口呢？这两个问题不解决，和谈怎么进行呢？因此，原定在4月5日开始的正式会谈也推迟了。

4月3日上午，黄启汉动身回南京前，周恩来再次接见他，重申了中共方面的立场。周恩来说：经过辽沈、淮海、平津三大战役，蒋介石军队的主力部队已被歼灭殆尽，可以说内战基本结束，剩下的不过是打扫战场而已。为了尽快地收拾残局，早日开始和平建设，改善人民生活，我们还是愿意在八项原则基础上通过和谈解决问题。

周恩来要黄启汉转告李宗仁和白崇禧："中国人民解放军完全有足够的力量在全国范围内扫除一切和平障碍，李宗仁、白崇禧不应该再对帝国主义抱有幻想，不应该再对蒋介石留恋或恐惧，应该团结一切可以团结的力量，坚决向人民靠拢。也只有这样，才是他们惟一的光明出路。"

4月3日下午6时，黄启汉向李宗仁详细汇报了北平非正式谈判的情况，并说，"临来之前，周恩来要我向代总统转达三条具体意见：第一，在和谈期间，人民解放军可以暂不渡长江。第二，白崇禧在武汉指挥的国民党部队，应先撤退到花园以南一线；第三，希望代

∧ 1948年5月20日，蒋介石与李宗仁出席“总统‘、”副总统“就职典礼。

< 抗战时期，时任国民党第十战区司令长官的李品仙。

国民党华中军政长官公署副长官李品仙

广西苍梧人。国民党二级陆军上将。保定军官学校第一期毕业。曾任国民革命军第8军军长，武汉卫戍总司令，国民党政府第十二路军总指挥，第4集团军总部参谋长。抗日战争时期，任第五战区副司令长官兼第11集团军总司令，第21集团军总司令兼安徽省政府主席，第十战区司令长官。抗日战争胜利后，任徐州“绥靖”公署主任，华中军政长官公署副长官。1949年到台湾。

总统在任何情况下，都不要离开南京，能够争取更多的军政大员留在南京更好。考虑到代总统的安全，希望调桂系部队一个师进驻南京以防万一，如蒋介石一旦发动攻击，只要代总统守住一天，解放军就可以开进南京。”

听罢黄启汉的汇报，李宗仁痛苦地摇了摇头，心里很不是滋味：自己苦心经营、寄予希望的“和谈”大局，竟让对方一眼就看透了。他已经感到前途不妙，靠自己那点桂系力量能干什么事？和，和不了；打，又打不下去。这使他犯难了。

黄启汉还向他报告：“在我回京前，李济深和邵力子两位先生还先后到饭店看我。他们让我转告代总统：务必当机立断，同帝国主义和蒋介石决裂。两位老先生认为，以蒋为首的死硬派是没有希望的。他们希望桂系在武汉、南京、广西局部接受和平解决，站到人民这方面来。”

李宗仁听后，两眼发呆，不知如何是好，眼前只是白茫茫一片。

黄启汉回南京后，李宗仁邀桂系重要将领白崇禧、夏威、李品仙等到南京密议。白崇禧始终坚持要以长江为界，组织联合政府，实行南北分治。他表示：只要中共坚持渡江，便不能接纳和谈。因此，黄启汉的活动没有取得成果。

针对李宗仁犹豫不决、动摇不定的情况，1949 年 4 月 4 日，新华社又播发了毛泽东撰写的“南京政府向何处去？”的重要评论，指出：

两条路摆在南京国民党政府及其军政人员的面前：一条是向蒋介石战犯集团及其主人美国帝国主义靠拢，这就是继续与人民为敌，而在人民解放战争中和蒋介石战犯集团同归于尽；一条是向人民靠拢，这就是与蒋介石战犯集团和美国帝国主义决裂，而在人民解放战争中立功赎罪，以求得人民的宽恕和谅解；第三条路是没有的。

评论在历述了 4 月 1 日，南京 11 个大专院校 8,000 多名学生举行游行示威，要求国民党政府接受中共的八项和平条件，遭到国民党反动军警残酷镇压，死伤 100 余人的事件后，指出：

4 月 1 日发生于南京的惨案，不是什么偶然的事件，这是李宗仁何应钦政府保护蒋介石、保护蒋介石死党、保护美国侵略势力的必然结果。这是李宗仁、何应钦政府和蒋介石死党一同荒谬地鼓吹所谓“平等的光荣的和平”，借以抵抗中共八项和平条件，特别是抵抗惩办战争罪犯的结果。李宗仁、何应钦政府既然派出和谈代表团前来北平同中国共产党谈判和平，并表示愿意接受中国共产党的八项条件以为谈判的基础，那么，如果这个政府是有最低限度的诚意，就应当以处理南京惨案为起点，逮捕并严惩主凶蒋介石、汤恩伯、张耀明，逮捕并严惩在南京、上海的特务暴徒，逮捕并严惩那些坚决反对和平、积极破坏和谈，积极准备抵抗人民解放军向长江以南推进的反革命首要。

评论以不容置疑的口气正告南京政府：

如果你们没有能力办这件事，那么，你们也应协助即将渡江南进的人民解放军去办这件事。时至今日，一切空话不必说了，还是做件切实的工作，借以立功自赎为好。免得逃难，免得再受蒋介石死党的气，免得永远被人民所唾弃。只有这一次机会了，不要失掉这个机会。人民解放军就要向江南进军了。这不是拿空话吓你们，无论你们签订接受八项条件的协定也好，不签这个协定也好，人民解放军总是要前进的。

签一个协定而后前进，对几方面都有利——对人民有利，对人民解放军有利，对国民党政府系统中一切愿意立功自赎的人们有利，对国民党军队的广大官兵有利，只对蒋介石，对蒋介石死党，对帝国主义者不利。

不签这个协定，情况也差不多，可以用局部谈判的方法去解决。可能还有些战斗，但是不会有很多的战斗了。从新疆到台湾这样广大的地区内和漫长的战线上，国民党只有110万左右的作战部队了，没有很多的仗可打了。无论签订一个全面性的协定也好，不签这个协定而签许多局部性的协定也好，对于蒋介石，对于蒋介石死党，对于美国帝国主义，一句话，对于一切至死不变的反动派，情况都是一样的，他们将决定地要灭亡。

评论最后警告说：

南京政府及其代表团是否下这个决心，有你们自己的自由。就是说，你们或者听蒋介石和司徒雷登的话，并和他们永远站在一起，或者听我们的话，和我们站在一起，对于这二者的选择，有你们自己的自由。但是选择的时间没有很多了，人民解放军就要进军了，一点游移的余地也没有了。

V 1948年，李宗仁前往中山陵拜谒。

听到这篇措词强硬的评论，对李宗仁而言，犹如五雷轰顶，他的“划江而治”的美梦像肥皂泡似的破灭了。

正当李宗仁不知所措之际，美国大使司徒雷登来了，他劝慰道：“总统先生不必太悲观吧？据我所知，国防部已经向政府保证，长江天堑至少可守半年；而京沪作战，也有把握打3个月到6个月。如果贵总统能够真正领导反共战争，我想美援还会继续，而且还要加强哩！”

听罢此言，垂头丧气的李宗仁犹如注射了一剂强心针，立刻表示：“实在太感谢了！如果贵国继续大力援助，情况就不同了，说不定我们这匹‘死马’真能‘复苏’过来。”

得到美国的承诺，李宗仁好像底气足了许多。司徒雷登走后，他召集智囊团反复研究，觉得对中共方面不能太软，要表明自己的态度，便于4月7日晚发出了给张治中并转毛泽东的电报：

自宗仁主政以来，排除万难，决心谋和，悱恻之忱，谅贵党及各位民主人士所共谅察。今届和谈伊始，政府代表现已遵邀莅平，协谈问题亦已采纳贵方所提八条为基础。宗仁愧于战祸之残酷，苍生之憔悴，更鉴于人类历史演成之错误，因为虑及和谈困难之焦点，愿秉己饥己溺之怀，更作进一步之表示：凡所谓历史错误，足以妨碍和平如所谓战犯也者，纵有汤镬之刑，宗仁愿一身欣然受之而不辞。至立国大计，决遵孙总理不朽遗嘱，与贵党携手，并与各民主人士共负努力建设新中国之使命。况复世界风云之日益诡谲，国共合作尤为迫切，如彼此同守此义，其他问题可迎刃而解。宗仁何求，今日再冀，惟化干戈为玉帛，登斯民于衽席。耿耿此心，有如白水，特电布告，谨希亮察。

李宗仁的这份电报可谓用心良苦，措辞美妙，既表示了“和平诚意”，又为战犯进行了开脱。“纵有汤镬之刑，宗仁愿一身欣然受之而不辞”。话中有软有硬，软硬兼施。给人的感觉是李宗仁在“认错谢罪”。其实，其口气之间，已经表示拒绝投降，希望取消八项条件中的第一项。难怪，美国大使司徒雷登也夸奖说“这个电稿拟得太妙了”。

但是，李宗仁的花招怎能瞒过中共领袖们呢。第二天，毛泽东给李宗仁发了复电。电文指出：

贵方既然同意八项条件为谈判基础，则根据此八项原则以求具体实现，自不难获得正确之解决。战犯问题，亦是如此，总以是否有利于中国人民解放事业之推进，是否有利于用和平方法解决国内问题为标准。在此标准下，我们准备采取宽大的政策，本日与张文白先生晤谈时，即曾以此意告之。为着中国人民的解放和中华民族的独立，为

着早日结束战争，恢复和平，以利在全国范围内开始生产建设的伟大工作，使国家和人民稳步地进入富强康乐之境，贵我双方亟宜早日成立和平协定，中国共产党愿与国内一切爱国分子携手合作，为此项伟大目的而奋斗。

此时的北平和谈，从4月2日到12日，完全由双方代表个别交换意见，还未进入正式会谈阶段。在经过几天时间的个别交换意见后，中共中央开始采取决定性步骤了。

3. 和谈让步，以退为进

4月8日清晨，香山的空气格外清新。此时，工作了一个通宵的毛泽东、周恩来，在双清别墅的客厅里正式接见了南京政府的首席谈判代表张治中。初见毛泽东那一刹，张治中多少有点诚惶诚恐，毕竟是求和的使者啊！

毛泽东笑容可掬，握着张治中的手说："欢迎你啊，文白先生！延安一别，已经三载有余喽。别来无恙？谢谢你，1945年到重庆，承蒙你的热情接待。"

毛泽东自然、和蔼、亲切的话语，是对老朋友的问候。可对张治中来说，心中犹如打翻了五味瓶，酸甜苦辣难品其味。回忆起全面内战爆发时对蒋介石和国民党政府那咄咄逼人的狂妄，殊觉惭愧。

张治中诚恳地说："谢谢主席。我个人情况还算过得去，可我们国民党失败了，失去了人心，我个人也难逃其咎啊！"

未等张治中说完，毛泽东便打断他的话，接着说道："文白先生是我们的老朋友了，我们党内都知道你三顾延安嘛！你是和平将军。"

毛泽东的评价，使张治中十分欣慰。他由衷地感到共产党人的真挚情感和开阔胸怀。

是啊，解放了的北平给张治中和南京代表多方面的心灵撞击，这种撞击在他见到中共首脑毛泽东时，更为强烈。那是观看演出的第二天，毛泽东在西山双清别墅接见了他。当那熟悉的身影出现时，他看到的仍是穿着深灰补丁棉布衣服的毛泽东，和他4年前在延安看到的没有两样。他心里叹道：共产党的胜利是必然的，国民党的失败不是偶然的。

"没想到这次见到毛主席，又是为了谈判。"张治中不无遗憾。有半句话他没说出口，那就是，今天的谈判，和4年前双方的位置调了个个儿。

毛泽东笑道："天下大事，合久必分，分久必合嘛。"

就在昨天，也是在这间房子里毛泽东接见过桂系的使者刘仲容。这是国共接触的另一个渠道，秘而不宣的渠道。世上的许多重大事件常常不取决于前台的热闹，而在于幕后的交易。刘仲容是被李宗仁派到北平与中共接触和谈的秘密代表，毛泽东亦欢迎他来，早在毛泽东初进延安的艰难时期，刘仲容就和毛泽东有过接触，可以算做老相识了。

毛泽东一见到这位湖南老乡就说：

“老乡，你来晚喽，早来两三天，就赶上参加我们的入城仪式了。”

刘仲容忙道：“路上不好走，要穿过前线，火车开开停停。”

毛泽东感慨道：“十多年前，我们从荒凉的保安刚搬到延安的时候，你穿过封锁线来看我，这次我们从西柏坡山里刚进北平，也没几天，你也穿过前线来看我。可见，我们不仅是老乡，我们还有缘分。”

∧ 1946 年 3 月 4 日，毛泽东在延安设宴欢迎美国总统特使、军事三人小组成员马歇尔。右二为张治中。

“托毛主席的福啊！”刘仲容十分感动。

“我们没有福，我们从延安到北平，从无到有，从小到大，从弱到强，直到今天的胜利，靠的是能吃苦，能克服困难。”毛泽东的神色严肃起来。“进城了，我不断给大家讲，我们不能学李自成进京。”

谈到南京政府有三种人，刘仲容说：“一种是认识到国民党失败的命运已定，只好求和罢战，这是主和派；一种是主张‘备战求和’，他们认为美国一定会出面干涉，只有赢得时间，准备再打，这是顽固派；还有一种人，既不得罪蒋介石，又不相信共产党，动摇徘徊，非常苦闷，这可以说是苦闷派吧。”

毛泽东很有兴趣：“李宗仁、白崇禧二位先生算哪一派呢？”

刘仲容停顿了片刻：“这么说吧，他们是既防范蒋介石背后下毒手，又怕共产党把桂系吃掉。如此，不得不和谈，以谋取‘划江而治’的理想局面。所以，白崇禧极力希望共产党不要过江。他估计共产党能抽出渡江的作战部队不过60万，认为国民党凭着长江天险，以海空军固守，解放军想过江也不是那么容易。”

“白先生不要我们过江，这是办不到的。”毛泽东停下踱步，严肃地说，“我们能用于渡江作战的部队是100万，而不是60万。而且，我们还有100万民兵，我们的民兵可不像国民党的民团，我们的民兵是有战斗力的。”

刘仲容说：“这是白崇禧估计不到的。”

“你还敢回南京吗？我可以为你打保票，保证你平安回来。”毛泽东打趣地问。

刘仲容笑了：“敢，他们还等着我从北平带回的消息呢。”

“好。”毛泽东把即将抽完的烟头又续上一支，猛抽一口说，“你回去可向李宗仁、白崇禧转告：一、关于李宗仁先生的政治地位，可以暂时不动，还当他的代总统，照样在南京发号施令。二、关于桂系部队，只要不出击，我们不动他，等到将来再具体商谈。至于蒋介石的嫡系部队，也是这样，只要他们不出击，由李先生做主，可以暂时保留他们的番号，听候协商处理。三、关于国家统一问题，国共双方正式谈判时，如果李先生出席，我也出席；如果李先生不愿来，由何应钦或白崇禧当代表都可以，我方则派周恩来、叶剑英、董必武参加，谈判地点在北平，不能在南京。双方协商取得一致意见后，成立中央人民政府。到时候南京政府的牌子就不要挂啦。四、现在双方谈判代表正在接触，美国和蒋介石反动派是不甘心的，他们一定会插手破坏，希望李、白两先生不要上美帝国主义和蒋介石的大当。”

踱了一圈步，毛泽东接着道：“另外，白先生不是喜欢带兵吗？他的桂系部队只不过十来万人，将来和谈成功，成立中央人民政府，建立国防军的时候，我们可以继续请他带兵，请他指挥30万军队，人尽其才，对国家也有好处嘛。白先生要我们不过江，这办不到。我们过江以后，如果他感到孤立，也可以退到长沙再看情况。还不行，他还可以退到广西嘛。我们来个君子协定，只要他不出击，我们3年不进广西，好不好？”

……

今天毛主席和张治中又谈到将近中午，从全局谈到局部，由整体谈到细节，气氛活跃融洽，以至张治中谈着谈着忘记了自己的身份，偏离了国民党官方的立场。

毛泽东看张治中似有难开之口，便道：“文白先生，有话尽管说，我们是主张和谈的，不然也不会请你们来。我们是不愿打仗的，发动内战的不是我们嘛，只要李宗仁先生诚心和谈，我们是欢迎的。”

张治中沉吟了片刻，说：“毛主席，据我观察，李宗仁还是有诚意的，他是以和谈上台的，和谈不成也于他不利。只是和谈条款中提到的战犯问题……尽管事实情况确实如此，就怕李宗仁签字有难处……”

毛泽东笑了。“岂止是李宗仁有难处，你张治中这个首席代表也难得很。李宗仁那个代总统，不过是个空架子，和谈代表也摆脱不了溪口那个头号战犯的威慑。”

紧接着，毛泽东话锋一转，直入正题。“好，为了减少你们代表团的困难，可以不在和平条款中提出战犯的名字。”“文白先生说的所谓难处，我理解。为了和谈大局，我们可以考虑从和平条款里将那个战犯名字拿下来，你看如何？”

张治中没料到毛泽东如此大度宽宏，忙道：“这就好了，这就好了。”

毛泽东说：“这些天双方的代表接触一下，交谈交谈，待和谈方案拟好，正式谈判就容易了。”

张治中点头，问道“如果组建联合政府，国民政府当将权力交给新政府吗？”

毛泽东说：“联合政府还不知道何时成立，或许两三个月、三四个月都说不定。在这段时间，南京政府当照常行使职权。不要散掉了，大家都跑了，南京就散了。”

张治中由衷地说：“我们没有遵循孙中山先生的遗教进行建设，我们愧对国家，愧对人民。今后你们执政，你们怎么做，责任是重大的。”

“今后，我们大家来做，是大家合作的。”毛泽东对这位南京政府的首席代表说，“当前，重要的是共同一致地来结束战争，恢复和平，以利在全国范围内开始伟大的生产建设，使国家和人民稳步地进入富强康乐之境。”

“是的，是的，毛主席的一席话使我进一步理解了共产党的襟怀，我想我们的合作是大有希望的。”张治中对毛泽东的宽宏大量，大德大仁感到无比欣慰。

不知不觉4个小时过去了，毛泽东留张治中共进午餐，张治中得知毛泽东昨晚工作一个通宵，不忍再打扰，便谢辞了。

从双清别墅回来后，张治中立即于当天召集代表团开会，说明了与毛泽东、周恩来谈话的经过。整个代表团都深受鼓舞，相信和平有望。

毛泽东、周恩来同张治中的谈话，标志着中共方面作了策略上的让步，以至于在下列几个问题上明确了态度：首先，战犯问题，可以在和平协定条款中不提蒋介石三个字，对南京代表团的处境、困难表示理解，并同意将此问题拖到最后处理。其次，改编军队问题，所有国民党军队数额、番号、官长均可照旧不动，驻地问题可以研究。第三，渡江问题，是否签字后马上渡江，也可以商量。第四，南京政府在和谈至新政协开会前，即到联合政府成立前这一段时间内，仍继续负责。第五，和谈方案正在草拟，将来签字时，如李宗仁、何应钦、于右任、居正、张群等都来参加最好。毛泽东、周恩来的谈话，使几天来始终处于极度不安和紧张中的张治中顿时长长地松了一口气。

4月10日，毛泽东又接见了黄绍竑、刘斐。

在十分轻松的气氛中，毛泽东和蔼地说："人民的需求，我们最了解。我们共产党人是主张和平的，否则，也不会请你们到北平来。我们是不愿意打仗的，发动内战的是以蒋介石为头子的国民党反动派嘛。只要李宗仁诚心和谈，我们是欢迎的。"

毛泽东继续说："李宗仁现在是六亲无靠哩！第一，蒋介石靠不住；第二，美国帝国主义靠不住；第三，蒋介石那些被打得残破不全的军队靠不住；第四，桂系军队虽然还没有残破，但那点子力量也靠不住；第五，现在南京一些人士支持他是为了和谈，他不搞和谈，这些人士也靠不住；第六，他不诚心和谈，共产党也靠不住，也要跟他奉陪到底哩！当然，只要李宗仁诚心和谈，我们共产党是说话算数的，是守信用的。"

已是中午时分，毛泽东留下黄绍竑、刘斐一起吃饭。当谈起各人爱好时，刘斐乘机将他心里仍有疑虑的一个问题试探地问毛泽东："主席，您会打麻将吗？"毛泽东若有所思地点点头："晓得些，晓得些。"

刘斐追问道："您爱打清一色呢，还是喜欢打平和？"

原来用心在这里！毛泽东听了差点失笑喷饭，立即说："平和、平和，中国有句古话，叫做'和为贵'，只要和了就行。"

的确，为了促成和平谈判的成功，以毛泽东为代表的中国共产党，以最大耐心做了最大努力。在4月上旬的一个星期内，毛泽东分别致电渡江前线总前委邓小平、陈毅，二野领导人刘伯承、张际春、李达，三野领导人粟裕、张震，告诉他们：

一、李宗仁、白崇禧要求我们勿攻安庆，驻安庆桂军可以撤退。我们认为可以不攻安庆，让桂系军队撤往武汉。二、依据谈判情况，决定推迟一星期渡江，即由15日推迟至20日。三、目前数日内，请令各部不要发生任何战斗，尤其是芜湖、镇江对岸。

可是，对于中共方面所表示的宽容与大度，南京方面未做出任何相应的表示。

①

② 

③ 

④ 

❶ 我军向敌阵地发起冲击。
❷ 我军某部突击队追击敌人。
❸ 我军某部占领有利地形消灭敌人。
❹ 我军与敌人进行激战。

[亲历者的回忆]

张　震

(时任第三野战军参谋长)

淮海战役的胜利，连同北线我军辽沈战役和平津战役的伟大胜利，国民党反动派在长江以北的战略防线彻底崩溃，赖以支持反革命内战的精锐主力基本丧失殆尽，其22年反动统治的灭亡已经为期不远。

我们很快就要渡过长江，向全国大进军，去夺取革命战争的最后胜利了。

就在这样的形势下，以蒋介石为代表的国内反动势力，一面发出“和谈建议”，一面纠集残兵败将，加强长江防务，并拟定了征集编练200万新兵的庞大计划。

……

国际上，美、英等帝国主义也积极帮助和支持国民党残余力量，谋求“划江而治”，并企图在革命阵营内部组织“反动派”，以阻挠我渡江，甚至准备以武力直接干涉我国内政，在革命阵营内部，也有些同志对帝国主义可能进行的武装干涉问题看得过重；一些民主党派和民族资产阶级的代表人物，也担心我军继续前进会引起国际间的武装冲突，曾不切实际地希望实现不推翻国民党反动统治的国内“和平”，实行“分治”。

因此是否渡江南进，关系到中国革命的前途和命运。

——摘自：《张震回忆录》

★★★★★

王瑞堂

(时任第41军第121师敌工科长)

朱总司令对当前的形势和任务作了精辟的分析。他说，我们在辽沈、淮海、平津三大战役中取得了巨大胜利，这标志着中国革命进入了一个新的转折点。当前的军事形势表明，战争双方的力量对比发生了根本性的变化，中国人民解放军不仅在质量上占了优势，而且在数量上也占了绝对优势。中国革命在全国的胜利很快就要来到了！但是，蒋介石决不甘心他的最后失败，玩弄起假和谈、真备战的政治把戏。原来他就是要阻止人民解放军向全国进军，以求得喘息的时机，卷土重来，扑灭革命力量，恢复他的反对统治。因此，我们一定要按照党的七届二中全会的决定，坚定不移地挥师前进，打过长江去，解放全中国，坚决、彻底、干净、全部地消灭一切敢于抵抗的敌人，将革命进行到底！

——摘自：王瑞堂《朱总司令作南征动员》

第五章

渡江战役决心不可动摇

∧ 渡江战役前，我军将大批弹药运往长江北岸。

时间：1949 年 4 月，地点：长江南岸，总统府内，参谋总长顾祝同正在召开国防部江防作战会议。
合肥舒城刘伯承一路南行，直奔 100 公里外的安庆。
北平香山，来自长江前线的报告，一份份、沉甸甸地摆在毛泽东案前。

1. 依天险蒋王朝垂死挣扎

风雨下钟山笼罩在一片阴霾之中。政治上腐朽，军事上土崩瓦解，国民党政府达官贵人和政客早已感到寒冷透心，失败情绪弥漫。两年半的军事较量，使蒋介石赖以发动内战的军事实力大为削弱，所剩百余万兵力分散在西北、西南、江南、台湾等广大地区，相互间难以进行战略协同，无法形成统一的防线。国民党惟一可以指望的是长江天险，妄图沿长江南岸构筑一道防线，阻止解放军南下，力保半壁江山。

长江，是中国的第一大江，自西向东横贯大陆中部，历来被兵家视为天堑。下游江面宽达 2～10 余公里,水位在每年 4～5 月间开始上涨，特别是 5 月汛期，不仅水位猛涨，而且风大浪高，影响航渡。沿江广阔地域为水网稻田地,河流湖泊较多,不利于大兵团行动。防守该地段的汤恩伯集团，除以一部兵力控制若干江心洲及江北据点作为警戒阵地外，以主力 18 个军 54 个师沿南岸布防，重点置于南京以东地区，并在纵深控制一定的机动兵力，企图在人民解放军渡江时，凭借长江天险，依托既设工事,在海空军支援下,大量杀伤其于半渡之时或滩头阵地；如江防被突破，则分别撤往上海及浙赣铁路（杭州 – 株洲）沿线,组织新的防御。

到 1949 年 4 月初，在宜昌至上海间 1,800 余公里的长江沿线，国民党军队部署了 115 个师约 70 万人的兵力，其中京沪杭警备总司令汤恩伯部 75 个师约 45 万人，华中军政长官公署长官白崇禧部 40 个师约 25 万人。汤恩伯以 50 多个师直接担任湖口至上海段的沿江守备及控制江北岸要点，置主力于京沪地带；另以 20 多个师配备在浙赣线、苏南、浙江、皖南纵深地区，其中仅有 10 个师可作机动。白崇禧以 27 个师直接担任宜昌至湖口段江防和武汉地区守备，以 13 个师配置在长沙、南昌等纵深地区。国民党为加强其长江防御，并以海军海防第 2 舰队和江防舰队及空军，分别配属于汤恩伯、白崇禧两个集团，构成所谓陆海空联合防线。同时，美英等帝国主义国家的舰艇也停泊

国民党装甲兵司令徐庭瑶

安徽无为人，国民党陆军中将。曾任国民革命军第1军师长、第17军军长、第八军团军团长兼保定行营主任。抗日战争爆发后，任机械化学校教育长兼第38集团军总司令。抗日战争胜利后，任国民党政府国防科学委员会主任、装甲兵司令。

于上海，有可能对解放军渡江作战进行武装干涉。

由于敌之战线长，兵力少，配置特点是东重西轻，纵深薄弱，可机动的兵力很少。向长江以南进军是中国共产党的既定方针。

南京的低气压，逐渐积聚起来，不知是黄梅季节提前，还是政治气候恶劣，气闷压抑，日见浓重。

总统府内，参谋总长顾祝同正在召开国防部江防作战会议。

会议气氛与户外的天气一样窒闷，顾祝同作了开场白，长时间的冷场，空气仿若凝结。汤恩伯粗大的脖子上涨着暗紫色的血管，在座的大都解开了衣襟，他却连领口的扣子也不松开。

装甲兵司令徐庭瑶是安徽无为人，许是感到气氛太压抑了，咧嘴一笑，说："我老家来人说，驻在那一带的共军挨家挨户搜集尿壶，说是渡江的时候放在船上当油灯照明用。"

徐庭瑶的话果然引得在座的人大笑起来。

海军司令桂永清擦着笑出的泪水说："共匪那一套我们都领略过，诡计多端，什么绝招、馊点子都想得出。别看这搜集尿壶，听起来像笑话，细想想就没那么简单，说明他们连过江的一切细节都想到了。我们海军倒是不怕他们的尿壶，怕的是他偷渡。"

第一"绥靖"区司令丁治磐说："也不必过虑。共军过江一无海军舰队，二无空军掩护，单靠几只破木船，就能漂过长江，爬到江南来？我看没那么简单。"

国防次长秦德纯接道："长江自古天险，曹操、何坚都渡不过来，他共产党是天兵天将？"

国民党国防部次长秦德纯

山东沂水人，国民党陆军上将。曾在冯玉祥部任第24师师长、第27师师长、第1军军长、第二方面军总参谋长等职。1933年后任国民党政府第三军团副总指挥，察哈尔省政府主席。抗日战争爆发后，任点验委员会副主任委员、军法招待总监部副总监、兵役部次长、国防部次长。抗日战争胜利后，任山东省政府主席、青岛市市长。1949年去台湾。

∨ 时任国民党国防部次长的秦德纯在“国大”会上发言。

< 时任国民党海军总司令的桂永清。

气氛有些活跃了。汤恩伯不知丁司令、秦次长说的是心里话，还是自我打气，此刻他与前两个月对江防的看法大相径庭。2月下旬，他到溪口见蒋介石，蒋问他淞沪地区和长江下游的防务，他报告说："总裁放心，长江固若金汤。我们还在长江防线部署了机动部队，如果共军由镇江南京段渡江，我军可突击歼灭之。退一步说，如不奏效，第一"绥靖"区各部队，还可由镇江沿公路及铁路逐节抵抗，退至上海，然后以海空军全力协助地面部队，确保淞沪。"

蒋介石表示满意。然而到了3月中旬，随着和谈的呼声越来越高，我军的部队一批一批向长江进发，国民党军上下的动荡愈来愈疾。长江北岸与江心洲据点一触即溃，有的不战自退。国防部、京沪杭警备总司令部、第一"绥靖"区、第七"绥靖"区、各兵团、各守备司令部不得不制定严厉措施：江北一律不准停船，不肯停泊南岸的船只一律凿沉；无论上行下行，船只一律靠南岸行驶，夜间停止行船；重要地段戒严封锁不准船渡；沿江村镇严格实行联保连坐，不断搜查搜剿；各部队不听命令、不战而退者，一律绳以军法，绝不宽容。

此时，汤恩伯语气沉重地说："诸位，现在外面都在传言和平，我想在座的应该没人会相信。我们是军人，军人决不轻信和平。长江是横在国军面前的生死界，只有守住长江，国军才能扭转颓势，起死回生。不错，长江是天险，是天堑，然而，没有精诚善战的指挥官，没有精锐勇猛的士兵，要想守住长江也是徒然。口外马善走，蒙古马性烈，没有善驭者，总是枉然。诸位，眼下对于党国是极其严峻的日子，总裁虽不在我们身边，他的记挂和忧心使他常常宵旰焦灼，燃膏耗脂，我等不可不鞠躬尽瘁啊！”

汤恩伯一席话使会议笼罩在一层浓浓的悲壮气氛中。

接下来，汤恩伯用棍子指着江防地图，宣布他的江防部署：

以第8兵团指挥第55、第68、第96军防守湖口至铜陵段；以第七“绥靖”区指挥第20、第66、第88军防守铜陵至马鞍山段,第17兵团所属第106军位于泾县、宁国、太平地区为预备队；以第6兵团及首都卫戍总司令部指挥第28、第45、第99军防守南京及其东西地区；以第一“绥靖”区所属第4、第21、第51、第123军防守镇江至江阴段,第54军位于丹阳、武进地区为预备队；以淞沪警备司令部指挥第37、第52、第75军防守苏州至上海间。另以第9编练司令部指挥第73、第74、第85军和第18、第67、第87军共20余个师位于浙赣铁路沿线及浙东地区，担任第二线防御。防守湖口至宜昌段的白崇禧集团，以27个师担任江防，其中以主力第3兵团位于武汉及其以东至九江地区；以13个师位于长沙、南昌之间地区。

海军第2舰队，辖各舰艇89艘位于长江下游；江防舰队，辖各舰艇44艘位于长江中游；空军4个大队，共有作战飞机300余架，配置在上海、南京、汉口等地；海空军担负支援陆军扼守长江防务之任务。

看完这幅地图，任何人都不难发现，南京以西至湖口的千里长江，汤恩伯仅以4个军防守，这无异于给解放军渡江大开方便之门。难怪解放军最初将渡江的突破重点放在芜湖与安庆之间。

对江防部署在一段时间里几乎没有人提出疑义。只是蔡文治于2月底接替国防部主管作战的第三厅长后，开始对汤的江防部署发难。

1949年3月上旬，国防部召开作战会议。会议由参谋总长顾祝同主持，出席者有各级将领。李宗仁、何应钦列席了会议。

国民党国防部第四厅厅长蔡文治

湖北黄冈人，国民党陆军中将。抗日战争初、中期，掌管战斗序列编成，军队的调遣；参与作战方针、计划的拟定。后升任同盟国中国战区陆军总司令部副参谋长，筹划军队训练，负责军事外交。抗日战争胜利后，任军事调处执行部国民党政府委员兼参谋长。停战协定被蒋介石破坏后，先后改任国防部第四、第三厅厅长。1949年避居香港。

顾祝同简短地阐明了会议要旨，作战厅厅长蔡文治即开始提出“江防计划”。

他面对布满整个墙壁的作战图，说：“我军江防主力应自南京向上、下游延伸，这一带江面相对狭窄，北岸支流甚多，便于共军船只匿藏。江阴以下，就不同了，那一带江面极宽，共军不易偷渡，可以不必用重兵把守……”

李宗仁插话：“我军目前有多少兵力可用于长江防御？”

蔡文治答曰：“汤恩伯司令有45万人，白崇禧司令有25万人，此外还有舰艇178艘。”

“空中力量呢？”何应钦问。

“可用于作战的飞机有230余架。”

蔡文治接下来将兵力部署的详细方案一一列出。

李宗仁认为蔡之计划详尽周密，频频颔首称许。

一直默然不语的汤恩伯这时说：“我以为，我军主力应集中于长江的江阴以下，以上海为防御中心，集中防守。”

蔡文治惊愕地说：“从战略、战术哪方面说，我想中外军事家，都不会认为放弃长江而守上海是上策。”

汤恩伯冷冷一笑。蔡文治在中央军校学习时，汤当大队长，故而根本没把蔡放在眼里。

蔡文治奇怪，他的这个有着丰富作战经验的师长前辈居然提出如此愚蠢的江防方案。尽管汤恩伯满脸的鄙视之色，身为作战厅厅长，他不得不驳斥其谬误：“根据汤司令的方案，我军主力置于京、沪铁路沿线，最后只有退守上海。这不是明摆着是自杀吗？”

李宗仁说：“恩伯，细谈一下你的想法。”

这位蒋介石下野前亲自任命的京沪杭警备总司令，威严地端坐在那里，腰板笔挺，双手扶膝，颇有武士威仪。蒋介石赋予他的作战方针是：以长江防线为外围，以沪杭三角地带为重点，以淞沪为核心，采取持久防御方针，最后坚守淞沪，与台湾呼应。就是汤恩伯当时听了此部署，亦半天没醒过神儿。经过了牛反刍般的回味，才摸清了蒋介石的底牌。

汤恩伯非黄埔嫡系，资历平平，然而在“党国”垂危之际却被蒋介石委以重任，他这个京沪杭警备总司令的实力，只有惟一的蒋氏嫡系胡宗南集团可与他并翼比雄。

> 时任国民党军参谋总长的顾祝同。

临危受命，悲壮之余，他也思忖玩味过“心狠手辣，谋事以周”的蒋介石究竟将他看做乱世之雄，还是“良弓走狗”。最让他费思虑的，还是蒋介石下野之后，他一面要按照蒋的部署行事，一面要应付这个李“代总统”。偏偏这个不识时务的李“代总统”登台后即着手南京的防卫计划，命国防部紧急拨款构筑城防工事，报告一份份递到他的手里，弄得他手忙脚乱，分身乏术。自他上任后，早已秘密将南京周围的大口径火炮拆运淞沪，这几日他正秘密装备第24摩托师，控制了200辆美式卡车，随时准备撤离南京，回守淞沪。

汤恩伯此时因蔡文治的当众反驳，又闻李宗仁发问，顿时面红耳赤……

“这是蒋总裁的部署！”汤恩伯索性亮出了底牌。

李宗仁头一懵。他想起蒋介石下野之时，司徒雷登曾谴责国民党政府，说美国情报局得之蒋介石有放弃南京，退保台湾之举。当时李宗仁还不相信，如今证实了美国情报的确凿。看来蒋介石真的是釜底抽薪，要另起炉灶了。

∧ 渡江战役前，我军步兵阵容。

蒋介石的这个惊心动魄的游戏，足让在场的各级将领瞠目结舌，一时交头接耳，会场乱若蜂窝。

李宗仁一时气得像呛白了脸的溺水者。

蔡文治倒是生了反骨，不依不饶地说："蒋总裁已经下野，汤司令不必以势压人。现在兵临长江，时局危急，一切要以党国存亡为重。你那个江防计划势必江破京陷，至时你能守得住上海吗？……"

不等蔡文治说完，汤恩伯"啪！"地一拍桌子，气得血脉贲张，失态地吼道：你蔡文治是什么东西！什么守江不守江！我毙了你再说！我毙了你再说！……话未说完将面前的文件猛地一摔便冲出会场，扬长而去！

对蔡文治与汤恩伯的争吵，国防部长顾祝同裁决认为："如果皖南兵力不足，即容易被共军突破。一旦江防失守，则江南全面动摇。所以，应增防皖南，竭力阻止共军渡江，争取时间，以整备新生战力。

顾祝同强调指出道："合肥、蚌埠相继陷入共军之手，现在长江北岸只有一个重镇安庆，万勿再失！"

2. 刘邓大军与“小诸葛”安庆过招

二野作为西集团遵总前委部署，渡江作战由枞阳至望江宽约100公里之地段。刘伯承的具体部署是：3兵团于安庆以东至枞阳段渡江；5兵团于安庆以西至望江段渡江，而后速沿浮梁直出衢县，控制浙赣线，断敌退路；第4兵团于望江至马当间渡江，而后沿江东下，接替第9兵团监视芜湖敌军之任务，并做攻占南京之准备。暂归二野指挥的四野先遣兵团主力守于武汉以东地区，并指挥桐柏、江汉、鄂豫军区部队，牵制白崇禧集团，策应二野渡江作战。

< 时任国民党华中军政长官的白崇禧。

4月1日刘伯承带领二野司令部进驻舒城，2日拟就了《二野渡江作战的基本命令》，3日在参谋长李达的陪同下，出了舒城，驱车南行。

他们此行去的是战斗前沿，敌占领地——安庆。

安庆地处皖西南，长江下游，上连荆楚，下接吴越，历来为皖鄂赣三省边界通衢商贸中心，皖西南最大的商埠和长江重要港口。

这座古城早在五千多年前就有先民们在劳作、生息、繁衍。这里的皖山、皖水，为周代古皖国故地，安徽简称“皖”，即由此而来。

“安庆”之称始于南宋绍兴十七年（公元1147年），寓“平安吉庆”之意。

安庆枕山面江，山明水丽，不但有史称“古南岳”的天柱山、司空山、大龙山、小孤山、浮山等天然名胜，而且也有盛世唐宋留下的“烟雨楼台，寺观庙宇”五十五座。文化历史悠久的安庆，人文济盛，唐有诗人曹松，宋有“宋画第一”的李公麟，明有杰出的思想家、科学家、文学家方以智，清有“照古腾今”的书法篆刻大师邓石如，近代有教育家吴汝纶，美学家朱光潜，文学家张恨水，新文化运动巨擘、中共创始人之一陈独秀等，都在历史上独领风骚，留下浓墨重彩。近代史上，太平军三克安庆、石达开出走、安庆保卫战，徐锡麟起义等重大事件，都在安庆发生。

特殊的地理位置，悠久的经济文化重镇，险要的地形地貌，使这座形成于新石器时

陈独秀

安徽怀宁人。中国共产党创始人和早期领导人之一。1915年起宣传新文化运动，五四运动后接受和宣传马克思主义。1920年夏首先在上海建立共产主义小组，并发起成立中国共产党。1921年7月在上海召开的中共一大上，当选为中央局书记。此后，在中共二大、三大上均当选为中央委员长，在四大、五大上当选为中央总书记。1942年5月，于四川江津病逝。主要著作收入《独秀文存》、《陈独秀文章选编》等。

徐锡麟

浙江山阴人。中国近代民主革命烈士。1903年参加光复会。1905年在绍兴办大通学堂，以积蓄革命力量。次年，为在清政府内进行革命活动，捐资为道员，赴安徽试用，任巡警处会办兼巡警学堂监督。1907年与秋瑾准备在皖浙两省同时起义。7月6日在安庆枪杀清安徽巡抚恩铭，印发《光复军文告》，率巡警学堂学生攻占军械局。起义失败，被捕后英勇就义。

代的古城历代为兵争之地。古人称：“上控洞庭、彭蠡，下扼石城、京口，分疆则锁钥南北，坐镇则呼吸东西，中流天堑，万里长城于是乎在。”南宋为抵御金兵而筑城，元末、明清发生过激烈争战，太平天国的“安庆保卫战”为最悲壮的乐章。

1949年春的安庆同样为国民党军、我军两大对峙集团军棋盘上的一个“眼”。

白崇禧在这个“眼”上摆了一个军，主力46军。刘伯承的放大镜无数次将这个“眼”套牢。

3月初，解放军第二野战军4兵团向南开进，刘伯承有意让陈赓率军绕道麻城，打垮了白崇禧部队的第7军，占领了麻城。而后，又命4兵团在此停留达一周之久，并派

出小部队佯动，传风准备打九江。如此这般，刘伯承还觉“砝码”不够，又着四野先遣第40、43军顺平汉线火速南下，攻取信阳，直逼广水、宣化店。

显然，刘伯承布下的是个“疑兵阵”，白崇禧果然上钩。我军以风卷残云之势向湖北扑去，他疑为要抄袭武汉，急令46军主力向武汉、九江收缩、靠拢，只留下174师驻守安庆。解放军南下先遣部队乘势解放了太湖、潜山、望江、宿松，逼近安庆。

174师孤悬安庆，白崇禧忧心忡忡，我军云集江北，一旦动作，安庆必首当其冲，如此牺牲他的一个师，岂能坐视等闲。

他毕竟有“小诸葛”的绰号，几天后向国防部质问：“现在安庆已属第8兵团辖区，为何还要174师守防安庆？”

参谋总长顾祝同倒憋了口气：曾几何时，你白崇禧把持着这个战略要地不肯撒手，眼下共军逼到江北，你为保全自己的兵力，又向国防部提出这样的质问，算盘也打得忒精！

然而，大敌当前，顾祝同既不能和桂系军阀翻脸，又不能放弃国军扎在江北惟一的“钉子”、战略要地——安庆。他责令汤恩伯速将刘汝明的8兵团分兵，接管安庆防务。

刘汝明的8兵团担任铜陵至九江200公里江防，他的对面，即中共第二野战军渡江之地段。有道是：天阔地广，冤家路窄。1947年刘邓大军千里跃进大别山，12万人马强渡黄河之时，驻守在黄河上的守军便是刘汝明的部队。只不过那时他的部队是第四“绥靖”区。

这个老杂牌军在淮海大战中，被解放军阻于怀远，无所作为。顾祝同责他驰援黄维兵团不力，刘汝明不服。他说：“第四‘绥靖’区南调蚌埠，临行前将5个师抽去1个师，只剩下4个师总共10个团。

< 桂系军阀首领陆荣廷。

桂系军阀

辛亥革命后的南方封建军阀集团之一。陆荣廷、谭浩明、莫荣新等长期统治广西，并不断派兵控制广东、湖南等省，被称之为“桂系军阀”。桂系军阀依靠英、美帝国主义，与北洋军阀有联系。1924年1月陆荣廷被任命为广西军务督办后，内部分裂开始加剧。李宗仁、黄绍竑、白崇禧等新桂系势力，接受广东革命政府的领导，并于6月24日占领了南宁，次年2月控制了广西全境。

刘邓大军千里跃进大别山

1947年8月，晋冀鲁豫野战军强渡黄河后，司令员刘伯承、政治委员邓小平，根据既定方针和当面敌情，决心不要后方，直出大别山。刘邓所部4个纵队从鲁西南地区出发，向大别山疾进。17日通过黄泛区，18日渡过沙河，24日强渡汝河。至27日，刘邓大军已全部渡过淮河，分别占领固始、潢川等县城，完成了挺进大别山的任务，像一把利刃插进国民党军的战略纵深。

∨ 1947年8月，我刘邓大军向大别山麓挺进。

＜时任国民党安徽省主席的桂系将领夏威。

又要守备蚌埠，又要驰援黄维，你们真的以为这是可能的吗？哪位高明能为之，我刘某立马交出印信，请他指挥！”

顾祝同不再说什么，准备给他补足5个师。哪知还没动作，徐蚌惨败，刘汝明奉命南撤。兵团路经合肥、巢县、裕溪口，一路行军一路抓丁，抓得鸡飞狗跳。

安徽省主席桂系大将夏威电斥刘汝明，提出抗议。刘汝明潇洒一笑，说：“桂系就是这个毛病，眼长在头顶上，看不清时局。你连地都没了，还不趁早多抓几个，是想把壮丁留给共产党不成？”

刘汝明南下还没到驻守地，又接到汤恩伯的命令，让他西去改守安庆段。于是刘部所经繁昌、铜陵、青阳又遭了殃。夏威破口大骂：“他奶奶的，土匪不如！”

刘汝明没动脾气，笑嘻嘻反唇相讥：“人都跑光了，连壮丁都难捉到几个，看你整成个什么样子。”

汤恩伯令刘汝明把55军驻安庆，68军驻青阳，江两岸各一个军。刘汝明说：“可以。但有个条件，必须增加一个军的番号，不然难以分兵。”

汤恩伯怒道：“你这两个军员额尚且不满，如何再增加番号？！”

刘汝明不再申辩，只是将他的两个军都摆在江南，一线配置于青阳、贵池，安庆仍由白崇禧的174师守备。

白崇禧不见刘汝明接防，复向国防部抗议。消息传到溪口，蒋介石用竹杖捣着妙高台的青石板骂道："这个流氓，早该把娘个希匹枪毙掉！"

无奈之下，汤恩伯征得蒋介石同意，将李延年兵团的96军由浦口调拨给刘汝明。李延年窝着一肚子火，又怕刘汝明将他的96军派守安庆，只好亲临青阳，与刘汝明协商。刘汝明如此坐大，足见国民党已势单力薄，不得不向这个老杂牌委曲求全。

刘汝明自然知道李延年为何而来，他苦着脸诉说道："吉公，我也是有苦难言啊，8兵团的老底子你还不知道？200公里江防，一里地才能摊上几个兵？我哪里还有兵力守安庆？"

李延年无心听他聒噪，摆摆手说："国防部让我的96军拨归你指挥，一个师守安庆，一个师加强江防守备。"

"这如何使得，刘某承受不起呀……"

李延年不耐烦了说："好了好了，你也不必推托，共产党过了江，还不是一块儿完蛋。"说着口气缓和下来，"96军的部署，虽说汤座有令，依我之见，还是不宜分割为好。"

刘汝明岂是个糊涂之人，他可不想当光杆司令。他一心想保全自己的实力，李延年又何尝不做此想呢？于是，他哈哈一笑，道："吉公放心，我刘某不会把自己的部队留在江南，把配置的部队派到江北守城。安庆就让那帮广西猴子守着吧，我不接防就是。"

李、刘二人达成协议，96军由浦口开到青阳，刘汝明命其担任大渡口东西的江防，55军、68军让出五十里的江防阵地。

白崇禧在武汉叹道："老蒋只会防己，不会防敌，刘汝明不肯驻安庆，为何不直接将96军派往安庆驻守？"

夏威对白崇禧说："安庆现在既然是刘汝明的防区，我们为什么要替他死守？撤掉算了。"

白崇禧沉思不语。自发了"亥敬电"，形成"逼宫"之势，他小心谨慎起来。还有一层，那就是他在九江驻有重兵，与战略要地安庆互为犄角，安庆不可随便放弃。

刘伯承一路南行，直奔100公里外的安庆。

4月的皖西南，田野一派浓重的春色。连日的阴雨，使得饮足了天水的麦地、稻田，葱茏碧剔，灿黄的油菜花满坡满坂，随风摇晃着，像是笑得滚作一团。

打不打安庆，刘伯承一直未能定夺。虽然安庆城内守军势薄，但安庆特殊的地理位置，使其对渡江部队构成了威胁。起初他决定由3兵团11军把安庆拿下来，拔掉这颗“钉子”。然而，打安庆势必要耗时、牵扯兵力，渡江之前要做的准备工作又是如此之多。

刘伯承是个缜密之人，到底打不打安庆，他要亲地视察。一路上车子几次陷入泥坑，急得李达鼻子尖上顶满了汗珠。

中午时分，车子到了安庆外围。李达担心刘伯承的安全，不肯让车子再往前开。刘伯承下了车，从东段走到西段。这座历史名城他仰慕已久，那里有中国历代杰出人物的遗迹：李白、陆游、黄庭坚、文天祥、史可法、孙中山、秋瑾……然而，现在映入他眼帘的是犬牙交错的工事，坚固现代的堡垒，绵延的丘陵，广袤的沼泽……

“李达，你有何感？”刘伯承甩着两脚泥，坐在一块湿淋淋的石头上。

“安庆不愧为一个战略要地。”李达操着一口山西口音说，“易守难攻，挟江而峙，又有如此坚固的工事，要打，必须攻坚。”

刘伯承点了点头。沉默了许久，说：“我看了，安庆东、西两段均可以渡江，只要看住城内的守敌不出来干扰，可以先不打他。”

他走了几步，又道，“军委的意思是利用矛盾，‘钳白打汤’，我们就暂且给白崇禧点面子，不打安庆，过了江，回头再收拾他的174师。”

李达说：“这样可由10军围困监视安庆守敌，换下11军渡江作战。”

“好。”刘伯承仰起脸，透过雨帘又望向安庆城。

雨越下越大，刘伯承仍无归意。李达正要开口，听刘帅吟道：

水无心而宛转，山有色而环围，穷幽深而不尽，坐石上以忘归。

“知道是谁的诗吧？”刘伯承吟罢回过头问。

李达咂巴了几下憨厚的嘴唇，摇了摇头。

“这是王安石游安庆的天柱山留下的绝句。”

……

战史上称，后来二野不打安庆是一个明智的举措。它南濒长江，东有断塘湖，西有石门湖，城北有两道山丘，易守难攻。白崇禧以其第46军第174师在此把守。为拔掉这个钉子，二野曾以第11军攻城。但11军攻下城北第一道山丘后，既与守军在第二道山丘相持。4月初，也就是这次刘伯承到安庆察看地形，发现该城丘陵、沼泽交错，不利于攻坚，遂由第10军围困、监视安庆守军，撤下11军参加渡江准备。

∧ 1949年4月1日，国民党谈判代表张治中（前左三）、邵力子（前左五）乘飞机抵达北平与中共进行和平谈判。

3. 推迟渡江

4月13日凌晨，北平香山双清别墅，几份来自长江前线的报告，摆在了毛泽东的办公桌上。先是总前委，接着二野、三野，一份份、沉甸甸的。

二野刘伯承、张际春、李达的报告说：据多方认真调查，长江水势自清明节即逐次上涨，（据15军实测，3月26日至4月4日10天内，上涨51公分）。4月末5月初即加速上涨，6月上中旬即达最高涨期。且夏季南风大起，雨多、流急、浪大，对我渡江阻碍甚多。目前我军粮食已感困难，久则师老志衰。还是以4月15日渡江为宜。

∧ 1949 年，毛泽东在北平。

三野粟裕、谭震林、张震的报告也说，长江下游4月下旬即进入黄梅雨季，现在江水日涨，如延长一个月，将发生以下困难：一是现有2/3是内河船只，在江中行驶困难。二是雨季稻田存水，部队展开不易，江面过宽浪大，江阴下游无法渡江。甚至10兵团方向只能作钳制佯攻方向。三是粮草困难，烧草尤其困难。四是部队已进行各种动员，如延期过久，在心理上会增加某些疑虑。

这些来自前线的报告，字里行间充满着真诚、急切与焦急的心情。毛泽东十分理解，军情紧迫，延误了军机，就会犯下不可饶恕的罪行。从这点而言，毛泽东与前方将士的心情是一样的。细细算来，留给谈判的时间不多了。

与南京政府代表团的谈判从4月1日开始以来，第一阶段为双方代表个别交换意见。经过广泛、具体地交换意见，基本摸清了对方的底；同时，我方起草的“和平协定”草案也已准备完毕。根据前方军情，谈判应该加快步伐。

毛泽东给周恩来写信，明确地将谈判截止日期定在4月17日。

军情紧迫，时不我待，江水、雨水、粮草、军心，均不宜过长地推迟渡江的时间。就此，午夜中央专题开了紧急会议，大家的意见一致认为本月15日渡江已是不可能，就目前和谈情况，最快亦须5～10天。

毛泽东“嚓”地点上一支烟。此举重大，渡江作战的胜负决定了中国革命全面胜利的到来或推迟，关系的是整个民族的命运和千百万官兵的生命与鲜血。

他沉思的目光又停留在总前委的电报上。邓小平引用了曾希圣等说，曾是一直在长江边上工作的，当然熟知江情水情，五月大水比七八月还要大，此言不虚。我百万人马驻扎江边每天都要消耗，粮草即是大问题。因此等待渡江就不仅仅是下层官兵着急，上层领导更急。如果再等下去，陈毅急了，邓小平也沉不住气了。

邓小平的想法非常明确，先打过长江再说，这是解决一切问题的关键。这符合他四川人吃辣子的性格，他也喜欢吃辣子。可是性急喝不了热黏粥，还有和谈与谈判那一头呢？

两缕白色的烟雾缓缓地从鼻孔里逸出，仿若是大脑飞速运转的加速剂，毛泽东拉过信笺，饱蘸墨汁写道，总前委，并告粟、张，刘、张、李：灰未电悉。

（一）视谈判情况我军须决定推迟一星期渡江，即由15日渡江推迟至22日渡江，此点请即下达命令。

（二）按照总前委灰未电，阳历5月初开始大水，则由卯删至5月初，尚有半个月至20天未发大水。我军从4月22日至5月5日14天内渡江完毕，似乎并无不利情况。是否如此，请总前委、刘、张、李、粟、张即日电告自己的意见，以凭决策。

（三）现南京主和派（李宗仁、何应钦、张治中、邵力子、于右任、居正、童冠贤及

> 1949年，毛泽东在北平。

行政、立法、监察三院大多数）正在团结自已，准备和我们签订和平协定，共同反对蒋介石为首的主战派，此种协定，实际上是投降性质，准备15日或16日签字。签字两天（即18日）公布。公布后，对于主战派及江南敌军，估计必起大的瓦解作用。

（四）和平签字并公布后，李宗仁、何应钦须有数天时间（即17日至21日），说服汤恩伯及江岸敌军向后撤退若干公里，或让出某几个地段给我军。

（五）我们方面，则协定公布后尚有数天时间，即18日至21日渡江（协定规定签字后立即开始实行），对于南京政府及江南军民表示仁至义尽。对方如有反悔，曲在彼方，我则理直气壮。

（六）我方立脚点，必须放在对方反悔上面，必须假定对方签字后不公布，或公布后不执行。那时我方的损失只是推迟了7天渡江时间，此外并无损失。

（七）假定政治上有必要，还须准备再推迟7天时间，即23至29日，但此刻不作此决定。

（八）你们下达推迟渡江至22日命令时，不要说是为了谈判，而要说是为了友军尚未完成渡江准备工作，以免松懈士气。

（九）总之，4月下旬必须渡江，你们必须精确地准备。切切。

（十）每日联络，随时电告你们意见。

在渡江战役正式开始之前，是否应该做点什么呢？毛泽东的思维仍高速运转着。他猛地吸了几口烟，又伏案疾书：为着准备渡江的直接行动，为着给南京一个打击，促使他们接受我们的条件，请你们准备于4月20日攻击从安庆至南通一线除安庆及两浦（浦口、浦镇）两点以外的一切你们所需要攻占的北岸（不是南岸）敌人据点及江心洲（包括扬中县）。接电后请速部署，以便20日一举攻占。而在20日以前，则保持平静，一声不响。

此次攻击，是渡江战役的前哨战，也是对南京政府的一个警告，表明我军渡江的决心是不可动摇的；同时在军事上也为渡江作战扫清了最后的障碍，显示人民解放军拥有绝对的优势，是和是战，何时谈何时打，主动权掌握在自己手里，并能运用自如。

窗外放白，毛泽东在落款处写上军委11日5时，搁下笔，推开窗，一阵凛冽的晨风夺窗而进，毛泽东双肩一抖，打了个寒噤，领略了北平4月春风的厉害。

❶ 我炮兵正在向敌阵地轰击。

②

③

④

⑤

❷ 国民党俘虏被成群地押出战场。
❸ 我军在机枪掩护下，向敌军阵地冲击。
❹ 我军突击队冒着炮火攻打敌城。
❺ 大批俘虏被押出城。

郭化若

(时任第三野战军第9兵团政治委员)

“素帆百万飞如箭，乘风顷刻敌前现。
碧水静无波，疏星夜转多。
弹飞如急雨，难阻雄师路。
天险说长江，功成夜未央。”

这首词是40余年前人民解放军南渡长江时，我在前线写下的。

每当看到它，就使我想起了当年千舟竞渡的渡江战役。

我百万大军横渡长江，一举摧毁了国民党军长期经营的长江防线，解放南京，继而又攻克上海、杭州、南昌、武汉等重要城市，解放了苏、浙、皖、赣、闽、鄂等广大地区，结束了蒋介石、国民党对这个地区长达22年的反动统治。

——摘自：《郭化若回忆录》

★★★★★

张　震

（时任第三野战军参谋长）

为了配合谈判桌上的斗争，渡江作战的时间曾几度改变，开始说“推迟一周”，后又定为4月10日。

我感到，这次战役将严格受到和平谈判进程的制约，我们的军事行动，一定要服从政治斗争的需要。

攻占浦口、浦镇以及部分江心洲，从军事上讲是渡江战役准备问题，从政治上看，又是一个对敌实施军事压力，威慑敌人，促成和谈签约的重要手段……

——摘自：《张震回忆录》

第六章

“划江而治”计划破灭

★★★★★

∧ 1949 年 3 月，周恩来在中共七届二中全会上讲话。

时间：1949年4月，地点：北平。
周恩来把最后定稿的《协定（草案)》交给了张治中。周恩来说："这个协定是定稿，南京政府同意就签订，但无论签订不签订，到4月20日为止，人民解放军都要过江。"张治中沉默了一会儿，说："也好，干脆！"
浙江溪口，蒋介石看到《和平协定》后，拍桌大骂："文白无能，丧权辱国！"

1. 和平草案出炉

自4月2日至12日双方代表先进行个别商谈，南京的和谈代表们一方面与中共代表就一些问题交换意见，一方面还与李济深、黄炎培、傅作义、邓宝珊等多方面交谈。习惯夜间工作的毛泽东，生活规律全被打乱，连日来分别接见了刘仲容、张治中、刘斐、黄绍竑等人，收效甚大。无论是桂系的秘密使者，还是南京政府的正式代表，对于中共代表，毛泽东的交谈都表现得兴致颇高，虽然，他们的一些奢望与幻想打破了，但中共在一些重大问题上的让步，使他们看到了共产党和谈的诚意。

其实，李宗仁南京政府此时的情况是十分复杂的。还在4月2日，坐镇溪口的蒋介石就向迁至广州的国民党中央党部发出了关于和谈原则的二条指示，即：

第一，和谈必须先订停战协定；
第二，共军何日渡江，则和谈何日中止；
第三，其破坏责任应由共方承担。

据此，国民党中常会于6日通过了关于和谈原则的决议，明确要求代表团务必遵行。李宗仁收到毛泽东的复电后，随即召集国民党"和谈指导委员会"进行研究，并

国民党华北"剿共副总"司令邓宝珊

甘肃秦州（今甘肃天水）人，国民党陆军上将。曾任国民联军驻陕总部副司令员人、西安绥靖公署驻甘行署主任。抗日战争爆发后，任国民党军第21军团军团长、晋陕绥边区总司令等职。1948年任"华北剿共副总司令"。同年以傅作义全权代表身份，同中国人民解放军达成和平解放北平的协议。1949年初同傅作义一起率部起义。

< 1949年2月23日，周恩来与傅作义（左三）、邓宝珊（左二）等人在西柏坡合影。

> 中国共产党代表与国民党政府代表进行和谈时的情形。

由何应钦出面，于4月9日打电报给张治中。电文根据国民党中常会的决议，一意孤行地要求张治中坚持以下各点：

第一，为了表示谋和诚意，昭信国人，在和谈开始进行时，双方应即下令停战，部队各守原防。共军在和谈进行期间，如实行渡江，即表示其无谋和诚意，政府应即召回代表，并宣布和谈破裂之责任属共方；

第二，为保卫国家独立自主精神，以践履联合国宪章所赋予之责任，对于向以促进国防合作、维护世界和平目的之外交政策，应予维持；

第三，为切实维护人民之自由生活方式，应停止所有施行暴力之政策，对人民之自由权利及其生命财产，应依法予以保障；

第四，双方军队应在平等条件之下，各就防区自行整编，其整编方案，必须有双方互相尊重共同实行之保证；

第五，政府之组织形式及其构成分子以确能保证上述第二、三、四各项原则之实施为条件。

看罢何应钦的电报后，南京政府和谈代表团成员无不摇头叹息。在蒋介石的操纵之下，国民党中央突然提高谈判价码，使南京的谈判代表们刚刚看到的和平希望迅速化为乌有。他们心里清楚，划江而治的希望已经破灭，要求双方停火，实际上只是请求对方停止进攻。

和谈半个月，解放区和国统区的鲜明对比，人心的向背，从共产党报刊传来的国内形势的发展，与中共首脑的接触，种种熏陶和启迪，南京代表的思想感情由量变到质变，迅速发生着变化。

进一步的谈判工作已更加困难。于是，张治中愤然致信蒋介石：

默察大局前途，审慎判断，深觉吾人自身政治经济腐败至于此极；尤其军队本身之内腐外溃，军心不固，士气不振，纪律不严，可谓已濒于总崩溃之前夕。同时在平十日以来所闻所见，共方蓬勃气象之盛，新兴力量之厚，莫不异口同声，无可否认。假如共方别无顾虑之因素，则殊无与我谈和之必要，而具有充分力量以彻底消灭我方。凡欲重振旗鼓为作日后之挣扎者，皆为缺乏自知不合现实之一种幻想！此非怯懦自卑之

言，实由我方党政军内腐外溃之情形，积渐所致，由来已久，大势所趋，大错铸成。尤其既失民心，今已不可复得。

此信由屈武带回南京托吴忠信转交蒋介石，蒋阅此信后，大发雷霆，仍我行我素，毫无更张之意。

4月12日，何应钦来电转达南京政府和谈指导委员会作出的五项决议，即：

第一，战争责任问题，可依据代表团所谈原则处理；
第二，所邀南京参加签字各位，届时再作出决定；
第三，签约后驻军，第一期最好各驻原地；
第四，新政协及联合政府事，等中共提出方案后再行研究；
第五，渡江问题及联合政府事，等中共提出方案后再行研究。

国民党迪化市市长屈武

陕西渭南人。1924年参加冯玉祥发动的北京政变。1926年被选为国民党中央候补执行委员。曾任国民党政府军事委员会高级参议兼苏联顾问事务处副处长、立法院立法委员、陆军大学教官、中苏文化协会秘书长、国民党陕西省政府建设厅厅长、新疆省政府委员、迪化市市长。1949年任南京政府和谈代表团顾问。同年9月在新疆参加和平起义。

12日下午，南京代表团开会讨论自己在解放军过江问题上应有的态度。讨论中，代表们明显地同南京政府有不同的认识。

“渡江在原则上我们已经承认，怎么好推翻？”张治中很尴尬地说。

“岂有此理。这问题我们大家都已向中共承认，怎能说话不算数！”章士钊愤愤不平地说。“我打电报给他们说，拒绝渡江绝不可能，即要求缓渡，也很难能行得通，让他们了解中共行市。”满脸愁云的邵力子说。

听了邵力子的主张，张治中若有所思，轻轻摆摆手说：“像邵先生所说的似可不必，因为那样好像我们在代表中共说话。我们只好说我们正在和中共继续商谈中。”

此刻，一直沉默不语的李蒸表示：“渡江非常危险，如果中共大军在签字后即行渡江，那南京政府还怎么能行使职权呢？我们只有两条路，一条是彻底靠近中共，与主战派开火；另一条是因此而宣告谈判破裂。”

“我们既为和平而来，当和成而返，破裂还有什么前途？事到今天和谈只许成功，不许失败。我们应尽力争取中共缓渡江，因为缓渡江确对全面和平运动之推进有利。但如果中共不答应，非马上渡江不可，那么我们不承认这是和谈破裂。”邵力子颇不甘心地说。刘斐则认为：“不是我们要不要破裂，而是南京同意不同意。”

谈到争取中共方面暂缓渡江，章士钊认为：“过去李德邻没有力量，因高唱和平而增加了力量。因此之故，如缓渡江，假李德邻以时日，使其政治力量继续增加而扩大，对李德邻、对中共、对人民均有利。”

李俊龙的看法刚好和章士钊相反，他认为：“三两个月恐怕不能增强南京力量。相反的怕只能加强溪口力量，为人民计，恐怕还是中共马上渡江的好。……如今只有三策，上策是中共接受我们意见，缓渡江；中策是中共一定要马上渡江；下策是和谈破裂。为人民计，宁取中策。”

会议最后决定，请章士钊出面设法向毛泽东通融，要求中共考虑在和平条约签订后能够暂缓渡江。

但为时已晚，4月13日早晨，周恩来已把中共方面起草的《国共和平协定（草案）》正式提交给南京代表团，并通知当天晚上开始正式会谈。该草案其实是周恩来根据毛泽东开列的八项条件细化后产生的。

但是《国内和平协定（草案）》，依照与南京代表团达成的意向，作了某些妥协：确实没有提到战犯的名单；没有规定整编人数；同意成立整编委员会，同意南京政府待联合政府成立后再办移交；同意吸收南京政府代表参加新政协和吸收若干国民党人参加联合政府。

《国内和平协定（草案）》甚至没有直接提到解放军过江的时间问题，表示了中国共产党的宽宏大量和言而有信。

但是，在另一个方面，《国内和平协定（草案）》，首先历数了国民党自1946年破坏停战及政协决议、发动全面战争的罪行；然后，分别依据毛泽东所提八项条件，具体提出了实现八条二十四款办法；明确规定人民军事委员会有权命令过渡期内的南京政府。

2. 周恩来重托张治中

4月15日晚7时，中南海朱门洞开，国共两党和谈代表经过5天的正式谈判，今晚将给这次谈判画上句号。

晚上9时，正式会谈在勤政殿举行。大厅中间横放着一张长条桌，双方代表分坐两侧。条桌两侧的后面各有三张小条桌，是双方列席和记录人员座位。

∨ 1949 年，中共首席代表周恩来与国民党政府代表团进行和平谈判时发表讲话。

周恩来率中共代表团由勤政殿东面进入会场，张治中率南京代表团由勤政殿西面进入会场，气氛十分严肃。周恩来首先发言，开门见山，言简意赅地阐明了中共方面的观点，希望南京政府代表团能够接受这个《国内和平协定（草案）》。接着，周恩来又对《国内和平协定（草案）》各个款项的具体内容逐项作了说明。关于惩办战争罪犯问题，他说："这次战争中主要战犯必须惩办。如果他能认清是非，翻然悔悟，出于真心实意，确有事实表现，因而有利于中国人民解放事业之推进，有利于用和平方法解决国内问题者，可以取消战犯罪名，给以宽大待遇。"

张治中当场表示："代表团诚恳地承认国民党方面的错误和失败，但《协定》中有些过于刺激的字句，希望能够酌加删节；战争责任问题，希望不要作成条文；更不宜在条文上规定南京政府为人民革命军事委员会所辖的一个机构。"

第二天，周恩来等专门向在北平的各民主党派代表具体介绍《国内和平协定（草案）》内容和南京代表团的意见。与会各党派代表几乎众口一词地认为《协定（草案）》的文字及内容已经相当宽大，无论如何不要再让步了。但从策略上考虑，为最大限度争取李宗仁、白崇禧，中共中央仍旧下决心对《协定（草案）》进行某些具体的修改。

4月14日，南京代表团经过一天的研究，提出了一个修正案，逐一说明关于取消原草案中有关刺激性字眼的建议，并特别要求不写上关于过渡期内的南京政府必须对人民革命军事委员会负责，受其统辖之类的词句。当晚，张治中把这个修正案交给周恩来。两人进行了长时间交谈。

此时，已到4月中旬，长江的汛期即将到来。考虑到长江水位等实际问题，中共中央决定不再拖延时间，速议速决。

4月15日晚7时，周恩来与张治中见面，在参照南京代表的意见，修改了部分文字后，把最后定稿的《协定（草案）》交给了张治中，并定于当晚9时在勤政殿举行第二次会议。

张治中注意到，这份文件已删去"草案"的字样。

周恩来说："这个协定是定稿，是不能改变的，南京政府同意就签订，但无论签订不签订，到4月20日为止，人民解放军百万大军立即渡江。"

张治中问："那么，就是说，这是最后的文件，只能说同意或不同意？"

周恩来点点头："可以这样理解，这是我们最后的态度。"

张治中沉默了一会儿，接着深深吐了口气，说："也好，干脆！"

当晚9时，第二次正式会谈开始，周恩来具体说明了协议修改的内容。首先是中国人民革命军事委员会的权力问题，我方同意在联合政府成立前，南京政府与人民军事委员会的关系应为协商合作关系。同时，周恩来表示：凡原有的带刺激性的字眼都已去掉，但军队改编、政权接收等则不能改变。

周恩来特别强调：中国共产党对于反动好战分子，不相信有什么办法能够感动他们，他们对和平协定的破坏与阻挠是必然的。无论协定成败与否，中国共产党不能不考虑如何对付他们和打击他们的阴谋。中共之所以必须过江，也就是为了这样的目的。协定不成，解放军立即以武力的方式过江；协定达成，解放军也要和平地过江，占据长江下游十个县的地区，以使任何敢于破坏和平协定的国民党军队不能不有所顾虑。

周恩来进一步说：人民解放军没有宣布过停战。南京国民政府曾经要求停战讲和，我们没有同意。我们只同意这个协定签订之后永无内战。为了使谈判更顺利，我们愿在谈判进行期间命令人民解放军暂时不渡江。但是我们不能无限制地受到约束，所以我们今天正式地告诉文白先生，请南京代表团回南京去的先生转告李宗仁和何应钦，我们只能约束到本月20日为止。到那时还不能获得协定签字，那我们就只有渡江，不能再拖延到20日以后了。

周恩来的解说，标志着南京代表团的使命事实上已经完结。周恩来讲完后，张治中只是简单地发表了自己的意见和感想，并声明明天即派人到南京请示，再行答复。

最后，周恩来又解释文件为什么采取最后方案的做法。他说：如果我们没有最后定稿，就使南京代表团无以说服南京当局；没有这个最后的定稿，就不能使它考虑同意与不同意的问题。我们认为，一个问题一定要有一个结束。我们提的最后方案，南京代表团乃至南京当局都有他的自由，就是同意或者不同意。

会议于10时20分结束。

张治中后来在回忆录中写道：

回到住处后，经过代表团郑重的研究，认为这个定稿已经接受了我们所提修正意见四十余处的过半数，特别是关于战争罪犯一项删去“首要次要”字样，原来把南京政府和所属部队置于人民革命军事委员会，统辖之下一句也改换了，所以代表团一致的意见，认为尽管条件过高些，如果能明白“败战求和”、“天下为公”的道理，不困于一派一系的私利，以国家元气、人民生命财产为重，那么，就只有毅然接受。以诚心承认错误，以勇气接受失败，则对国家、对人民、对国民党保全者实多，总比顽固到底、失败到底的好。大家表示只有接受这个《国内和平协定》为是。并决定在十六日派黄绍竑代表和屈武顾问带了文件回南京去，劝告李、何接受。

南京代表团的会议开到午夜1点多钟。周恩来知道黄绍竑被推举回南京请示后，尽管已是深夜了，他仍在当晚2时左右在六国饭店同黄绍竑相见，勉励他努力完成这个任务。黄绍竑说："照我看，至多是50对50的希望，或者还要少一些，我努力去进行就是了。"

六国饭店

位于北京市东交民巷（解放前的使馆区）核心区。是英国人1900年建造的，为四层楼房。主要为当时各国公使、官员及上层人士在此住宿、餐饮、娱乐等的聚会场所。另外当时一些下台的军政要人也常来此避难。1949年4月，已经进入北平的中国共产党就是在这里迎接以张治中为首的国民党政府和谈代表团。目前六国饭店更名为"华风宾馆"。

3."划江而治"阴谋流产，蒋介石恼羞成怒

李宗仁流年不顺，无心赏春。月初送走了和谈代表团，9日刘仲容秘密返回南京，但带来的毛泽东的口信并不令人满意。白崇禧更是愤懑激烈，当他听到毛泽东说他很能带兵，将来成立中央政府，人尽其才，请他指挥国防军时，他冷笑一声，说："算了吧！让我当降将，决不可能。他们果真有和平诚意，就不要过江嘛，在这个问题上，我们一步也不能退让，绝不退让！只要不过江，一切好说，要过江就什么也别说了，打就是了。"

刘仲容不料白崇禧的火气如此之大，他平静地说："健公，恕我直言，要是我们能打，就不会有这次谈判了。要是不能打，毛先生开的这些条件不能说不优厚。我这次到北平感到共产党和谈还是有诚意的，在不少条款上都做了让步，而且，这都是以德公和健公你为对象才做的让步。共产党是战胜者，有句话也许不当讲，战败求和原本就不易，现在共产党已经敞开的大门，不要用我们的手再关上。"

白崇禧怒不可遏："你怎么给共产党当起说客来了？我们怎么不能打了？我们百十万部队，我们的空军、海军，都是吃素的？我可以告诉你，美方已经答应支援德公，美国不会袖手旁观，中共敢过江，就会引起第三次世界大战。和谈不是投降，不能气短，不能听人摆布，他们要过江，就让枪炮去谈吧！"

李宗仁听白崇禧说到美国，心里一颤，像倒了五味瓶，酸、甜、苦、辣、涩，说不清什么滋味。

前些日子，百般无奈的李宗仁也是急乱了神，突发奇想，谋划了一个激将法，想刺激刺激美国。他派了手下试探着和苏联接触，欲达成一个由苏联出面调停内战的协议。不料美国根本不买账，司徒雷登戏称李宗仁向苏联“暗送秋波”，形同一个低贱的娼妓。结果鸡飞蛋打，两边都得罪。没办法，李宗仁又硬着头皮登门拜访那位曾经和他有过不错私交的美国大使司徒先生。

李宗仁面对隆鼻灰目的司徒雷登，哀求般地说：“老朋友，重提一个老话题，希望贵国能借给我的政府10亿美元，不行的话，5亿也可，帮助制止日益恶化的通货膨胀。”

司徒雷登很直率：“对不起，关于美元的事，国务院已经做了答复，我想我不必再重复了。”

国民党战和两难，美国对国民党也到了取舍两难的境地。尤其是美国明白他们鼎力扶持的这个“代总统”不过是块空招牌时，对国民党政府的热情更是降到了冰点。当这个没有希望和廉耻的政府反复向他们伸手要美元的时候，他们那种鄙弃的神色仿佛是说：要肉吃吗？那么首先证明你有咬人的本领才是啊！

不过，共产党的渡江还是促使美国政府产生了一点怜惜之心。4月14日，美国国会通过议案，决定将1948年4月3日所通过的《援华法案》延期至1950年2月15日，以该法案拨款4亿美元中尚未动用的5,400万美元继续援助国民党政府。

李宗仁摇头苦笑，这不过是杯水车薪啊！

4月16日晨，黄绍竑、屈武根据代表团的决定，乘飞机返回南京。这是一次明知不可为而为之的使命！

派这两个人去，张治中是有考虑的。黄绍竑是桂系的巨头之一，对李宗仁、白崇禧有影响力。屈武为国民党元老于右任之女婿，便于做南京政府上层的工作。

临行前周恩来特地去南京代表住地六国饭店与黄绍竑、屈武送别，周恩来对黄绍竑说：“季宽（黄绍竑字）先生，你肩上的担子不轻啊，我们等你回来。请你转告李德邻先生，希望他能飞北平来签字。”

黄绍竑说：“协定能否签得成，至多是五十对五十的希望，我会努力去办的。”

周恩来点头：“刚才我跟毛主席通了电话，他祝你和屈武先生一路平安。毛主席说跟你相约过，等签订了协定，你们要填词唱和呢。”

黄绍竑显得很激动，说：“周先生，不管协定签不签得成，我都要回来的。”

“好，好。”周恩来说，“为了表示我们对和谈的诚意与对桂系的希望，我们释放了白先生的海竟强师长，明天你带他一起回去吧。”

当晚，黄绍竑、屈武向李宗仁汇报了全部谈判情况和代表团集体的意见。李宗仁显然不曾想到会有这样一种结果，他深知在南京现在的气氛下，批准这样一种协定，不仅会在上海、南京迅速造成政治上、军事上的严重混乱，而且在桂系内部也会使自己陷入严重困境。

专程从武汉飞到南京的白崇禧，看完手上的“协定”，立刻怒气冲冲地对黄绍竑喊道：“真难为你，像这样的条件也带得回来！”

黄绍竑声调也不低：“这条件已经很不错了，中共接受了我方所提修正意见的40余处的一半还多。”

“就是一百条又如何，我的条件就一条！”

“什么？”黄绍竑冷冷地看着激愤不已的白崇禧。

“共产党不过江！”

“健生，”黄绍竑嘴角不经意地挑着一丝嘲讽。“我们说话还是现实一些，明白自己的处境，这种强硬在抗战刚结束的时候可以，在如今已是有些滑稽了。”

“你什么意思？！”白崇禧拍案而起。

“你不必考虑我的什么意思，我的意思没有用。现在我们面对的是这个协定书，毛泽东、周恩来的意思全在上面了，我们签不签字共军都要过江，而且，限定在4月20日前答复。”

白崇禧怒不可遏，一声冷笑：“嗬！不看人我还以为这是共产党的代表跟我说话，黄季宽，你有没有搞错？你是政府派出的代表；理应代表政府立场，据说政府还有‘腹案’为据，你黄季宽和张文白不仅有负重托，还屁股坐错了椅子！我告诉你，你也好，张文白也好，历史会记下你们这一笔的！”说完就站起来往外走了。

一口一口像是在品茶的何应钦这时冷冷地说：“想不到是这样一个协定，还美其名和平协定。德公，你看怎么办？”他斜了李宗仁一眼。

李宗仁打禅一般坐着，默不作声。

何应钦见李宗仁久不开口，又道：“行政院开个会吧，总归是件大事。”说罢告辞了。

客厅里只剩下李宗仁和黄绍竑。

他从公事包中掏出一张信笺，将其在飞机上填的一首词拿给李宗仁看，上面写道：

翘首照长天，人定淡烟笼碧，待晚一弦新月，欲问几时回得？昨宵小睡梦江南，野火烧寒食，幸有一番风送，报燕云消息。北国正花开，已是江南花落。剩有墙边红杏，客里漫愁寂寞。此时遇着这冤家，误了寻春约，但祝东君仔细，莫任多漂泊！

李宗仁看后苦笑道：“我已经没有心情吟诗作赋了，你到底想说什么，愿闻其详。”

与李宗仁关系非同寻常的黄绍竑坦言道："据我看来，蒋先生的的确确没有什么前途可言了。我们广西人士应该清醒一些，另辟求生之道，再也不该替蒋先生效犬马之劳。我所以说'此时遇着这冤家，误了寻春约，但祝东君仔细，莫任多漂泊，'就是这个意思。"

黄绍竑说到这里叹道："广西如果在这个时候再失去机会，那昔日一番辛苦，今后全付流水，没法补偿！中共的条件虽然苛刻些，但不是不可接受，何况代总统已经答应以八项条件为基础了！"

李宗仁面色如土，沉吟良久，然后说道："难呀！……"李宗仁半天吐出了一个字。

他这个"代总统"何止一个"难"字了得。他是和谈的倡导者，如今这样一个协定，就是他签了字，没有蒋介石的认可，还是废纸一张啊！更难的是，白崇禧的日益坐大，大

∨ 1948 年，蒋介石夫妇与李宗仁夫妇在一起。

有与他平起平坐之势，若是他断然在这个协定上签了字，不仅与蒋介石彻底决裂，还有和白崇禧势为两立的可能。而和兵权在握的白崇禧对立，就意味着与桂系分裂。

从最近的动态看，白崇禧的屁股似乎悄然向蒋介石挪动。不久前，他在给第3兵团司令官张淦的密电中称：

吾人今日为爱护五千年历史文化，为保证人民自由的生活方式，应在三民主义共同信仰基础下，不分畛域，不问党派，团结一致，作殊死斗争。尤当支持中枢做有效之决策。否则人子为谋，分散力量，古今多少失败惨痛的历史教训，转瞬落到吾人头上矣！

李宗仁不得不既不创伤蒋介石，还要关照自己集团首脑的情绪。

“德公，”黄绍竑声调低沉地说，“咱们一定得头脑清醒啊，决不能与蒋介石同呼吸共命运。蒋介石最后还是要退保台湾的，我们呢？形格势禁，没有别的路可走，惟有和局才足以自保啊！”说着他有一些动情了。“你我和健生，自投军校就是同窗，投入军旅又为同志，几十年来生死相依，风雨同舟，患难共济，才有我们桂系一片天地。德公若出面与中共签署和平协定，便可在联合政府有副主席的席位，我们广西子弟也可保全下来，两广在两年内不实行土改。这几项对我们都还是有利的。事到如今，我们要面对现实，思谋自全之道了！……”

李宗仁摆摆手：“我对个人去留出处并不计较，我是力主和平而上台的，如果求和不成，我将毫不犹豫地卸职归田，以谢国人！”

第二天，李宗仁就托张群带着《国内和平协定》去溪口向蒋介石请示。果然不出所料，蒋介石看后拍桌大骂：“文白无能，丧权辱国！”

①

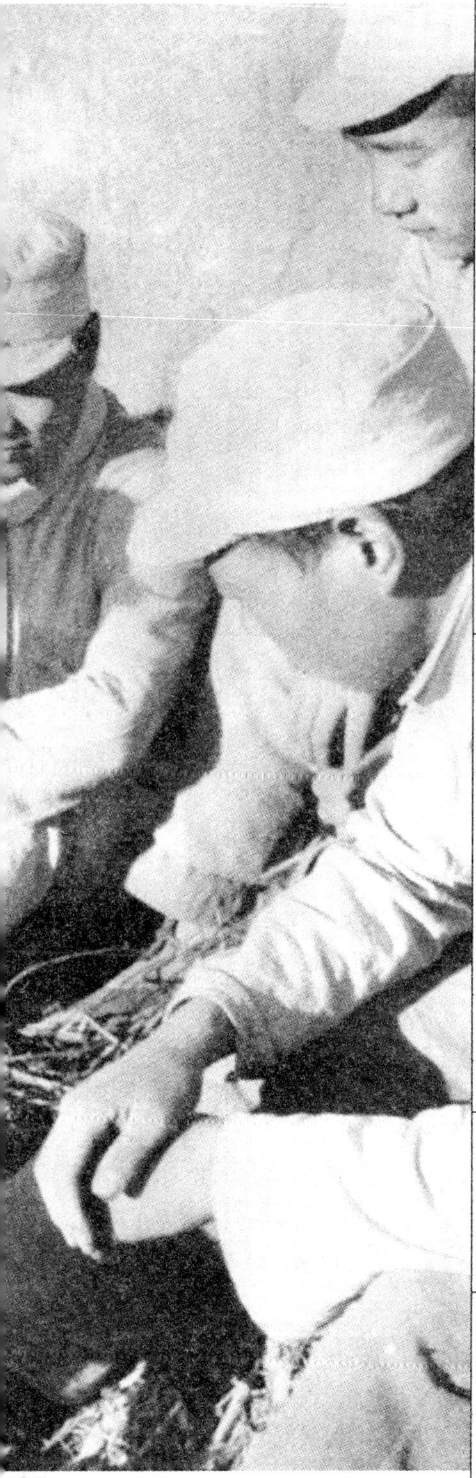

★ ②

★ ③

★ ④

❶ 在查思想活动中，战士们弄懂为谁扛枪、为谁打仗的道
❷理。
❸ 我军正与敌军激战。
❹ 我军某部追击逃敌之情形。
我军战士正伺机向敌进攻。

[亲历者的回忆]

郭化若

（时任第三野战军第9兵团政治委员）

……国民党统治集团已濒临绝境。

国民党军的主力包括那些号称“精锐之师”的整编第74师、第5军、第18军、新1军、新6军等，都已被消灭，残存的军队仅有正规军71个军227个师115万人，连同特种兵、机关、学校和地方部队，总兵力只有204万人，其中能用于作战的部队共146万人，分布在西起新疆，东到台湾的漫长战线上，已无法在战略上组织有效防御。

在此种不利形势下，国民党统治集团向我提出了“和平谈判”的请求，以图保住长江以南半壁江山，赢得时间，重振军力，尔后卷土重来。

1949年元旦，蒋介石发出包括保存伪宪法、伪法统和反动军队等条件的和谈声明；接着又宣布“下野”，不再担任总统，而由副总统李宗仁代理总统，并由他出面要求我党进行和平谈判。

毛泽东基于蒋介石反动本性的深刻认识，于1月14日发表声明，揭露了蒋介石“和谈”声明的虚伪性……

与此同时，毛泽东要求人民解放军做好一些准备，以便在和谈破裂时，立即发起渡江战役，解放京、沪、杭及江南广大地区。

——摘自：《郭化若回忆录》

★★★★★

粟 裕

(时任第三野战军副司令员兼第二副政治委员)

渡江战役发起时间与国共两党的北平谈判密切相关。

以往战役，指挥员可以根据当时战场敌我双方的实际情况决定什么时候打和怎样打，只要消灭敌人就行；而渡江战役什么时候发起，不仅要看前线的准备、气象、水文的条件，还要看谈判的进展……

——摘自：《粟裕战争回忆录》

和谈最后的彻底破裂

∧ 解放战争时期的陈毅。

时间：1949年渡江前夕，地点：长江两岸。
渡江和谈判紧密地联系在一起，几天来军委的电报一个接一个，谈判前景忽明忽暗，渡江日期一推再推，瑶岗面对漫长的等待。
知彼知己，“先遣渡江大队”和江南游击队，共同演绎《渡江侦察记》的故事。和谈最后彻底破裂，毛泽东、周恩来仗义留人。

1. 谈判前景明暗交错，渡江时间一推再推

瑶岗是个不大的村子，村子里到处是苍翠的大树，环境十分幽雅。中间一条小河，匆匆从村中流过。

陈毅进村那天指着小河说：“哎，这条河像不像一条小长江？”

邓小平一下子没有反应过来。

“你们看嘛，”陈毅又道，“它硬是从村子中间穿流而过，将村子一分两半，弄不好，要出现个南北瑶岗喽。”

“有那么点意思。”邓小平点头笑道，“如此说，瑶岗就是缩小了的中国喽。”

总前委指挥部设在一幢砖瓦结构的四合院内。邓小平和陈毅住在东西两厢房，房东王世鑫是个地主。

进驻瑶岗的第二天，警卫员低声地对陈毅说：“首长，听说王世鑫的大哥在南京做官，是汤恩伯的情报科长呢，我们可要注意呀！”

陈毅听了哈哈大笑：“怕啥子哟，兔子还不吃窝边草呢！”

雨又不停地下了起来，瑶岗的田野白雾茫茫，麦地、油菜田积水汪汗，河床沟渠迅速膨胀。

渡江和谈判紧密联系在一起，几天来军委的电报一个接着一个，谈判前景忽明忽暗，渡江日期一推再推，总前委不得不面对漫长的等待。

4月15日，中央军委电示总前委：

（一）和平谈判决以4月20日（卯可为限期），本（15）日即向南京代表团宣布，彼方是否签字，必须在该日以前决定态度，该日以后我军即须渡江。（二）和平协定草案最后修正稿本（15）日交付南京代表团，彼方明（16）日派黄绍竑飞宁请示，南京是

否愿意签字尚难预料，有可能拒绝签字。（三）你们接到此电，请立即准备好，于20日（卯可）确实攻占除安庆、两浦以外的一切北岸及江心据点。勿误为要。

同日，粟裕，张震向中央军委汇报了有关情况。晚6时，毛泽东又起草致粟裕、张震的电报，指出：

为着充分准备22日大举渡江，同意你们迅即攻占永安洲，其他各北岸及江心据点亦可早日攻占，不必等到20号。

渡江作战的担子有多重，邓小平两肩觉得出。由湖口至上海400公里江防线上有国民党的20个军，他们不但在装备、火力上居于优势，且有海空军的配合。双方对比，国民党的军队是以逸待劳，解放军是攻坚冒险，一易一难，悬殊有如霄壤。态势上，国民党是隔水设守，长江天堑屏障一般挡在前面，宽处达5公里，而解放军要越江而过，凭借的只是打鱼的小木船，且为数不多。除此之外，解放军最不利的是，不动则已，一动就使自己陷入背水作战。此乃兵家之大忌。以上等等已属不易，如果渡江时间一拖再拖，长江的雨季再提前到来，那将是不可设想。

邓小平的薄嘴唇抿成了一条线，凭窗而立，望着灰蒙蒙的天空，烟，一支接着一支，他的思维随着漂浮的烟雾在缭绕。

百万大军渡江作战，面临很多很大的困难，摆在指战员面前的是十分复杂的组织工作。横渡长江，这不比夺取一个山头、攻克一座城池，它将是一场激烈的水上战斗。在炮火纷飞中，几万人的部队从江北渡到江南，需要有大量的船只，和许多熟悉长江风浪、善于掌舵的水手；同时要摸清对岸的敌情地形，火力位置以便摧毁敌人的江防工事，掩护我军登陆。

为了迅速地收集船只，渡江部队组成船舶管理委员会，四处寻访，向群众宣传我党我军的政策，号召群众支援人民解放军过江，最后消灭国民党反动派。

在人民群众的大力支援下，经过全体指战员的努力，渡江所需的船只一天比一天增多了。在远离长江的隐蔽的内湖中，桅杆林立，船只成行，真是一幅雄伟景象。同时又动员了大批船工、水手，使即将渡江作战的部队犹如猛虎添翼。

为了在渡江战役中争取当突击队员和水手，我们的战士们只穿着一条短裤，成天在冰冷的水里当“混江龙”。“人人学泅水，个个当水手”。在这些战斗口号的鼓舞下，战士们奋不顾身地进行着水上练兵，有的抱着一块门板，在水里扑腾；有的抱一根粗毛竹，在水里扎猛子。没多久，指战员们就学会了跑跳板，在船上坐得住，坐得稳。经过几十天的苦练，在预定的渡江时间前，部队完成了训练任务。陈毅高度评价这次练兵说：“这次练兵把北方人变成了南方人，把陆军变成了水兵，把浩浩荡荡的长江变成了平阳大道！”

当然，人民解放军即将进行的渡江作战，决不会只是平平稳稳地把百万人马用船运

V 1948 年时的陈毅。

过江去。国民党军队在江南。沿岸修筑了几道防线来阻挡人民解放军过江，一旦我军万船齐发，千帆竞渡，敌人势必要做垂死挣扎。波涛汹涌的长江，那将是弹雨纷飞、水柱冲天的激烈战场。中国人民解放军将是冒着炮火，淋着弹雨打过长江去。为了减少伤亡，避免渡江部队在渡江时过多地减员，并保证登陆战的成功，各部队尽可能多的组织一些火力队，以强大的火力压制住敌人的炮火。

设想渡江的困难一个一个地被解决了。

随着时间的推移，军情日益紧迫。

部队也等得不耐烦了，焦急之下，中集团的总指挥谭震林和第7、第9兵团的司令员王建安、宋时轮来到总前委。"谭老板"一脚踏进邓小平的门槛，就是一句："总前委书记同志啊，到底什么时间可以渡江嘛？！"

17日，中央军委致电总前委：

确定于22日渡江不要改变，并必须争取一举成功。

遵照毛泽东的指示，邓小平请中集团指挥员谭震林、王建安、宋时轮来前委研究渡江战役的细节。考虑到长江战线长，水情复杂，全军不宜强求同时渡江。决定以中间突破的方式，由中集团在20日开始渡江，东、西集团则于21日开始渡江。总攻开始后，即不再停顿，一气打到底。完成渡江后，再略加整顿，东进追击敌人。

17日下午15时，总前委把上述部署报告中央军委，又向军委报告提出渡江时间提前改到20日夜，整个渡江部队于20日夜至21日夜发起渡江作战。

该电是这一天就渡江问题，总前委向军委发出的第三份电报。

在这之后，关于渡江时间，又经过多次商量，中央军委和毛泽东终于在4月18日9时作出了决定："完全同意总前委的整个部署，即二野、三野各兵团于20日开始攻击，22日开始总攻，一气打到底，完成渡江任务以后，再考虑略作停顿，采取第二部行动。请你们即按此总计划坚决地彻底地执行之。此种计划不但为军事上所必需，而且为政治上所必需，不得有任何的改变。""此次我百万大军渡江南进，关系全局胜利极大，希望我二野、三野全军将士同心同德，在总前委领导下完成伟大任务。"

邓小平接连抽了三支烟，在桌前坐了。在这渡江前夕，一脑子的事，却不知要做什么事。因为和平协定还没有最后签字，渡江之战还有没有再变化的可能？

外间三张桌子并就的大桌子旁，两个小女兵几乎是抱着那台收音机在监听敌台广播，这是邓小平交给她们的任务，要她们不放过任何一个有用的消息。她们不知道哪是没用，哪是有用的，就用笨办法，不管什么消息统统记录下来上报。

陈毅审阅完了《第三野战军政治部关于新区筹粮工作的指示》，信手抓起一本俄国作家陀思妥耶夫斯基的《白夜》。看了没几页，将书一丢，骂道："格老子，啥子天气嘛！"说着拎起一顶斗笠，出门去了。

田野上烟雨蒙蒙，绿色罩在氤氲里。

陈毅出村西，下了岗头，就看到葱茏的麦地，稻田上已经有人影晃动。四月，麦子还没长穗，但是稻田里的秧苗已经葱绿一片，尽管雨雾茫茫，犁田的、拔草的、挖渠引水的农民，都穿着蓑衣出来了。牛哞、犬吠、人的吆喝声交织在一起，在空旷的田野上起伏。

陈毅和村民们打着招呼，在窄窄的田埂上行走，吸足了雨水的田埂又黏又滑，他一步一趔趄引来村民善意的笑声。但是陈毅是会干田里活计的，南方游击3年，常帮老乡干活儿。他索性卷起裤腿，下了水田，从一个农民手中接过了耕犁，吆喝了一声，那条水牛便奋力向前，犁了一个来回，他忽然想起一句成语，化剑为犁，也许将来有那么一天吧，可眼下正是铸剑淬火的时候啊！

当他又要挥鞭向前之时，邓小平派警卫参谋来请他。

陈毅一进院就闻到丁香的芬芳。邓小平递给他一个记录本，那是两个女兵的监听记录稿，邓小平发现了一条很有价值的新闻：汤恩伯在京沪杭警备总司令部内成立了由他自兼主任的政务委员会。

邓小平说："如此看来，他们是不想在和平协议上签字了！"

陈毅看毕点头道："你分析得有道理，这叫江山易改，秉性难移，只有把他们打得招架不住了，才有和平的可能。"

邓小平、陈毅当下决定将谭震林、王建安、宋时轮找来，一起开会研究。

两个小时后给军委的电报发出：

军委并二野、三野：

铣八时电奉悉。我们找谭震林、王建安、宋时轮三同志来，商量结果：

我们一致认为，以确定养（22）夜开始，不再推迟为好。而且夺取北岸敌桥头堡及江心洲，必须与正式渡江紧密衔接，不宜停顿，否则将给敌人以调整部署时间，增加我们的困难。而在政治上我们估计敌可能采取拖延政策，以便团结内部作最后抵抗，此种征候，似已日益明显。今天南京广播，在汤恩伯总部之下组织京沪杭政务委员会，汤兼主

∧ 1949年3月，中共七届二中全会期间：邓小平、贺龙、聂荣臻、蔡树藩（右起）在一起。

任，谷正纲、邓文仪等为常委，即其具体步骤之一。故真正解决问题，只有在我们渡江成功之后才有可能。所以在政治上无绝对必需的条件下，务请不再推迟至有（25）日，因为前方困难甚多，延长一天时间增加一分困难，不但影响士气，人民不安，特别是我们各个有利渡江的地点都暴露了。

我们审慎研究渡江有把握。现芜湖、安庆段9、7、3等三个兵团准备均属充分，至少有一处必能首先成功。只要一处成功且能立稳脚步，其他各处即可随之成功。

长江似一根敏感的神经，横在国共两党之间。又似一副多米诺骨牌，摆在国共和平的谈判桌上。

2."先遣渡江大队"和江南游击队共同演绎《渡江侦察记》

知彼知己，百战不殆。部队到达江边后，侦察人员把用望远镜观察到的对岸情况及国民党军舰的活动，一一记录在案。但这样侦察到的情况毕竟十分有限。于是，部队开始想法去对岸侦察。

4月8日，二野第15军组织5名水手，乘1只小船，携带1挺机枪、两支步枪，到对岸侦察国民党军的火力配备情况。经46分钟划行，船距南岸只剩250米。这时，因为在月光下被守军发现。守军即以轻重机枪猛烈射击，船上的机枪、步枪也随之开火。小船顺水向东漂流了1公里多，然后返回北岸。这5名水手不仅摸清了国民党军的火力情况，而且自己毫无损失。他们的行动大大提高了部队的信心。

在渡江侦察方面，27军做得最为出色。为搞清对岸情况，他们连续组织侦察兵偷渡10次，8次成功，共捕捉国民党军30多人，从俘虏口中得到不少情报。

在以上偷渡过程中，侦察英雄齐进虎等3名侦察员，在黑沙洲登岸被发现。他们索性弃船潜入洲内，与守军周旋了八天八夜。渴了喝口长江水，饿了吃把蚕豆叶。就这样摸清了洲上守军布防详情。最后坐着木盆返回江北。

在以上10次偷渡的基础上，第27军为了及时掌握对岸敌军的变化情况，决定由第81师第242团参谋长章尘、军侦察科长慕思荣、侦察营教导员车仁顺等率领1个加强营，组成"先遣渡江大队"，携带电台，4月6日晚，他们分两路渡江潜入江南。进入南陵、繁昌、铜陵3县交界的山区，并迅速与皖南游击队取得了联系，展开敌后侦察。

还在4月初的一天，27军军长聂凤智来到江边临江坝指挥所。

中午吃饭前，他发现作战科长和管理员在耳语，很神秘的样子。他看了看饭桌：一盘韭菜炒鸡蛋，一盘炒青菜，也没什么特别嘛。"你们一起吃啊。"聂凤智拿起筷子，招呼着。

管理员说："这是特地为首长做的，我们不吃！"

三四月间，遍地青菜，韭菜有何金贵的？聂凤智夹了一筷子放到嘴里。

作战科长和几个参谋瞪大眼睛看着他。"看什么，没见过人吃饭？没礼貌。"

聂凤智瞪他们一眼。这些平时自称和军长"平起平坐"的参谋们不理会军长的"呵斥"，嘿嘿地笑着。

这时管理员又端出两盆热腾腾的菜：一盆鸡蛋炒韭菜，一盆炒青菜。聂凤智看了看，和他吃的没什么两样。他夹了两筷子，也没尝出有什么不同。

"军长，你别吃我们的菜。你那个菜好。"

"好什么？多搁了盐，还是多放了油？"

"你那个青菜、韭菜有点特别。"

“鬼话。什么风水宝地长出来的？恐怕又是哪个出了点子，想敲我的竹杠。”

“军长，这是江南的青菜。”作战科长又指另一盘菜。“这是江南的麦苗儿，昨天夜里过江摘的。”

聂凤智听着手里的筷子不觉停住了。作战科长说，他们连着3天夜晚派侦察员试着过江侦察，一天在江中迷了方向，一天碰上大浪翻了船，昨夜终于登上对岸，可惜没碰上敌人，“舌头”没能抓成。眼看天快亮了，他们顺手拔了一把青菜和麦苗儿。

聂凤智细细地品着这两盘“江南菜”，终于品出了味道。这证明他的兵已经过了长江，证明长江“天堑”并不是不可跨越的。证明“无为”是可以大有作为的。这是他的兵献给他们指挥员最珍贵的礼物哩！

27军经过长途跋涉，来到的集结地是皖东的无为县。当年曹操率领83万人马，从合肥出发，本打算从无为县的裕溪口渡江。到来一看，苍茫茫一片汪洋，遂叹曰：“此地无可为矣！”从此此地就被判为“无为”了。

“无为”的故事干扰着部队的情绪，使得本来就对长江有着恐惧心理的官兵，心头又覆盖了一层不祥之感。

聂凤智的个头儿不高，充其量不过一米六。但你只要和他说上三句话，面前的他给你的感觉，再不是个矮子。他思维极其敏捷，性情幽默风趣，文化不算高，开口典故连篇，虽是农家子弟出身，挺注重衣着打扮，在他身上，有着工农干部少见的那种职业军人的味道。他喜欢新鲜玩意儿，喜欢冒险，喜欢刺激，常说“有险才有奇”。

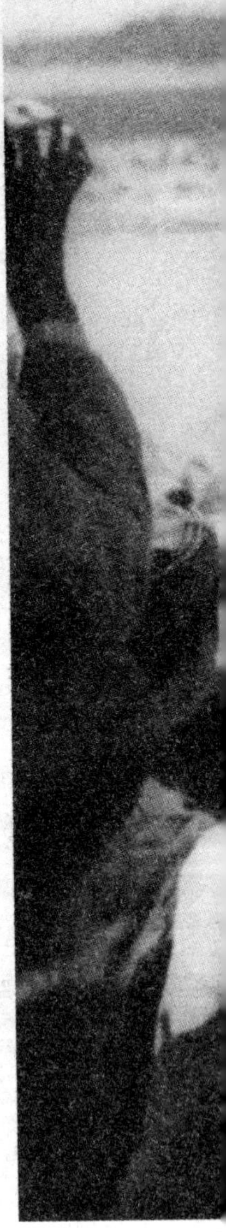

1948年他是华野9纵司令员，3月的一天带着几个师长去看地形。他兴致勃勃地跨进了刚刚缴获的一辆吉普车，不假思索就坐在驾驶盘前，伸出头招呼几个师长上车。

师长们笑了：“你开车啊？我们不坐。我们还想多活几年呢。”说着都跳上了后面的大卡车。

30出头的聂凤智，在驾驶盘前摆弄了几下，就学会了。他抓了个驾驶员“压阵”，一踩油门上了路，一气开出几十公里，越开兴致越高。正在得意，前面出现了一个急转弯。一下子慌了手脚，只听得身旁的驾驶员尖叫了一声，刹那间天旋地转，人随车翻……

V 渡江战役发起前，我军某部指挥员在江边观察敌情。

＜聂凤智，1955年被授予中将军衔。

庆幸人车皆安然无恙，被远远甩在后面的大卡车赶上来看到他们的狼狈样，全乐了："我说不对啊，吉普车的红尾灯怎么朝天了？"

"聂司令员真行，坐了一次免费土飞机！"

聂凤智说："哪个想坐土飞机，我下次请客。"

这次渡江偏偏来到"无为"之地，他笑了，似乎长江有意与他挑战，他那矮挫的个头儿往江边一矗，说："无为，无不为。本军长就把这个'无为'，变成'无不可为'给世人看！"

两盘"江南菜"，使得聂凤智那台敏捷的思维机器顿时转动起来。如果派出一个侦察营呢？

这个大胆的构想一下子兴奋了他。思维机器继续转动：只要这个营顺利渡过江去，就可用事实教育部队，"无为"事在人为，无为不但可以渡江，而且可以乘木船、渔船过江。不但少数人能过江，一个营也可以过江。如此，不但可以振奋那些持有悲观论调的同志，渡过江的侦察营还可与江南地下党取得联系，及时而周详地掌握当面之敌情况变化，通过无线电台随时向军部报告。

然而，在百万大军渡江前夕，单独派出一支武装侦察部队潜入江南，这个动作是否大得有些“唐突”了。冷静下来，他问自己。

次日，聂凤智将他的构想交军党委研究。军党委未敢定夺，上报兵团。事关渡江战役全局，兵团也没有承担此“风险”的胆量，谨慎起见，又上报“野司”。一级一级，最后报到军委。

4月6日军委和总前委来电赞誉并批准此举措。

“先遣渡江大队”出发前聂凤智开着车来了。和他一起来的有27军军政治委员刘浩天，宣传部长罗义淮，作战处处长刘岩。刘岩个头也不高，27军流传着一句话：“两个矮子一到，赶紧备好枪炮，有大仗打了！”

聂凤智这天特意穿上了他那件漂亮的灰军装，细布的，衣襟上缀着7粒黄澄澄的铜纽扣。这套军装不要说在27军，就是在三野，也是扎眼的，陈毅很眼馋，曾经很认真地和聂凤智打过赌，赌的就是这套军装，聂凤智说：“你赢了也白费。穿你身上，那不成马褂儿啦？”

晚9时聂凤智和政委刘浩天随先遣大队来到进攻出发位置。先遣大队队长章尘指挥队员有条不紊地做好了最后的准备工作，这个27岁眉清目秀，浑身冒着精气神儿的大队长，是聂凤智亲自点的将，他是27军81师242团参谋长，皖南人，对这一带地理位置比较熟悉。他的副手是名闻27军的老侦察员慕思荣。

照聂凤智的话说，这是一对“天仙配”，曾联手出色地完成过极为险要的侦察任务。这次举足轻重的行动，聂凤智毫不犹豫地交给了他们。白天的誓师大会上，政委刘浩天亲自做了动员，聂凤智也讲了话，他动情地说：“你们是渡江的先锋，军委、三野、兵团首长和全军的指战员都在等待你们胜利的消息！”

一艘艘木船在波光粼粼的江面上摆开，队员们敏捷地登上船。

连日阴雨，彤云密布的天空，这晚一扫云霭，满天星斗，一轮硕大的明月，天灯似的挂在大江之上，平静的玻璃般的江面被照得一览无余。

偷渡显然是不可能了。“做强渡准备！”章尘传出命令。

8只船顿时分成3个大箭头，向江对岸疾驰而去。

先遣渡江大队渡江的对面是敌88军的江防地段。

30分钟后，江面上突然响起清脆的枪声。聂凤智拿高倍望远镜的手微微颤抖了一下。镜头里，黑黝黝、苍茫茫一片，别的什么也看不清楚了。

这晚后半夜聂凤智就得到先遣渡江大队成功登上江南岸的消息。他

们在强行登岸的时候牺牲了数名队员，4月11日在南陵与泾县交界的紫元汤与地方游击队会合。

次日发来情报，敌一个军由芜湖调至27军渡江正面，增强了防御力量。这是一份重要情报，在日后的渡江作战中更显示出了它的价值。

7天后，渡江先遣大队已经深入敌后100多公里。他们神出鬼没地开展江南敌后斗争，犹如一把钢刀插入敌人腹部。尽管他们称不上大部队，在敌人的感觉中却是共产党派往江南的第一支“正规军”。

4月20日凌晨3点，三野27军驻地无为段的一个江边警戒的哨兵，忽然发现江面上有一个黑色的漂浮物，越来越近，直向江边靠来。越近越觉着不对劲，显然不是漂浮物，因为它是“逆”着急流而来。他立马警觉起来，一下子拉响了枪栓，瞪大眼睛盯着那个逆流而来的“黑东西”。

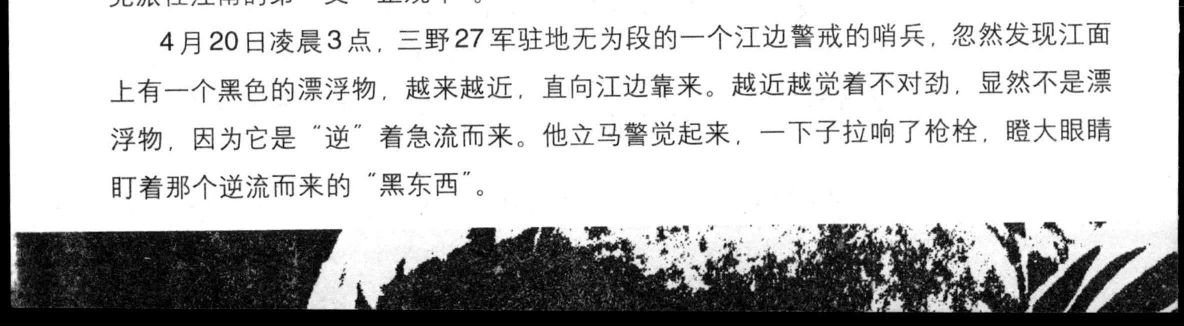

V 我军干部对船工们进行动员，宣传渡江作战的伟大意义。

越来越近，终于可以看出是一捆芦苇，再细看，上面趴着一个人。

“干什么的？！”哨兵喊道。“是解放军吗？……”

那人光着身子，只穿了一条短裤，冻得瑟瑟发抖。哨兵这才收起枪，将那人拉上岸来。

那人脸已灰青，断断续续又问：“你……是解放军吗？……”得到确切的回答后，他深吐了口气说：“……可找到你们了！”

这个人叫赵帮根，地下党员，渔民，有极好的水性，是江南游击队派来送情报的。他为了躲避蒋军的江上巡警，将这份情报安全送到江北，弃船，用芦苇和两条胳膊划水，从昨天傍晚6点一直游到这天凌晨3点，和恶浪搏斗了9个小时，终于到达江北岸。

赵帮根从舌下取出一个小瓶子，说：“这里面的东西很重要，请你赶快交给你们的指挥人员。”

哨兵接过那个小瓶子，见瓶口用蜡密密地封着。但他并不知道这瓶里装的是“渡江先遣大队”在渡江前夜搞到的守军紧急调防位置图，只有通过游击队才能传递过来。

史料称，“渡江先遣大队”不仅向军部提供了重要情报，而且使守军寝室不安，草木皆兵，对其的心理起到了巨大的震慑作用。第27军主力渡江后，他们又返回部队参加战斗。电影《渡江侦察记》反映的就是“渡江先遣大队”的真实故事。

3. 和谈彻底破裂，毛泽东、周恩来仗义留人

由于李宗仁六亲无靠，对中共的条件不敢自作主张，蒋介石的意见遂成了决定一切的关键。从4月16日晚至18日，李宗仁竟连开会的勇气也没有。直到得到溪口的消息，他才接连召开桂系将领、立法委员会、国民政府行政院及国民党中央委员和高级将领等各种秘密会议，商讨对策。但是，形势很快被蒋系主战派控制了，李宗仁立刻处于四面楚歌之境，代表团更是受到全面攻击。

4月19日，南京广播了中宣部长程天放的答记者问：

和平的希望黯淡，如果共产党过江，国民党不会投降，而是抵抗。是成功还是失败，要靠我们的努力，反对渡江是国民党决策者一个月前就决定了的，这一立场今天才宣布，盖因在此以前发表恐危害和谈。

这代表了南京政府的态度，更是蒋介石的态度。只不过是通过程天放的答记者问使之明朗化了而已。当天，溪口的所有电台狂发电令，甩开李宗仁，传向一线各个将领。

4月20日，李宗仁、何应钦复电张治中并各代表。电报依照蒋介石指令，明确拒绝了《协定（草案）》。

4月21日，中国人民革命军委员会主席毛泽东、中国人民解放军总司令朱德发布命令：

各野战军全体指挥员战斗员同志们，南方各游击区人民解放军同志们：

由中国共产党的代表团和南京国民党政府的代表团经过长时间的谈判所拟定的国内和平协定，已被南京国民党政府所拒绝。……拒绝这个协定，就是表示国民党反动派决心将他们发动的反革命战争打到底。拒绝这个协定，就是表示国民党反动派在今年1月1日所提议的和平谈判，不过是企图阻止人民解放军向前推进，以便反动派获得喘息时间，然后卷土重来，扑灭革命势力。拒绝这项协定，就是表示南京李宗仁政府所谓承认中共八个和平条件以为谈判基础是完全虚伪的。……在此种情况下，我们命令你们：

（一）奋勇前进，坚决、彻底、干净、全部地歼灭中国境内一切敢于抵抗的国民党反动派，解放全国人民，保卫中国领土主权的独立和完整。

（二）奋勇前进，逮捕一切怙恶不悛的战争罪犯。不管他们逃往何处，均须缉拿归案，依法惩办。特别注意缉拿匪首蒋介石。

（三）向任何国民党地方政府和地方军事集团宣布国内和平协定的最后修正案。对于凡愿停止战争、用和平方法解决问题者，你们即可照此最后修正案的大意和他们签订地方性的协定。

（四）在人民解放军包围南京之后，如果南京李宗仁政府尚未逃散，并愿意在国内和平协定上签字，我们愿意再一次给该政府以签字的机会。

此后，人民解放军几百万大军，在中华大地上，向国民党反动派残余势力展开了一场大追剿的军事行动。

4月21日，李宗仁电令张治中及其代表团全体返回南京。但当天晚上，周恩来在告知解放军渡江成功消息的同时，提出了希望代表团继续留在北平为和平努力，这使张治中等再度对和平产生希望。

4月22日，林伯渠与章士钊谈话，说明中共方面并不因顺利渡江就放弃和平解决的努力，希望代表们仍留北平为和平进行工作。南京代表团即据此致电李宗仁，称：

本日午前林代表祖涵对士钊声言，共方谋和诚意不因解放军过江而有所改变。并深信此举能协助李代总统，使得排除反动派，贯彻已所默认之和平主张，极望李先生不为反动派所胁走，仍坐镇南京，当机立断，电知代表团在平签字，随即商讨各项技术问题，免致兵锋扩大，使人民遭受不必要的痛苦。言时语意甚为恳挚。

∧ 西安事变前，蒋介石抵西安时与张学良合影。

西安事变

1936年12月12日，张学良、杨虎城发动“兵谏”，扣留了蒋介石及其陈诚、卫立煌等高级军政人员。西安事变的发生在国内外引起了强烈反响。南京政府当局出现了强硬军事与和平谈判解决的两种截然对立的主张。中共中央确定了和平解决西安事变的基本方针，主张用和平方式解决西安事变引起的问题，反对新的内战；同时还主张用一切方式联合南京的左派，争取中派，反对亲日派，以推动南京政府走向抗日。23日，三方达成谈判，释放蒋介石，西安事变和平解决。

可以想象，在这个时候，在解放军已经挥师过江，南京政府已经近乎土崩瓦解的情况下，无论主观上还是客观上，李宗仁都再也没有资格主持与共产党的谈判了。

4月22日，蒋介石再度出山，收拾残局。他召集李宗仁、何应钦、白崇禧等人参加杭州会议。在会议上，国民党当局决定：政治上立即宣告和谈破裂，今后惟有继续作战，党内不许再倡和议。而军事上则由行政院长何应钦兼任国防部长，统一陆海空军的指挥权力，总统府和行政院则必须立即迁往广州。至此，李宗仁已再无权力可言了。

就在同一天，人民解放军兵临南京城下，李宗仁匆忙于次日凌晨撤离南京。23日，解放军占领南京，国民党更完全失去了和共产党人讨价还价的资本，和平谈判的可能性由此完全丧失。历时20天的北平和谈，至此宣告完全破裂。

和谈破裂后，张治中于4月22日向南京和中共方面表示，定在24日回南京“复命”。他天真地认为，代表团是为和谈而来的，和谈既已破裂，理应回去复命，特别是作为首席代表的他。

周恩来知道这一消息后，当天就到六国饭店去看张治中，情词恳挚地对张治中说：“代表团不管回到上海或者广州，国民党的特务是会不利于你们的。西安事变时，我们已经对不起一个姓张的朋友，今天再不能对不起你了。”

4月25日，周恩来面带喜色地来到张治中的住处，对他说：“文白兄，我们一起去接一个人吧！”

“什么人？我认识吗？”张治中好久都没有反应过来，问道。

“是你最熟悉的，到时你就知道了。”周恩来故作神秘地回答。

周恩来和张治中坐汽车直奔西郊机场。等了片刻，一架飞机徐徐降落在停机坪上。飞机上下来的，是几个中年妇女和孩子。张治中一看，又惊又喜，原来是自己的家眷一下飞机，几个孩子就扑到他的怀里哭了起来。张治中揉揉发红的眼睛，深情地对周恩来说：“恩来先生，你真会留客啊！”

原来，这架飞机是白崇禧派到北平来接南京政府和谈代表的。不但代表一个未接回去，反而把张治中的夫人和其他家属共9人一起送来北平。这是周恩来事先通知上海地下党组织秘密地将他们送上飞机的。

周恩来把张治中一家安排在北平饭店住下，并和毛泽东、邓颖超等一起常来看望，嘘寒问暖。一天，周恩来和毛泽东请张治中一家人吃饭，毛泽东对张治中说："在重庆，你对我们招待得那么好，现在我们条件很有限，只能让你们受点委屈了。"

张治中听到这亲切的话语，如暖流涌进心房，眼睛湿润了。

在北平和谈破裂后，在国民党政权土崩瓦解的局面下，毛泽东、周恩来等中共领袖，仍以大局、情义为重，以极大的热情关心爱护南京代表团的全体代表，使他们全部留在了人民的阵营内，为新中国服务。

邓颖超

河南光山人。土地革命战争时期，任中共中央组织部干事、中央直属总支部书记、中央局宣传部干事、中央局秘书长、中央机要科长等职。抗日战争时期，任八路军武汉办事处妇女组织员，中共中央长江局妇委委员，中共中央南方局委员、妇委书记，中共中央妇委书记等职。解放战争时期，任中共代表团团员、中央后方工作委员会委员，中共中央妇委代理书记。

中共一代伟人的这种坦荡胸怀，折服了天下豪杰，使得人民共和国的筹备工作更加顺利。

史称：4月20日，南京国民党政府拒绝在《国内和平协定》上签字。渡江战役按预定计划进行。

正当人民解放军准备渡江的前夕，停泊在镇江附近江面的英国4艘军舰公然炮击长江北岸的人民解放军渡江部队。人民解放军当即以炮火猛烈还击，击伤其旗舰"紫石英"号，后4艘军舰相继逃往上海。为此，人民解放军总部发表声明，严正申斥了帝国主义的这一侵略行径，并要求英、美、法等国在中国的一切武装力量迅速撤离中国的领海、领土、领空，表达了中国人民保卫主权的决心。事实证明，任何力量也阻挡不了人民解放军强渡长江！

①

②

③

④

❶ 我军在工厂区追歼敌人。
❷ 我军与敌人展开激战。
❸ 我军缴获的敌军野战炮。
❹ 向前线挺进的我骑兵部队。

李天佑

(时任第四野战军第13兵团第一副司令员)

正如毛主席所料，国民党反动派拒绝在《国内和平协定》上签字，他们玩弄的“和平”阴谋，赤裸裸地暴露在全国人民面前。

毛主席、朱总司令发布了向全国进军的命令。

遵照毛主席的命令，千军万马，从广阔的华北大平原上，开始了轰轰烈烈的南下进军，高喊着“将革命进行到底”、“打过长江去，解放全中国”的口号，向长江南岸，向祖国的海疆，向祖国的边境，开始了史无前例的大进军，去把残余的国民党反动派，坚决、彻底、干净、全部地歼灭掉。

——摘自：李天佑《毛主席命令我们下江南》

向守志

(时任第二野战军第15军44师师长兼政治委员)

我渡江大军压境，国民党军一面心惊胆战抢筑工事，一面口出狂言，给自己打气，说什么：

解放军没有军舰难以渡江，我们在江上倒上汽油，就能烧毁解放军渡江的船只。

其实，稍有常识的人都知道，长江是条流动的江，根本不能封江。

敌人还胡说什么，共军发动渡江战役，就会引起第三次世界大战。

党中央和毛主席坚持和谈成败与否我军都要渡江的方针不动摇……

——摘自：《向守志回忆录》

百万雄师过大江

∧ 我军渡江西集团第 15 军军长秦基伟（图右者），在江岸观察敌江防。

时间：1949 年 4 月 20 日，地点：北平、长江沿岸。
毛泽东、朱德发布《向全国进军的命令》。
周恩来嘱托："毛主席今晚不睡觉了，等待你们渡江成功的好消息。"
在总前委统一指挥下，解放军百万雄师强渡长江，并迅速突破长江国民党军防线，红旗插上"总统府"，人民当家做主的时代来临了。

1. 毛泽东、朱德发布《向全国进军的命令》

这是中国人民解放军历史上最神圣的时刻。绵延亘古的长江此时犹如一条巨蟒弯弯曲曲，横在渡江大军的脚下。

1949 年 4 月 20 日，蔚蓝色的天空飘着白云，和煦的阳光普照大地。我人民解放军第二、第三野战军 120 万渡江部队，已经集结于江边。东、中、西三个集团，密密匝匝分布在蜿蜒 1,000 公里的长江北岸。

碧蓝的天空，轻柔的白云，红日映着一江春水，好一个大晴天。

一切维持着表面的和平与宁静。

江堤上，大炮稳静地蹲在阵地上，炮口沉默着。炮手们在隐蔽部里，嘴上叼着嫩黄的油菜花，消磨这难耐的大战前的悠闲时光。大大小小的船只全都停泊在隐蔽场里，挤得水泄不通。船只披着伪装，一身青枝绿叶，俨然一片葱茏的灌木丛。

这是它们最后一个闲暇的白昼了。

夜幕落下了。百万雄师，千军万马，骤然从地下跃出。如大海初发的春潮，如天空中涌起的风云，在纵横上千里的土地上，奔涌着一片热浪腾腾的人海。

看不清到底有多少人，分不清到底有多少路纵队，只见所有的村庄、圩埂、大路、河堤、桥梁……尽是人，走不完的人，尽是队伍，不见头不见尾的队伍。漫山遍野，铺天盖地，源源不断，波澜壮阔。

在这江水一般的人流中，没有歌声，没有军号，没有呼喊，有的只是急促矫健的步伐，整齐严谨的秩序，沿着不同的道路，向着一个目标——长江江岸，衔枚疾进。他们肩上的枪械擦得水墨油亮，散发出一股浓烈的生发油气味。他们那稳健的步伐，压不住他们心底的激动，像夜色无法将 4 月的春光掩盖一样，从那嘴角、眉梢流露出来。连排长们，把手中的指挥旗当手杖拄着，强装个安闲自在的姿态走路，但是，那旗杆偏偏把他们的心思泄露出来，尽找那路边的野花和小树枝敲打。

走在队伍中的25军74师222团政委谢雪畴，恍惚觉得，大地在脚下微微抖动了，他不知道这是千万人矫健的脚步踏在地上引起的震动，还是自己身上血液奔流引起的错觉……他向往多年的长江，就在几里外了，这条流淌着不尽的神话、传奇、故事，引无数英雄竞折腰的浩瀚之水，有怎样的风采呢？

他听到前面两个战士的对话：

“哎，听说燕子过江嘴上衔根小棍，你知道为啥吗？”

V 我军中集团第24军副军长皮定钧，在当地百姓导引下了解长江对岸登陆点的地形。

“长江太宽呗。燕子一路要歇好几回，就衔着小棍凫在江面上。”

现在他们都成了过江的燕子。只是嘴上那根“小棍”经过半个多月的锤炼，变成了竹子，放在了胸中，“胸有成竹”了。

先于渡江大军行动的，是江北人民成千上万辆的独轮手推车，肩挑担。这些车上、担子里堆着军粮、弹药、麻袋、草包、绳索……一应前线将士要用的物资。从4月上旬起，江淮之间纵横数百里的乡村大路和田间小道上，便开始响起了独轮车的咿呀声，竹扁担的吱呀声。白天，赶海一般的独轮车在土路上卷起一团黄尘；入夜，车上千万盏小马灯，串连成一条闪闪烁烁的金黄色长线，像落在地上的一条银河。

渡江在即，这条流动的“银河”随着大军的前移向前延伸，一直“流”向长江。站在江边的秦基伟眼前一亮，看到一个推车的姑娘头上插了一簇红花，那红，红得像一束抖动的火苗。他太熟悉了，那是他故乡的花。

姑娘的身旁是个挎篮子的老大娘，年龄60岁上下，捣着两只裹过的“小脚”走得匆忙，那披散在耳边的白发使秦基伟的眼窝一下子潮湿了。他走上前去，拉住老人的手：“大娘，你的脚管不管？歇歇吧。”

“管哩，裹了四层裹脚布哩！”

这是一个让中国人铭记一生的时刻。

刘伯承从桐城指挥部给他的亲密搭档、战友邓小平打电话说：“邓政委啊，这里的父老乡亲们正为部队送行呢，敲锣打鼓，人像海潮一样噢！”

瑶岗，渡江战役总前委秘书陈麒章，正忙碌着下发文件，为这些文件的印刷、装订，他可是脱了三层皮。他手上忙的已经不是关于渡江的文件了：《华东局关于接管江南城市的指示》、《华东局关于江南新区农村工作的指示》……总前委书记邓小平指示，这些文件一定在渡江前发下去。

鉴于敌长江防线在芜湖段守军战斗力最为薄弱，淮海战役总前委决定由谭震林指挥的中突击集团先于东、西两突击集团一天渡江。中突击集团渡江成功，就可以将敌长江防线拦腰切断，策应东、西两路突击集团的强渡。同时，控制宁芜铁路，挥师东进，直捣南京。显然，中突击集团能否一举突破敌长江防线，对整个渡江战役的顺利进行具有举足轻重的影响。

20日黄昏，渡江战役进入倒计时。中突击集团的总指挥谭震林来到第7兵团司令部，见到兵团司令员王建安，直截了当地大声问：“王建安，一举渡江成功，你有没有把握？要是没有把握现在提出来还来得及。现在全军、全国人民和党中央、毛主席都看着你们呢！”

王建安瓮声答道：“你放心，谭政委，对岸那几个烂兵，不够我一锅烩的！”话虽这么说，王建安心里并不轻松。他最大的担心是江面今日无风。木船行驶，借助风力才会快速，速度就是时间和生命，有了速度就有了胜利。但是宽阔的江面上从早上起便风平浪静，刚刚露出新绿的树梢纹丝不动，村舍上空袅袅升起的炊烟拉得笔直，王建安心里很不踏实。但天黑之后，意想不到的事情发生了：就在总攻发起之前，一股强劲的东北风骤起，这股风来得突然，卷起团团尘雾，江面上顿时波涛滚滚。王建安高兴得大叫："真是天助我也！"风势越来越猛，排在江边望不到尽头的大小船只上下颠簸着。战士们欢呼雀跃，船工们喜上眉梢，念道："老天爷开眼，蒋介石的气数尽了！""共产党得天下，有真人相助！""共产党有福哇！"这一阵风，把军民们高昂的士气吹得像那涨满风的篷帆。

在4月20日这一历史性的日子，北平（北京）传来了周恩来的谆谆嘱托："你们

V 我军炮兵以猛烈炮火轰击对岸守敌，掩护大军渡江。

一定要胜利渡过长江，毛主席今晚不睡觉了，等待你们渡江成功的好消息。”晚8点，北平的毛泽东、朱德、周恩来、刘少奇、任弼时等人目光紧紧盯住自己手中的怀表。

秒针走动的声音就像历史的脚步，预示将带来一个崭新的时代！

最先发起攻击的是中突击集团。中突击集团第1梯队第24、第25、第27、第21军在强大炮火掩护下，冒着国民党军军舰和江防炮火的拦截，在100余公里的正面上，首先登船起渡，迅速攻占了鲫鱼洲等江心洲。接着，突破鲁港（芜湖西南）至铜陵段国民党军江防阵地，连续打退守军的多次反击，巩固了滩头阵地，尔后向纵深发展攻势，至21日，占领铜陵、繁昌、顺安等地。

19时30分，谭震林向中突击集团发出预备攻击的命令。

∧ 我军某部在三分钟内就全部登船完毕。

V 我军战船待命出发。

谭震林背着手站在指挥部的地图前，瘦小的身子挺得笔直，十几部电话机铃声此起彼伏，作战处长、科长、参谋不断地向他报告：

“25军芜湖——三山街段准备完毕！”

“27军荻港——姚沟段准备完毕！”

“21军铜陵段准备完毕！”

晚8点整，谭震林憋足一口气，对着话筒大喊：“开始！”

渡江战斗正式打响了。中突击集团共有20多个团强渡长江，在安徽省无为沿线一带实施中心突破。

中集团渡江的日期定在20日，比东、西集团提前一天。这个变故是聂凤智的27军引起的。17日他们得到先遣渡江大队和江南游击队的情报，近日在芜湖至枞阳段视察到汤恩伯突然将国民党主力第20军调到我中集团9兵团渡江的正面铜陵之繁昌段，直接封锁我军特别是27军荻港至姚沟的渡江点。18日开始，原驻防敌88军向东收缩，第20军由芜湖向西移动。是汤恩伯得知我军的登陆点？还是别的什么缘故？无论哪种情况，趁敌人换防立足未稳之机渡江，都是个难得的好机会。

这自然又是个极其大胆的构想。于是，军报兵团，兵团报中集团……一直报到中央军委。军委复电同意。当日，邓小平签发了总前委的电令：

整个战役从20日晚开始后一直打下去，能过江的就先过江，不必等齐。

长江北岸枞阳至裕溪口段，正义的炮弹齐发，大地震颤。密集的炮弹托着簇簇火光在暮色苍茫的天空划出无数道明亮的光弧，飞向南岸。火光映红了天空，咆哮的江水在炮火的照耀下犹如殷红的血液。顷刻间，南岸滩头火光闪闪，浓烟滚滚。在我军炮火猛烈轰击的同时，三野第7、9兵团第一线部队的战船起航了，真是桅樯如林，帆篷遮空，上万艘木船乘风破浪，直扑南岸。

谭震林从地图上移开目光，对作战处长说：“问一下第1梯队的几个突击团情况如何。”

中集团在渡江第1梯队就派出了4个军，即第7兵团第21、24军，第9兵团第25、27军。25军将任务交给了222团；27军选择了235团为先行渡江突击团。

能不能一举渡江成功？国民党军将采取何种行动？这是当时大

家最关心的问题。三野代司令员、代政治委员粟裕，密切注意战场的动向。他虽然在泰州的白马庙，远离中突击集团，听不到枪炮声，但他的思绪早已飞到前方。

这时，他正面对挂在墙上的作战地图，审视着，思考着。

“中线情况怎么样？”时间刚过20时30分，粟裕就查问中集团渡江情况。

作战室参谋无言以对。粟裕看看手表，觉得自己是太急了点。中集团今晚已经渡江，东、西集团明晚也要渡江，在这关系全局胜利的时刻，他怎能不全神贯注、极度关切呢？长江两岸炮声撼天动地，江水咆哮，各突击队的战船已经隐蔽地越过长江中流，迅速接近南岸，指战员们已做好战斗的准备。

又过了半个小时，冲在最前面的船只接近南岸，敌人发现后组织密集的火力拼命阻击，企图把突击队压制在水面上。突击队员们没有别的选择，嘶喊着边射击边迎着火力上，有的跳下水去，搂住船头，让战友们从身上踏过去，不少人中弹，船上的人落入水中，沉落江底……

先头部队终于登上南岸，经过短促激烈的战斗，粉碎了敌军的反抗，建立起滩头阵地。第27军占领了矶头山、大盖山等沿江阵地。第25军占领了岳山、羊头尖等沿江阵地。第24军占领了铜陵，随后与第21军会师人通，掩护后续部队继续向纵深发展，敌人已溃不成军。午夜，国民党的长江防线像一具断纲的渔网被撞破了。

江堤茂密的柳树林里，聂凤智举着高倍望远镜向对岸产望。他今天又穿上了那件有着7个黄澄澄铜纽扣的新军装，这个心气很傲的矮个子军长，选择了他的“家底子”235团作为第1梯队，足见他的决心。这个团在整个解放战争中打胶县、战周村、夺兖州，在济南战役中立了大功，被军委命名为“济南第一团”。这是27军的“主动脉”，是聂凤智的“心头肉”。

望远镜里遥远的江对岸黑黢黢一片。而那里的江防部署及敌88军的情况全在聂凤智的指掌之中。这个只有两个师编员的88军是个“杂烩”军，刘邓大军1947年挺进大别山的时候，最先撞到他们枪口上的就是这个88军，整整一个62师钻进刘伯承的“口袋”，全师覆灭于安徽六安的张家店，蒋介石恼怒之极撤了这个师的番号。淮海战役苦于兵力不够，又塞进去一个313师拉上前线。此时汤恩伯也许怕这个“杂烩”坏了江防整锅“汤”，急促促调来了个第20军。

聂凤智是惯于打硬仗的，那个88军做对手他还看不上，20军一来他的劲头也大大地调动起来，拿出了“家底子”打头阵。

敌人的飞机照例在低飞盘旋，它们从战士的头顶掠过，在掩藏体的身旁逗留。

大江中，暗绿色的军舰又在尖声长啸，江面被它犁破，击得浪花飞溅。

一切又归于平静。江面上锁着一层浓重的夜雾。

19点30分，离开渡时间还有半个小时。

聂凤智换下了酸麻的右手，又用左手举起望远镜。他先是“咦”了一声，再仔细看，江面上确实出现了一排小木船，船尾的小马灯忽明忽暗，疾速向着南岸驶去。“老萧！”聂凤智大喊一声，震得掩蔽部嗡嗡作响。“这是怎么回事！”

79师师长萧镜海接过望远镜一看，脸上的五官挪了位，抓起电话就找235团团长王景昆。

235团担任突击任务的是3连和7连。3连是一色的小木船，7连多是大木船，3连的小船往江里放方便，已经一字排开，全部在江面摆好，一班一只船，人人手拿权充“桨”的铁锨，个个像打足了气的皮球，各就各位，就等渡江的命令。

他们听说毛主席今晚不睡觉，等着他们团渡江成功的消息，那种亢奋急不可待，每一分钟都是无比的漫长。

开渡的信号就是看“头船”，这个头船就是营部的指挥船，只要这个船一动，全体出发。偏巧这个笨重的大船下江时放反了船头，又需掉头倒向。就在一瞬间，心提到嗓子眼儿的3连，有一个叫林二虎的战斗英雄看到“头船”在动，以为是开渡的信号，大叫一声：“起渡啦！”

双桨上紧了发条的一只只小船不待这一声呼喊落音，已经“嗖嗖”离开了江岸。3连一动，7连被刺激得一分钟也忍耐不住了，不待全连船只放好，连长就发出了起渡的命令。

岸上的1营营长董万华猛然见部队动了，以为是随连行动的团里的参谋下了命令，抓起电话给团里说道：“我们走了！”就跳上船。直到离开江岸两三里远，他左右前后一看，就他们一个营，心里一沉，发现不对头了。但这时也只能向前划了。

聂凤智浓眉一抖：“全团提前，马上追，不许丢了这个营！”

V 我军某部突击队正在登船。

∧ 我军某部在渡江途中。

萧镜海拿着话筒对235团团长王景昆吼道："全团出发，丢了1营我杀了你！"

整个前线被这个阴差阳错的行动弄得沸腾起来。各处指挥所一片埋怨声、催促声、发急声……总之，这支突击部队的提前起渡，牵动了所有突击的师、团。必须赶快跟上，不能让这支英雄部队陷进孤军苦战的险境，不能让这支部队独占了突破长江的光荣。

当235团起渡后，74师的222团也追了上去。

1营在营长的指挥下，奋力南划，这些日子水上的操练使他们如虎添翼，小木船在船老大和他们手上摆弄得就像昔日的胯下马，在汹涌的江浪里腾上伏下，向南岸奔突而去。

船借风势，很快过了江心，隐隐约约可以望见南岸敌军的工事。

突然一颗照明弹腾起半空，将江面上照得如同白昼，大大小小的船只一览无余。

接着大炮隆隆作响，炮弹散花一般喷溅而下。

由于整个战役行动的提前，北岸的炮火无法掌握延伸，面对着南岸的火力，船队中不时有船只中弹，人员落水。每一阵炮火呼啸过后，江涛间船板横飞，漂起一层残橹断桅。3连2班乘的是马胜洪的船，为了保护掌舵的马胜洪，一个大个儿战士像堵肉墙一样挡在他的前面。这个战士就是看花了眼，高喊"起渡"的林二虎。

船上这时只剩下6个人，有两个正在堵塞被打漏的船帮，船速明显缓慢下来。这时后舱盖一掀，出来个小姑娘。"三妹？！"马胜洪大惊。

开船前因为15岁的马三妹在船上，战士们都不上他们的船，嫌她小，不顶个人用反而多个累赘，影响速度。哥哥命她下了船，她终不甘心，趁战士们在船上忙乱的空当偷着又上了船，躲进了后舱的甲板下。这时战士牺牲，船速减慢，炮火炽烈，她再耐不住，从甲板下钻出，操起船桨就像风车似地猛划。

一颗颗炮弹在船周围爆炸，掀起数丈高的巨浪。和马家小船一并冲在前面的3只船，有一只被击中，沉了下去，另一只船上的船老大胆怯了。三妹一面划，一面喊："马大伯，别怕！后面都是咱们的大军，快朝前开！"

王景昆在235团的指挥船上指挥着全团船只疾进，与1营的船只距离越来越近。

他们的后面是25军74师的222团。庞大的船队黑压压乌沉沉撕破江雾，冲撞着激流，压向江南岸。

中集团实施总攻的时间到了。

无数只渡船在江面上展开，满江上下，尽是闪烁不定的小红灯。这种糊了一层红纸的小马灯挂在船尾，是水上的联络讯号。随着波涛起伏，小红灯撒满江面，呈现出旖旎绚丽的战争奇观。

江北岸掀起猛烈的炮火风暴。

极目望去，大江南北，到处是炮弹爆炸的火光在迸射、在闪跳。时而像春雷从云天间滚动，时而像地震海啸天地倒翻。大地在颤抖，江水在呼啸，热辣辣的气浪里，芦苇、江滩、水流变得猩红一片……

船到中流，浪大流急，船身剧烈地晃动起来。炮声在空旷辽阔的江面和天空回荡，像千万只巨大的洋铁桶，被上万人踢蹬得满天乱滚，发出空洞的噪音。

炮火在继续延伸，它的威力可延伸至江南岸纵深15公里地带。由于有皖南游击队、渡江先遣大队、保5旅提供的江防情报，炮弹发射点"有的放矢"，命中率极高，十几分钟后江南的大炮就哑声敛气，没有了动静。

1营接近江岸了。岸上几座被炮火削了顶的碉堡像半截烧煳的大树桩，疯了一般扫射报复，打得战士们抬不起头。营长董万华挥动着挂了彩的右臂指挥部队强行登陆，划在最前面的是3连5班，紧跟在后的是2班马家的船。第一船战士全部牺牲在滩头。第二船在“指挥船”的掩护下登上南岸，接着是第三船，第四船……

碉堡里的亡命徒们更加疯狂了，子弹打得像蝗虫一样飞舞，陆续靠岸的船像靶子般地遭受扫射轰炸。登上江岸的董万华立即组织火力掩护爆破手向碉堡靠近。爆破手刚迈出几步，一声巨响，被脚下的地雷炸飞了。

这时，一个小姑娘从董万华身后闪出，说：“这些碉堡都是我们修的，地雷埋在什么地方我清楚，跟我走。”说着腰一猫，朝碉堡方向跑去。

“火力掩护！”董万华喊了一声，回过头问，“这个小姑娘是谁？！”

“我妹妹，马三妹。”马胜洪答。

“给她记特等功！”董万华看了一眼身边的营副教导员宋玉明。“我如果牺牲了，你给她请功！”

马三妹带着两名爆破手拐来绕去，又蹦又跳，像“跳房子”一样灵巧地避着火力，绕过雷区，向碉堡跃进。接近碉堡时，一个爆破手中弹倒下，另一个在马三妹的指引下，从碉堡左侧靠近碉堡，随着一声巨响，一团黄烟，碉堡腾空而起。

在她的带领下，一连端了3个碉堡。

235团陆续登岸，在王景昆的指挥下向纵深跃进，很快冲上矶头山、大盖山的敌江防阵地。

这时27军军长聂凤智的指挥船已经到了江心。总前委规定，部队渡江时，过去一个营，师长过江，过去一个团，军长过江。

当235团在矶头山、大盖山与敌88军激战正酣时，聂凤智机警灵活的身子一跃，稳稳地站在了江南的土地上。

他回首望去，大江东流，万船争渡，浪淘淘，波粼粼，一派千古奇观！

长江，这条中国第一大河，亘古奔腾，大军难渡，1,000多年前的魏丞相曹操，率领83万人马，被阻长江北岸，船焚兵损，落荒而逃；80多年前的太平天国翼王石达开，带领将士转战数省，最终被困于长江上游，全军覆没。历史在这里上演了多少惊心动魄的话剧，留下了一代代英豪壮士深深的遗恨和无限的悲怆。今天，中国共产党领导下的人民解放军百万雄师过大江，不仅从此改变了长江天堑的历史，而且正在改变着整个中国的历史。聂凤智这个放牛娃出身的将军，感慨万千，当即口授了一份电报：

我们已胜利踏上江南的土地！

一道电波像雨像雾又像风。但更像壮丽无比的诗句，在万里长空传送……

4 月 21 日晨，中突击集团首先在贵池至芜湖间突破，将敌千里江防拦腰斩断。

21 日上午，捷报频传：

中集团已有 10 个师 28 个团到达南岸，已建立了东西 120 公里，纵深 20 多公里的滩头阵地。其先头部队继续猛打猛冲，猛追猛击，迅速占领铜陵、顺安等地沿江南岸重地。

汤恩伯见芜湖段江防被突破，急调第 4 军增援，妄想堵住缺口。刚到宣城，就与溃军迎头相撞，道路被塞，前进不得。溃兵的"恐共症"很快传染给援军，于是也调头东窜，逃往杭州。

22 日，中集团已大部过江，进展顺利。这时，无线电波传来了总前委的重要决定："从即日起，谭震林率 7、9 两兵团归粟裕指挥。"

22 日凌晨 1 时，中央军委发来贺电：

庆祝 7、9 两兵团渡江胜利。

瑶岗总前委指挥部整夜灯火通明。

前面两进的厢房里发报机"嘀、嘀、嗒、嗒"响个不停，中间的厅房里，邓小平手里攥着红蓝两支铅笔，不紧不慢地踱着步，部队每到一个位置，他都要在地图上划一个圈。秘书陶旭斌估算了一下，这一夜邓小平踱的步子加起来有 20 公里。

陈毅拿着话筒不松手，敞着嗓门吼叫。

房东王世鑫半夜起来小解，听到陈老总吼道："冲上去！一定拿下来……长江是我们的！"接着"叭！"的一声挂上了，又举起来。

第二天清晨，天井里一片笑声，出出进进的人很多。王世鑫经过天井，只见陈毅披着黄呢大衣，高兴地说："老王，昨天夜晚我们的人军打过长江咯！"

王世鑫说："那好，太好了。昨晚我还听到您不知对谁发怒呢，您这一怒，蒋匪兵就统统跪在长江沿儿上投降了。"

陈毅听了哈哈地笑着说："是咯，是咯！"

长江南岸的整个防线被撼动了。这一夜，中集团3个军10余万人渡过长江。国民党惨淡经营了数月的长江防线，一夜间被撕开了100公里长的大口子。

21日早晨，总前委呈报中央军委及所有参战部队，发出了第一份战报：

截至21日六时止，我已过江者，计有24军全部、27军全部（4个师），25军7个团，共28个团。24军3个团正渡三官庙至夹江口段夹口，迫近铜陵。其余各部，均向纵深挺进中。

2. 解放军百万雄师强渡长江

国民党军芜湖以西地段的长江防御被人民解放军突破后,汤恩伯于21日飞到芜湖亲自布置堵击,但已无济于事。国民党第20、88、55军等部早已放弃阵地，仓皇南逃。二线的99军开到宣城，见势不妙也掉头就跑。就在汤恩伯手忙脚乱的时候，我军东、西突击集团开始了更大规模的渡江行动。

4月上旬，汤恩伯的吉普车终日在江防线上疾驰。到了芜湖至铜陵段时，得知88军军长马师恭留下一纸辞书，不告而别。88军是顶替上个月投诚江北解放军的106军而调到这里的，不料又出了这种事，整个88军群龙无首，乱成了一窝蜂。无奈之下，汤恩伯只好将20军调了来。4月17日他又来视察，这个在整个江防线上算得上是"有令则行"的20军，竟在十多天的时间里还没完成调防交接。汤恩伯治军以严著称，然而值此艰难之时，江河日下，军心浮动，投诚、起义、倒戈日有发生，对于这样一个尚能指挥得动的部队，他不能要求太多。吞下一口气，次日驱车到了刘汝明的防区。

刘汝明的第8兵团全是一线横陈，没有纵深配置，没有后备应援，汤恩伯一看就明白这个"老兵痞子"打的是"开溜"的主意。汤恩伯没把刘汝明看错,刘汝明把汤恩伯的江防部署也看得清清楚楚。国军精锐悉数集中长江下游，蒋介石真心实意守的是上海。像他这样的杂牌军摆在长江中段，不过是以牺牲他的实力为代价，绊

势，将对渡江威胁最大的敌炮兵阵地、碉堡，十之八九予以摧毁。

渡江各部队在经过强大炮火准备后，相继登船起渡，万船齐发，以排山倒海之势，驶向敌岸。敌企图集中火力，并在海军、空军配合下，将我军消灭于江中，但因我军全线出击，使敌顾此失彼。

东突击集团在粟裕、张震的指挥下，于长江下游渡江，直接取南京，攻击汤恩伯的重点防御地带。

西集团总指挥刘伯承在部队渡江之时，在作战指挥室里度过了一个不眠之夜。他不停地下命令并及时了解部队进展情况，计算航速、航次和渡过的兵力。

二野部队在强大炮火的掩护下，以洋锹、钢盔划水，协助水手加速前进；船工负伤后，战士坚持掌舵、摇橹，前仆后继，以只有前进，没有后退，力争成为登陆第一船的坚强意志和英雄气概，直冲敌岸。敌虽企图组织顽抗，但终因士气低落，斗志颓丧，一触即溃。二野各部队密切协同，英勇作战，先头船只仅以15～30分钟即冲过长江天

V 在强大炮火掩护下，我军战船向长江对岸进发。

∧ 我军一部在长江南岸登陆。

险，很快抢占了敌滩头阵地和要点。接着，二野以一部横扫沿岸之敌，主力则向敌纵深挺进。后续部队亦及时登船起渡，对敌实施连续突击。

西集团的指挥部设在桐城中学，桐城地处大别山东麓，“抵天柱而枕龙眠，依大江而引纵川”，建制1,200余年以来，诗艺文苑群芳云集，学林宦海鸿儒荟萃。境内大龙山脉蜿蜒起伏，湖州河网纵横交错，为理想的屯兵之地。创办于1902年的桐城中学，一方巨匾上铸着4个斗大的铜字——勉成国器。刘伯承的指挥部就设在匾额右侧的图书馆。在这里刘伯承完成了渡江作战的构想。他以奇兵制胜，渡江部队登陆的地点大都选择在不便登陆的险要地带，以达出敌不意之目的。这种大胆的谋局以至于最能理解刘伯承意志的参谋长李达心里都捏了一把汗。

21日16时30分，所有作战命令下达完毕，作战室一下子静了下来，静得能听到煤气灯的“滋滋”声。刘伯承端起一碗茶水，拿起一本柳公权的字帖，一口一口地啜着，一字一字地品着。李达已经两天一夜没有合眼，一手握着醋瓶，一手拿着大葱，一口醋一口葱地喝着、吃着。这是山西人李达的“咖啡”，是他在长期作战的极度疲惫中发明的提神“灵丹”。煤气灯下，二野的副政委张际春在看作战处长姚继鸣作《阵中日记》。

电话铃骤然响起，第一位从江边打电话来的是南下时任11军参谋长的杨国宇，他那抑扬顿挫的四川调由于过分的激动听起来愈加生动活泼：“我们的大炮打过去喽！格老子激起的水柱子硬是有几十丈高哦！现在我们开始渡江喽！”

18时，李达向军委、总前委发出第一份前线报告：

二野于马（21日）17时全线开始渡江作战，刻渡南岸者3兵团两个团占领乌沙闸以西阵地；5兵团1个团占领黄石矶以南高地。余在续渡中。

当夜20时，发出第二份前线战告：我二野刻已知渡南岸者计3兵团七个团，5兵团两个团。

当晚24时，发出第三份前线报告：我3兵团刻已渡过四个师，预计明养（22）日拂晓11、12两军可全部渡完。5兵团之16军已渡过两个师。预计明养日拂晓前该军可渡完。4兵团情况待报。

二野4兵团15军军长秦基伟头顶着一个大斗笠，两腿泥水，站在华阳镇江堤上。天下着牛毛细雨，江面一片迷蒙，下午的炮击首发将江对面的灯塔摧毁，敌人的“眼睛”瞎了，月亮又被乌云遮蔽，数百只战船出华阳渡口入江，沿江堤一溜儿排开，如开弓之箭，只等一声命令。

美中不足的是这天没有风，十几丈高的桅杆上光秃秃的，风帆派不上用场。秦基伟好不甘心，将头上的斗笠一甩，扬起脸望着黑幽幽的天空。这一甩，江面上一阵水浪声，呼呼的东北风如约而至，将那雨地上的斗笠刮得陀螺一样旋转。

战士和船老大简直不敢相信，几秒钟的沉寂后，江堤、江面一片欢呼声：“风来了！风来了！”

“起渡！”

秦基伟一声令下，44师突击船队扯起风帆，百舸争流，刹那间白帆一片撒满江面，红灯闪闪星罗棋布，没有人声，没有炮鸣，只有扳舵、摇橹、划桨声，吱吱呀呀，哗哗啦啦响成一片。东北风鼓涨着白帆，不到一袋烟的工夫就变成了一个小白点，大江又回归寂静，但那黢黑而沉闷的空中，有一触即发的紧张。

秦基伟依然站在江堤上，雨随着风势越下越大，全然进入不了他的感觉。根据刘伯承“出敌不意”的宗旨，秦基伟把主攻突破点选在香山、香隅坂。这些地方礁石参差，岸崖陡峭，刘汝明断定解放军不会从这里上岸，将鹿砦、地雷、火力重点摆在了灯塔以东。秦基伟偏偏就利用了这一点，他的15军打过许多邪门仗，他们敢于干对手想也不敢想的事。但是，战争的事，愈奇也就愈险，他那颗心也提到了嗓子眼。

十几分钟后，44师师长向守志报告：“船到江心，一切顺利。”

不待秦基伟的一口长气吐出，一长串照明弹“倏！”地腾空而起，江上一派通明。接着江南岸爆起密集的枪声。

“炮火掩护！”秦基伟命令。

白色的帆船在枪、炮、风、浪中起伏颠簸，如雨如雹的炮弹，带着红绿火花掠空飞舞，水柱冲过船桅，队形错乱，有的开始偏离航向。

“对准目标，掌握方向，成败在此一举！”秦基伟遥控指挥44师。

“有进无退，争取第一船！”这是44师突击队在誓师大会上的口号，现在他们在履行自己的誓言。

“红3连”冲在前面的一只大船，指导员周福祺站在船头，扛着“打过长江去”的红旗，指挥着全连战士。突然船头一歪，他回头一看，老船工王彦先倒在血泊中，一条腿受了重伤。周福祺将红旗往衣领后一插，一把抓住船舵，同时命卫生员给王大爷包扎伤口。

骤然一道光闪，“咔嚓！”一声，船身向左一歪，船头的桅杆拦腰炸断。桅杆连同风帆，倒进浪涛汹涌的江中，另一头的绳索却还连在船上，周福祺一下子被掼倒，江水“呼”地从左舷涌进来。千钧一发之际，大个子战士张国正用他那铁杵一样的臂膀死死地把住舵。

“拿斧子，快砍绳索！”王大爷喊道。

4班长高玉生抡起斧子，“嘭！”地一声，船身猛烈向右一闪，摇晃了几下，平稳了。

战士们挥起船桨、铁锨、木板儿，奋力前进。

躺在船尾的王大爷朝战士们喊：“大军同志，再加把劲，就要靠岸了！

张国正将上衣扒了个精光，赤膊干了。

南岸在即，红土岗上的树木恍惚可见。忽然一道刺眼的亮光，红土岗上轰然冒起一股一股的火舌，敌人开始用火焰喷射器封锁滩头。火油随着碰撞翻滚的波涛，燃起一尺多高黑红色的火焰。几分钟的工夫，方圆50米的江面上变得一片通红，堵住了登岸的去路。

> 向守志，1955 年被授予少将军衔。

向守志

四川宣汉人。土地革命时期，任红 9 军第 76 团副排长。抗日战争时期，任八路军 129 师 386 旅 771 团副连长、连长、营长、副团长，太行军区第 10 团团长。解放战争时期，任太行军区第 1 支队副支队长，晋冀鲁豫野战军第 6 纵队 18 旅副旅长，太行军区第 2 旅旅长，晋冀鲁豫、中原野战军第 9 纵队 26 旅旅长，第二野战军 15 军 44 师师长。

火焰喷射器

喷射火焰射流的近距离火攻武器，主要用于攻击火力点，消灭防御工事内的有生力量，杀伤和阻击冲击的集群步兵。其喷出的燃烧油料形成猛烈的火焰射流，能杀伤隐蔽处目标。由于燃烧要消耗大量的氧气和产生毒烟气，令人窒息，因此它具有其他直射武器所没有的独特作用。它的种类有便携式和车载式两种主要类型：便携式最大射程 40～80 米，车载式最大射程 200 米左右 。

"轻重机枪、特等射手，打火焰喷射器！" 周福祺下了命令。

全连开始向红土岗射击。这时江北岸的炮弹掠空而过，击中了红土岗。后续部队陆续赶了上来，一齐用火力压向正面敌人的阻击，敌人的势头减弱了。

"4 班，准备登陆！ 6 班，准备好手榴弹，配合火力队掩护！"

周福祺下过命令，正要带领火力队登陆，忽然有人一头栽倒在他身上。他急忙抱住一看，是张国正，鲜血从他左右两臂向下流淌，赤裸的前胸、腹部血肉模糊。

“……指导员，我……我完成任务了吗？”

周福祺理解这句话的全部含义。渡江前夕，张国正向支部交了入党申请书，希望在战斗中接受考验，希望完成任务后一旦牺牲，能被追认为共产党员。

“好同志……”周福祺哽咽了。“你完成任务了，放心吧！”

张国正的嘴唇嚅动了一下，闭上了眼。

情况不容周福祺有片刻迟缓，他将红旗一挥，咬着牙，腮帮子上的肌肉一棱一棱的，大步冲上江岸。

一场激烈的交锋后，敌人的气焰渐渐败落。此处原是刘汝明设防最薄弱之处，由于渡江大军来得过于突然，上下乱套，线路被炮弹炸断，无法沟通，一时没接到“巧”字命令。尽管前沿损失惨重，防守战打得还很顽强，几乎将各种杀伤火力一股脑儿泼向江心。

刘汝明一听损失惨重，打得顽强非但不嘉许，反而大发雷霆，骂声不绝，并向他的8兵团连下三道命令：第一道命令关闭电台，切断与京沪杭警备总司令部、南京各总部以及友邻部队的联系，便于自行活动；第二道命令施行“巧”宇，即立即后撤，放弃阵地；第三道命令兵团部直属分队以最快速度向浙赣线撤退。

参谋长刘杰要求稍候片刻，调一个师与兵团部同行，刘汝明一拍桌子：“忘了刘伯承那个战术原则了？现在不患兵单而是患兵不快，快就是胜利，慢了就做俘虏！快撤！

刘汝明的8兵团撤出不到一半，解放军的1梯队、2梯队已经冲上江岸，控制了要点、要道，将国民党8兵团的一线部队“包了饺子”。

此情此景国民党的所谓《戡乱简史》有真实的记载：“满江尽为匪船，首尾相接，络绎不绝”，“匪船过多，我顾此失彼……乃被迫撤向芜湖下游”。该笔吏哀叹解放军的气势“几有所向无敌之概”。

至当晚21时止，二野已渡过16个团，控制了长江南岸宽100余公里、纵深10公里左右的登陆场。又经22日、23日的战斗，占领了青阳、高坦、至德一线和马当要塞，并歼灭了沿江守敌一部。安庆守敌也弃城南逃，被歼于吴田镇地区。

至此，第二野战军成功地突破长江防线，从战略上切断了京沪杭警备总司令部汤恩伯与华中白崇禧两大集团的联系。而第二野战军由于战略战术的得当，第一批渡江的3、5兵团的6个团，伤亡还不到10人。

3. 长江国民党军防线突破

战役发起前，中央军委和总前委为确保渡江成功，曾经下达干部要靠前指挥的命令，规定战斗部队过江一个营，师长就要过江，过江一个团，军长就要过江。遵照这一指示，第 27 军军长聂凤智、第 24 军军长王必成、第 25 军军长成钧、第 21 军军长滕海清都随突击队一道过江。

许多年过去了，当年登上南岸的情景在许多老将军眼前仍清晰可见。聂凤智生前回忆道：那天夜里，风扫薄云，现出一轮明月，照耀着江面和更远一些的山峦。如果不是因为战争，面前的景象也许会使人感觉置身在一幅油画中。回首江面，他看到不远处数不清的船只争相在激流中勇渡，帆影重叠，火光闪闪……这是一幅十分壮观的景象，当中也饱含着诗情画意。

> 王必成，1955 年被授予中将军衔。

王必成

湖北麻城人。土地革命战争时期，任红30军第88师263团营政治委员，第89师265团副团长，267团团长，副师长等职。抗日战争时期，任新四军苏北指挥部第2纵队司令员，第1师2旅旅长，第16旅旅长，苏浙军区第1纵队司令员等职。解放战争时期，任华中野战军第6纵队司令员，华东野战军第6纵队司令员，第三野战军第24军军长，第7兵团副司令员等职。

聂凤智紧皱的眉头放松了。雄师飞渡的场景激荡着他的心胸，他抑制不住内心的激动，脱口而出一份电文：

我们已胜利踏上江南的土地！

只有 12 个字。这是聂凤智将军有生以来拍得最短的一封电报，也是最富有诗意的一份电报。

21日凌晨，值班参谋向粟裕代司令员报告说：“聂军长来电报了。”

粟裕一听急忙说：“快念！”

值班参谋念了两遍，说：“就这么一句。”

“这么简单。”粟裕有点遗憾。他从值班参谋手里拿过电报，仔仔细细地看了一遍，心里猛地一喜。第27军是中集团的主力军之一，聂凤智既然“已胜利踏上江南的土地”，这说明这个军在江南已经站稳脚，敌人的江防已被突破。

这份短短的电报，预示着一个崭新的开始。

∨ 汽车满载弹药随我军部队渡过长江。

4月21日，长江江阴至扬中段。

东突击集团面对的是国民党的精锐部队，江阴至扬中段为汤恩伯的重防之地，忧患之地，倘若此段防线被突破，他保卫大上海的计划将付诸东流。因此他将精锐54、28和第4军沿南京以东配置，防守江阴要塞的是21军，一色美械装备的精锐之精锐。

第三野战军副司令粟裕深深的眼窝里蓄着冷静与智慧，他一面将他的两个兵团8个军25万人马一一布好阵势，一面拨动了他自1947年以来安插在敌垒里的“策反”轮子，双管齐下。当国民党21军军部得到江防前沿部队“共军开始渡江”的报告时，粟裕的突击队已经登上他们的江防阵地。粟裕一览群山的战略预见与卓尔不群的军事才华，再次奠定了他在中国革命长河中独特的地位。

由于“策反”的成功，江阴要塞7,000余官兵就地起义，掉转了炮口，接应渡江部队行动。第三野战军29军源源不断从江阴这个突破口登陆，这使得东集团的渡江作战得以神速地长驱直入。次日晨，东集团军随着一轮红日的冉冉上升，不断地扩大战果，击溃了国民党三个江防军，江阴至扬中段长江防御彻底瘫痪。

中集团突破江防时，粟裕得知守敌抵抗甚微的情况之后，心情十分振奋，一遍又一遍地审阅中集团的战况报告，一遍又一遍地仔细查看作战地图，思考着如何创造战机，迅速达成更大的胜利。战场上的敌我态势和战役进展情况，一一显现在粟裕的眼前。只要攻占了江阴，就可实现总前委在《京沪杭战役实施纲要》中判断的第五种情况，即敌人完全混乱。

江阴，东倚上海，西近南京，南靠沪宁铁路。占领了江阴及其附近的常州、无锡，就可将汤恩伯集团拦腰切成两块，使其首尾不能相顾，就将沪宁大动脉截断。

江阴，是连接芜湖的“弓弦”东端。占领了江阴，中集团、东集团就可分别从“弓弦”两端沿捷径对进，堵住驻守在“弓背”上的南京、镇江、芜湖之敌南逃之路。

江阴要塞是江防门户，占领了江阴，就从江南、江北封锁了长江，上游敌舰无法东逃，下游敌舰无法西援。江阴是敌人江防的重点、放心的地段，攻占了江阴，必将使敌震撼，从精神上崩溃。

那么，攻占江阴，使东线敌人迅速、全线崩溃后，究竟在何地、采取什么方式聚歼敌人呢？

粟裕认为最好是将敌人逼到宜兴、郎溪、广德、长兴之间的地区，在野战中将其歼灭。从地图上测算，南京到长兴、广德约140公里，敌军撤逃约4～5天就可到达。东集团从江边直插太湖西侧，到达宜兴约80公里，如果攻击顺利，需用2～3天时间；中集团从渡江地域到广德、长兴，约180～220公里，进展顺利，也得5～6天时间才能到达。从需要时间来说，敌我双方差不多。谁能争取时间，抢先到达宜兴、长兴、广德，谁就赢得了主动。如果敌人先到达，就逃出了合围圈。如果我军先到达，敌人就将成为瓮中之鳖。

要把握这一稍纵即逝的战机，除了部队迅速猛进之外，还必须在渡江的同时，在敌人还没有撤退之前，就提前预作追歼逃敌的准备。

粟裕感到有必要向总前委和中央军委提出这个建议。他立即找来参谋长张震，讲述自己的想法，张震当即表示拥护。

于是，以粟、张名义，给总前委和军委发了电报。

粟裕尽管深信自己的判断，但在未实现之前，还是有点放心不下。他深深地感到，敌人会不会迅速全线崩溃，就看10兵团能否一举胜利突破江阴地段，插向敌人纵深。这是关键的关键。他一再向东集团主将、第10兵团司令员叶飞阐明这个要害，一再叮咛叶飞：要随第一线梯队渡江，直接掌握战场情况，实施强有力的直接指挥。

东突击集团面对的江防是国民党整个江防上最强大的，特别是浦口到江阴一段，不但有闻名的江阴要塞，林遵统率的海防第2舰队也全部集中在这里，这是蒋介石看家的最后两件法宝和“王牌”。江岸守备兵力众多，是按江北、江中、江南三线配置，也就是江北设桥头阵地，江心洲筑据点，南岸有沿江守备部队，还有强大的纵深配备。

国民党吹嘘这段江防是钢铁防线，要突破如此坚固的防线，确非易事。

叶飞将突破口选在江阴，原因很简单，这里是长江下游江面最窄的地段，只有1,500米宽。往东，江面豁然开阔，木船漂泊一夜也难抵达对岸建立滩头阵地。往西，离南京太近，敌江防兵力较强，特别是有敌第2舰队陈兵该段江面。

江阴为京沪锁钥，素有“江防门户”之称，历来为重兵防守之要地，蒋介石对这里也极为重视。到1949年春，江阴要塞兵力达7,000人，设有总炮台1座，大炮台3座，游动炮团1个，有远程

∧ 粟裕在渡江战役指挥所。

∧ 渡江战役中，在前线指挥作战的粟裕。

要塞炮70门，加农榴弹炮36门。纵观江阴要塞，山顶有炮群，山腰有堑壕，山脚有地堡群，港口有木桩铁丝网，江面有舰只，形成一个完整的防御体系，可谓江上雄关。难怪国民党国防部吹嘘说："江阴防线是立体防线，共军插翅也难以过江。"

但是，国民党的将军们和美军顾问团只看见了江阴要塞完备的防御体系和强大的武器装备，却看不见国民党的军心士气，他们做梦也没有料到在渡江战役前夕，要塞的实际控制权早已落入共产党手中，要塞成为埋在国民党千里江防上的一颗定时炸弹。3月，华中工委及时把江阴要塞的地下组织关系转交给了第10兵团。兵团司令员叶飞和政委韦国清把华东局社会部情报科长王征明接到兵团部，亲自听取汇报。

王征明是粟裕点的将，主持要塞的起义工作，在济南战役时，他

< 我军炮兵装备的加农榴弹炮。

加农榴弹炮

简称"加榴炮"，兼有加农炮和榴弹炮弹道特性的火炮。主要用于射击较远距离目标和破坏较坚固的工程设施。由炮身部和炮架部等组成。其特点：可平行和曲射；比加农炮炮身短，弹丸初速范围广，炮身射角大，弹丸落角大；比榴弹炮炮身长，射程远，用最大号装药和小射角射击时，具有加农炮的性能；用小号装药和大射角射击时，具有榴弹炮的性能。按其运动方式可分为牵引式、自动式和自行式三种。

曾成功地策划吴化文部的起义，是一位秘密战线的无名英雄。

叶飞听完情况汇报，指示王征明说："你和江阴要塞党支部的基本任务是：保持30公里防区，控制3～4个港口，不打枪，不放炮，迎接我军登陆。"

韦国清说："完成这项任务就是渡江的第一功，其他事情我们办。在方法上，注意要他们掌握几个连长、排长，利用他们的关系掌握一些关键士兵。口号可以提得灰色些，可以这么说：要打一起打，要逃一起逃，要当俘虏大家一起当。不要因为胜利在望，麻痹大意，暴露自己，以致前功尽弃。"

叶飞补充说："通知要塞地下党的同志，兵团党委决定起义工作由你负责。"

4月20日，国民党已获得情报，解放军即将渡江。戴戎光接到第一绥区司令丁治磐"立即准备作战"的命令后，从江阴城住进要塞，坐镇黄山炮台总台指挥所，命令

∨ 1949年4月23日，国民党海防第2舰队司令林遵（前排中）率部起义。

各部做好战斗准备。我军的总攻开始了，首先要拔除江阴对岸的桥头堡八圩港阵地。八圩港守军是敌第21军第145师，战斗打响后，师参谋长立即要求要塞给予炮火支援，戴戎光下令开炮。唐秉琳不慌不忙，命令黄山炮台全部火力减缩400米火力实施射击。随着一声令下，炮台在一阵轰鸣中震颤起来。炮弹呼啸着飞向对岸，顷刻间，八圩港一片火光冲天，鬼哭狼嚎。第145师师长在对讲机里破口大骂："妈的，你们的炮弹全落在老子头上了，唐秉琳，你的炮是怎么打的？"

汤恩伯得到上述情况报告，大为吃惊。深知要塞若有闪失，整个江防将不攻自破，便急忙给戴戎光打电话，声色俱厉地要戴立即追查。唐秉琳振振有词："夜间观察困难，射击不准确。"戴戎光一向视唐秉琳为亲信，况且战斗已经打响，怎么查究？戴戎光把此事撂到了一边，专心对付解放军渡江。

21日19时30分，在我中集团突破长江天险之后，东集团和西集团同时发起渡江。20时，八圩港的江面上夜色沉沉，几艘木船神不知鬼不觉踏浪而来，在江阴城外山北麓悄然靠岸。与此同时，在长山东侧的肖山江岸，也有几艘木船靠岸，这是叶飞兵团的第23、28、29军派出的先头部队。

就在先头部队在南岸得手之时，北岸发起了总攻击。戴戎光急令唐秉琳开炮，封锁对岸的新港。

唐秉琳得到开炮的命令，但解放军先头部队还未占领黄山总炮台，为了不过早地暴露，他便命令立即执行"佯动射击计划"，同时命令通信连长李容有和王刚剪断江阴要塞与外界联系的电话线，命令沿江步、炮部队立即撤出阵地，一律佩戴识别标记向黄山营房集中。

炮台的大炮开始射击了，一发发未装引信的炮弹漫无目标地发射出击。戴戎光坐在总指挥所，听着一声声没有回音的炮声，立即觉得事情不妙。"妈的，这打的是什么炮，纯粹是在给共军放礼炮！"他抓起电话，不通；大声叫卫士，没有人回应，顿时头脑嗡的一声响，感到情况不妙。

当唐秉琳提着枪冲进指挥所时，戴戎光似乎明白了，又似乎不明白，目光盯着他曾经那么信赖的部属唐秉琳怔怔地问："这是怎么回事？"

我地下党员、政治交通员吴铭宣布："我是共产党的代表，江阴要塞全体官兵已经宣布战场起义，现在要你缴械投降。"戴戎光像一堆烂泥瘫倒在了地上。

我军战史称：东集团发起渡江作战后，22日2时许，要塞地下党组织逮捕了要塞司令戴戎光。这时，为阻止解放军南渡，驻江阴对岸八圩港的国民党第21军第145师要求要塞炮兵对正在渡江的解放军实施炮击。但在总台长唐秉琳、游动炮团团长王德容的指挥下，要塞官兵调转炮口，向第145师阵地急射，八圩港顿时乱作一团，守军被打得鬼哭狼嚎。凌晨，第29军军长胡炳云、政委张藩率先头部队进入江阴炮台。唐

∧ 我军渡船上的勇士们冒着敌军炮火奋勇前进。

秉琳把要塞7,000余名官兵集合射击场，向29军宣布起义。江阴要塞起义，有力配合了解放军的渡江作战。

得知江阴要塞起义，汤恩伯又气又急，这可是阻击“共军”渡江的一张“王牌”呀！然而，令汤恩伯更加气急败坏的事还在后头呢。在江阴要塞宣布起义不久，汤恩伯的另一张“王牌”——海防第2舰队也掉转了枪口。

林遵率海防第2舰队起义，有力地配合了人民解放军的渡江作战。毛泽东称之为“南京江面上的壮举”。

北岸，在强大的炮火掩护下，我军迅速登舟起航，船如云、人如潮，似万箭齐发，势不可挡。

渡江进展比预想的顺利。但是时隔不久，有关前方进展情况的报告越来越少。粟裕一再催促要尽快与叶飞取得联系。但4个小时过去，仍没有沟通联络。叶飞下落不明，前方战况也不明。在这关键时刻、关键地段，与关键人物联系不上，粟裕焦急地在屋子里走来走去。报务员也忙得满头大汗，多方查询，就是得不到回答。22日，晨曦微露，粟裕才接到叶飞发来的报告：

∧ 我军突击队员跃出船头登陆的瞬间。

第23、28、29军全部和第31军一部已胜利南渡，打垮了当面之敌，并继续向纵深迅猛发展。

原来，叶飞因注意力集中在指挥渡江和登陆作战行动上，以至在登上指挥船时，竟忘了带上电台和报务员，直到踏上长江南岸时，才发现电台没有跟上来。

在第28、第29军随叶飞司令员从张黄港至龙稍港强渡长江，占领江阴、高港的同时，第10兵团已有3个军9个师29个团过江。一踏上江南大地，疾速向南，追歼逃敌。

第28军的右翼是第23军，该军在夺取乌淤港一战中，战情激烈，代价昂贵。

乌淤港位于申港的天生港和桃花港之间，是一个地势极其险要的港口。天生港和桃花港的江边沿线河床较浅，敌判定这必是我军登陆理想的突破口，派有重兵把守。而位于两者之间的乌淤港，则是水深流急地段，附近的黑航标处，更是旋涡丛生，经常翻船的地方，被人称为"天险中的天险"。23军军长陶勇是个不信邪的人，"我倒要闯闯这个鬼门关！"陶勇认为，乌淤港地势险要，故守敌警戒容易麻痹。乌淤港正面有一块硬坡地，故便于战士冲击。陶勇的决策深谋远虑，出奇制胜。

∧ 我军在渡江后追击逃窜之敌。

21日晚，我23军在东集团统一部署下开始行动。两颗红色信号弹升上天空，大炮紧接着发出怒吼，炮弹像无数条火龙，呼啸着飞向敌阵地。与此同时，各突击队船只一齐出动，乘风破浪杀向江南。

船过中流，敌人发现我渡江大军，大炮和各种轻重武器一齐向我突击队轰击、扫射，我侦察组迅速捕捉目标，我军炮火暴风雨般倾泻在敌人阵地上……离南岸只有600米了！敌人的照明弹把乌淤港照得如同白昼。大炮和各种武器又疯狂向暴露无遗的突击船只射击，密集的子弹将有的船壁打穿，江水直往船里冒，我炮火又一次将敌人火力压下去。

离南岸只有300米了！港上碉堡里的敌人继续负隅顽抗，集中火力向我船队射击。有的战船被敌炮弹炸翻，有的战船被炸坏下沉。许多战士跳入水中，抱着用竹筒做的救生圈泅渡。没有损伤的船冒着敌人的弹雨飞进。乌淤港正面的硬坡滩渐渐露出了水面。指战员们纷纷跳下水去，如同猛虎下山，乌淤港守敌顿时分崩离析，一部逃跑，大部被歼灭。突破江防后，23军占领王坍港，桃花港、天生港，与左右邻部队一同向敌纵深发展。

战史称，如果说中、西两集团渡江还算顺利，那么东集团渡江则遇到了麻烦。

第20军为第8兵团渡江的第1梯队。该军以第58、59师担任突击任务，以第60师为预备队。然而，正当部队准备于21日晚20时发起渡江时，19时天气突变，东北风大起。大风使58师的船只为逆浪所阻，在三江营夹江内无法起航。正在集结的第59师第177团的船只，也因风势过猛，大部被吹散。其中2营、3营的船只与师团失去联系，于22时30分飘过江。在德胜港和铁皮港附近登陆后，遭到国民党军的猛烈反击。在与师团失去联系的情况下，2营和3营勇敢顽强，沉着应战。5连指导员周文江一面指挥部队固守滩头阵地，一面亲自向守军的地堡投放炸药包。全连在他的带领下，打垮守军1个营的反击，巩固了滩头阵地，并向道士庙发起进攻。22日凌晨，第59师全部登陆扬中。战后，周文江被评为“一级战斗英雄。”

第58师的船只因风大，始终出不了港，派1个营的部队拖，才拖出10只小船。为加强营第1梯队的突击力量，第20军于22日零时决定改变部署，令预备队第60师随59师渡江。就这样，至天亮第60师渡过1个团又两个营。

第20军渡江之后，第26、34、35军相继过江。第34、35军由仪征、扬州攻占瓜洲、浦口。

26军76师226团3营，军授予“渡江第一功”称号。渡江前，全营展开了紧张的渡江作战训练，革新创造了土轮船。渡江开始后，他们冒着敌人的炮火，乘土轮船直冲长江南岸，8连9班、9连1班仅用20分钟就突破了长江天堑，荣获“渡江第一”船称号。

76师227团2营，军授予“强渡长江突击营”称号。在渡江战役中，该营担任突击营，战斗发起后，全营乘小木船，冒着敌人炮火，以48分钟的时间横渡长江，抢占了对岸滩头阵地，粉碎了敌江岸防御，为我后续部队渡江创造了条件。

至此，二、三野战军顺利完成了突破长江防线的任务。

我军东、西两集团一渡江，敌全线告急，上下惊慌。蒋介石气急败坏，声嘶力竭地叫喊：“给我狠狠地打！绝不让共军渡过江来！”但是告急的电话、失利的电话一个接一个打来，蒋介石最不愿听到的消息又传来了：“江阴要塞失守了，要塞司令戴戎光被共军俘虏了！海防第2舰队司令林遵也带着25艘舰艇投靠了共军！”

蒋介石听到以上两个消息，如晴天霹雳，立即瘫倒在地，连吐了两口鲜血，再也说不出话来了，后来经过医生的抢救，才慢慢地恢复了过来。蒋介石从床上一爬起来，便让儿子蒋经国给南京打电话，通知军政要员速到杭州机场开会。

4. 红旗插上“总统府”

在渡江大军强大的攻势下，守防蒋军溃乱不堪，汤恩伯一看江防军大有被解放军沿江分割围歼的危险，立即于4月22日下午下令总退却。芜湖以西的部队向浙赣铁路沿线撤退，芜湖以东、常州以西的部队向杭州方向撤退，常州以东的部队向上海方向撤退，他要以两路撤回的部队组成新的防线，固守上海。

人民解放军除组织第2梯队军继续渡江外，主力向国民党军防御纵深发展攻势。23日，东突击集团主力相继解放丹阳、常州、无锡等城，切断了宁沪铁路，由于国民党海军海防第2舰队司令林遵率舰艇25艘在南京以东江面和另一部舰艇23艘在镇江江面

V 起义后的原国民党第2舰队“永绥号”军舰行驶在长江江面上。

起义。第34军顺利进占镇江，第35军于23日晚进占国民党政府所在地南京。中突击集团一部占领芜湖，主力渡过青弋江，并在湾沚地区歼国民党军第20军大部和第99军一部。西突击集团占领贵池、青阳等地，歼国民党军第8兵团一部。

四野先遣兵团及中原军区部队，解放了浠水、黄梅、荆门、汉川等地，有力地牵制了白崇禧集团，保障了二野的侧翼安全。至此，敌一直作为屏障，借以苟延残喘的长江防线完全崩溃。国民党政府留在南京的一部分机构仓皇迁移广州。南京及其以东守敌纷纷沿京杭、京沪路向杭州、上海方向撤退，企图"以海、空军全力确保淞沪"。二野当面之敌刘汝明部，则纷纷向浮梁、祁门、石埭方向溃逃，妄图在皖浙边山区顽抗，迟滞我军，以掩护其主力在浙赣线上构成新防线。

敌人全线溃退，粟裕紧紧抓住这一大好战机，迅速将指挥重心转移到追歼逃敌上来。

22日至24日，粟裕和张震联名发出多道命令，严令"各部应分别迅速猛进、阻击、截击与尾追，歼灭敌人"。命令的中心点就是一个"快"字：快追，快堵，快截，快歼。

在粟裕、张震指挥下，三野各追击部队高度发扬连续作战的优良作风，不怕牺牲，不怕疲劳，不为小敌所抑留，日夜兼程，猛追猛打，迅速扩大战果。

22日后的江防线上，接到命令的江防军和没有接到命令的江防军，全部夺路而逃，状若惊兔，一时间江南大小公路、土路上黄土飞扬，遮天蔽日……

桐城的刘伯承，手上的放大镜又套住了浙赣铁路和徽杭公路。

他分析：敌人成建制地向南撤退，有可能想利用钱塘江、沪杭路和浙赣路，以皖浙边山区为依托，构成新的防线。目前京沪铁路、京杭公路已被第三野战军切断，浙赣铁路和徽杭公路成了敌军退却的惟一通道。

他喝了口水，背手转了半个圈，突然止步，对参谋长李达说："我们要立即改变原来的作战方向。"

李达随刘伯承走近地图，刘伯承继续道："我们的主力不再与三野交叉运动去南京地区，而以全力直出浙赣线之贵溪、上饶、衢州，直至义乌一线，这样，既可截断浙赣线，断敌退路，又可斩断蒋、桂

∧ 1949 年，宣布“下野”后的蒋介石仍在幕后操纵着国民党的党政军大权。

之联系，以全力迂回于蒋军的倒背，给其以狠狠打击，扩大我预定的京沪杭会战范围。”

李达说：“好。我马上报总前委。”

当日总前委批准了这一方略。

同一天，第二野战军下达了《关于全力截断浙赣线、杭徽线给各兵团的指示》，要求三兵团进击徽州地区之敌；4 兵团进击上饶地区之敌；5 兵团进击衢州之敌。

并要求“各部队应加强行军速度，增大里程，以免迟延丧失战机”。

各兵团闻令而动，人不停步，马不卸鞍，日行60公里，向南挺进，开始了中国解放战争史上的大追击。

4月21日，南京国民党立法院贴出紧急布告，要留在南京的225名立法委员立即乘飞机离开南京，明故宫机场准备好了10架运输机。

春风荡漾，南京的梧桐树依然婆娑弄姿，然而人们已无暇观赏。随春风而来的隆隆炮声，给这座京城笼罩了恐慌和惊惧。京沪铁路已经中断，逃难的人群洪水一般涌向京杭公路。

总统府内，李宗仁正在召集紧急会议，在座的何应钦、顾祝同缄口不语，李宗仁拉着脸，高高的颧骨悲壮地耸立着，五个手指下意识地敲着桌子。

白崇禧不愧为桂系砥柱，此时他的脸色依旧明朗，雄心不减，对坚守武汉和西南半壁，未因我军的渡江而信心丧失。他先开口道："放弃京沪，德公，只有放弃京沪才有出路。倘若汤恩伯放弃京沪，将主力移至浙赣和南浔线，与我华中40万军队互为犄角，固守湘赣，便可阻止共军窜入大西南。"

李宗仁看了看何应钦、顾祝同。他是同意白崇禧这个"互为犄角"的挽颓之策的，但是，固守上海是蒋介石的谋局，他能同意放弃上海吗？他既然不让桂系拥有江南半壁江山，又岂能让西南为桂系所有？积几十年与蒋介石共事之体验，对其生性之狭隘阴险，李宗仁常常感叹不已。

何应钦开口道："眼下也只有此可行之举了。"

顾祝同点头："是的，别无选择！

李宗仁说："我看健生说得很有道理，只是汤恩伯那里……"

他这个"代总统"当得实在是窝囊透顶了。就在第二天，溪口的蒋介石派来专机接李宗仁去杭州会面。

22日晨，李宗仁偕同何应钦、白崇禧等飞往杭州，齐集笕桥空军学校会议室内。会议进行期间，前方又打来电话报告说："沪宁线已被共军切断，在西起湖口，东至江阴的千里战线上，国军不是被围，就是在后撤，南京危在旦夕。"蒋介石随即命令：将南京的火车站、码头、水电厂都炸掉，把所有的部队都撤到沪杭一带。

之后，李宗仁单独与下野总统蒋介石会谈了两个多钟头。这是自1月21日蒋介石引退后，他们的第一次会见。当两双手握在一起时，双方的内心皆是一阵凄凉。李宗仁没料到仅仅3个月，蒋介石的须发竟然十之九白。蒋介石的两眼被李宗仁高耸的颧骨刺了一下，那张他十分熟悉的国字脸，已是"国将不国"了。

二人略事寒暄，话题便直奔主题。

李宗仁憋着一腔怒火，压了又压，口气仍是十分生硬地说："你当初要我出来，为的是和谈，现在和谈已经破裂，共军大举渡江，南京陷落就在旦夕，你看怎么办？"

"你继续领导下去，我支持你到底，不必灰心！"蒋介石一脸诚挚。

李宗仁索性敞开来说："你如果要我继续领导下去，我是可以万死不辞的。但是，现在这种政出多门，一国三公的情形，谁也不能做事，我如何能领导？！”

蒋介石比李宗仁委实老练得多，尽管李宗仁的话十分不恭，但他眼下还需要这个挡箭牌，需要李宗仁给他支撑门面，上海的一些金银和善后之事还未了结，李宗仁能多支撑一日，他就多赢得一天时间。他身子向前凑了凑，说：“时局已经到了这种地步，德邻兄，只有你继续领导才有希望，谁也代替不了你呀！不论你要怎样做，我总归支持你！”

蒋介石那种诚挚万分的眼神，使李宗仁的火气一下子泄了大半。

“既然如此，”李宗仁说。“眼下局势必须放弃上海，确保两广和大西南，汤恩伯部应迅速向浙赣转移，与白健生的华中部队成犄角之势，阻止共军南犯。”

“此议甚好。”蒋介石不动声色。“军事指挥权全在国防部，你是代总统，完全可以要国防部按你的意志下命令部署，我决不过问。”

“总参谋部与国防部今后是个什么关系呢？”李宗仁紧逼不放。蒋介石一直都是通过总参谋部直接指挥部队，将国防部和他架空。

蒋介石反应极快：“今后，参谋总长直接向国防部长负责。”

蒋介石一退再退，看来李宗仁就是提出一百个要求，他也会百个答应。以至于李宗仁自己都感到再说下去，就显得太小家子气了。遂叹了口气，不再作声。

蒋介石又是一番安慰和鼓励，再三表示他全力支持的诚意。

当李宗仁的手又一次被蒋介石握在手里，作别时，心里一片茫然。他和蒋介石相处数十年，深知其久染洋场恶习的个性，蒋说话向来是不算数的。

当天，李宗仁飞回南京。

飞机一落地，四郊的炮声、枪声礼炮一般，不绝于耳，南京城内一片凄凉。平素最繁华的中山路、太平路商店全部关门停业，街上行人绝迹，只有少数部队做撤退准备。

当晚汤恩伯风尘仆仆，奉诏来谒。

李宗仁问：“目前战局如何？”

汤恩伯数日未眠，面容惺忪浮肿，答道：“共军已迫近城郊，本晚大约无事，但务必请代总统至迟于明日清晨离京，以策安全。”

晚8时许，李宗仁派往北平的和谈代表章士钊、邵力子等人联衔来电，言之，共军入城时，代总统不必离京，如嫌南京不安全，不妨飞至北平，中共当待以上宾之礼，竭诚欢迎。

李宗仁早已明白，他的这些代表是决心向共产党靠拢了。责其临危变节亦属徒然，遂将电报掷于地上。

李宗仁已将夫人遣离南京，整个公馆空荡荡阴沉沉，使得那一阵接一阵的炮声尤为清晰。他知道“共军”正在加紧进攻城外据点，国军亦在掩护撤退，便和衣而卧。想着茫然无措的前景，辗转反侧，长夜难寐。

4月23日天蒙蒙亮，李宗仁被剧烈的炮声震醒。

“共军就要进城了……”他自言自语。

这时一阵急促的电话铃声，汤恩伯报告解放军先头部队已经攻进城区，催促他赶快乘飞机离开南京。

李宗仁来到机场，飞机的马达已经发动。汤恩伯和首都卫戍司令张耀明在机前迎候，面色惺忪而紧张。

匆匆握别，匆匆登机，不待李宗仁坐稳，飞机便呼啸而起。

“绕南京盘旋两圈吧。”李宗仁低沉地交代秘书。

这时东方已白，长江如练，南京城郊，炮火正浓。李宗仁俯望京都，感慨万千，脑子里蓦地冒出“六代豪华，春去也，更无消息”的词句，不由悲从中来。当机翼下掠过中山陵那一片灰蓝色的建筑群时，他的粗大的喉结一阵颤抖，痛苦地闭上眼。

副驾驶入机舱请示飞航目标。李宗仁缓缓启目，良久，说了句：

“先飞桂林吧。”

飞机随即转翼向西南飞去。

就在23日清晨李宗仁乘飞机离开南京之后的几个小时，我第35军就胜利地进占了南京。

4月23日午夜，第35军103师312团的勇士们高举红旗，跨越长江路，直下总统府。

总统府威严的红漆大门撞开了，一队队荷枪实弹的士兵从大门鱼贯而入，对前后大殿，各条通道，各个办公室，各个角落进行搜索……昔日富丽堂皇的总统府，如今满地乱扔的纸削碎片像粉蝶飞舞。

国府机枢之地再无森严与威风。“打到南京去，解放全中国”，不再是口号。战士们穿着草鞋、裹着绑腿的双脚，踩着国民政府的大红地毯。这一切来得是那么艰难，自1921年7月1日中国共产党成立，整整为之奋斗了28年。然而，一切来得又是如此让人始料不及，自1945年8月15日抗日战争结束，国民党800万军队，在3年多的时间里稀里哗啦，所剩无几，就这么弃都而逃了。解放军的士兵们欢呼着，一直向里冲，冲过长廊，冲上十级大理石台阶，冲进“子超楼”，踩着满地散落的书报、文件、相片，一口气冲到挂着“总统办公室”的大门前。

大门嘭地被打开了。蒋介石巨大的写字台上，日历翻在4月22日。

我104师312团一队战士率先冲上了门楼，将在风中瑟瑟发抖的青天白日旗扯了下来，鲜艳的红旗迎风招展。

就在这天午夜，已经脱衣睡下的蒋介石，突然一跃而起，对儿子蒋经国说：“准备船，我们要走了。”

V 我军当时占领国民党总统府的情形。

∧ 毛泽东在双清别墅阅读我军解放南京的捷报。

“去哪里？” 蒋经国一脸困惑。蒋介石未语。

直到“太康号”兵舰驶出港湾，蒋介石才出乎所有随行者的意料，对舰长黎玉玺说：“去上海。”

风雨苍黄，世道沧桑，“蒋家王朝”已经被埋葬。南京人民奔走相告，大街小巷里传出阵阵欢歌笑语和锣鼓声，欢庆南京解放。

北平，香山双清别墅。

国民党海军“永泰”舰舰长黎玉玺

四川达县人。国民党海军一级上将。海军军官学校第一期毕业。后赴美国、德国学习。曾任国民党政府海军“永泰”舰、“太康”舰舰长，海防第1舰队参谋长，第21护卫舰队司令官等职。到台湾后，历任台湾海军舰队参谋长、舰队司令，海军参谋长、副总司令、总司令，参谋总部副参谋总长兼执行官、参谋总长，“总统府”参军长等职。

毛泽东已经脱下那件臃肿的棉衣，换上了春装。虽是通宵伏案工作，脸上毫无倦意，用过早餐后，他信步走进六角凉亭。

庭院洒满了阳光，双清泉水如歌如琴潺潺流淌，几只麻雀在觅食，蹦蹦跳跳，唧唧喳喳，把毛泽东逗笑了。他的心情非常好。

秘书兴冲冲快步走来，将一张《人民日报》"号外"递给毛泽东，说："主席，南京解放的捷报出来啦！"

"噢，这样快！"

晨风中，"南京解放"的大字标题赫然在目。

22日2时，毛泽东为新华社写了第一条渡江新闻——《我三十万大军胜利南渡长江》，即著名的《新华社长江二十二日二时电》。这条不到200字的消息以极其精炼生动的语言写道：

英勇的人民解放军21日已有大约30万人渡过长江。渡江战斗于20日午夜开始，地点在芜湖、安庆之间。国民党反动派经营了3个半月的长江防线，遇着人民解放军好似摧枯拉朽，军无斗志，纷纷溃退。长江风平浪静，我军万船齐发，直取对岸，不到24小时，30万人民解放军即已突破敌阵，占领南岸广大地区，现正向繁昌、铜陵、青阳、荻港、鲁港诸城进去中。

人民解放军正以自己的英雄式的战斗，坚决地执行毛主席朱总司令的命令。

同一天的22时，毛泽东又为新华社写了第二条渡江新闻——《人民解放军百万大军横渡长江》。这条新闻真实报道了百万大军横渡长江的壮举：

人民解放军百万大军，在1,000余里的战线上，冲破敌阵，横渡长江，西起九江，东至江阴，均是人民解放军的渡江区域。20日夜起，长江北岸人民解放军中路军首先突破安庆、芜湖线，渡至繁昌、铜陵、青阳、荻港、鲁港地区，24小时内已渡过30万人。21日下午5时起，我西路军开始渡江，地点在九江、安庆段。至发电时止，该路35万人民解放军已渡过2/3，余部23日可渡完……战犯汤恩伯21日督战不起丝毫作用，汤恩伯认为南京江阴防线是很巩固的，弱点只存在南京九江一线。不料，正是汤恩伯到芜湖的那一天，东面

防线又被我突破了。我东路35万大军与西路同时发起渡江作战，所有预定计划都已实现，至发电为止，我东路大军已大部渡过南岸……我军前锋，业已切断镇江无锡段铁路……

天堑既已突破，国民党反动中心南京顿时门户洞开。23日下午，毛泽东便在双清别墅庭院内的凉亭里，读到了人民解放军占领南京的《人民日报》号外。善于捕捉时机的摄影师，当即拍取了这个富有历史性意义的珍贵镜头。

4月24日，毛泽东又写了《南京国民党反动政府宣告灭亡》的新闻稿，其中写道：

“在人民解放军百万大军攻击之下，千余里国民党长江防线全部崩溃，南京国民党反动卖国政府已于昨日宣告灭亡。

4月27日，陈毅、邓小平、刘伯承陆续到了南京，总前委也从合肥移驻南京城。三位领导人到总统府作了一番巡视。红油漆的柱子和雕花宽敞的走廊，外表看俨然还是“蒋家王朝”的金碧宫殿，里头却是一片狼藉。陈毅皱了皱眉头，以胜利者的姿态大步跨进最后一幢房子的二楼，便看见了蒋介石久坐过的、李宗仁也过了几个月瘾的总统“宝座”。桌上的台历只翻到22日，今天已经是27日了。他想动手，但又停住了，要翻就是新的一页了。

4月28日，南京军管会成立，刘伯承、宋任穷就任南京市军管会正、副主任，刘伯承兼任南京市长。

南京的解放，标志着一个新时代的开始。为纪念这个伟大的历史时刻，毛泽东以他诗人的气度和情怀，为后人留下了一首不朽诗篇，《七律 · 人民解放军占领南京》：

钟山风雨起苍黄，百万雄师过大江。
虎踞龙盘今胜昔，天翻地覆慨而慷。
宜将剩勇追穷寇，不可沽名学霸王。
天若有情天亦老，人间正道是沧桑。

①

②

③

④

❶ 西北野战军教导旅宣传队深入 2 纵队进行宣传工作。
❷ 我军某部与游击队胜利会师。
❸ 陕甘宁晋绥联防军司令员贺龙在野战军前委扩大会议上讲话。
❹ 隐蔽在林中待命的我军部队。

张　震

(时任第三野战军参谋长)

粟裕认为，在我东、中、西三个突击集团渡江后，敌人的行动有三种可能：

一是以南京、芜湖地区的兵力，寻求在南京上海之间与我东集团决战。这样，就要求东集团在渡江成功后，主力控制在江阴、武进、无锡三角地带，下决心在沪宁线上打一个恶仗。也要求中集团渡江成功后，除留足够兵力歼灭沿江当面之敌外，主力要迅速向东发展，与东集团打通联系。

二是将南京及其西南之兵力向上海收缩，固守上海。这样的话，则三野先集中兵力协同二野解决浙赣线上之敌，然后再围攻上海守敌，各个击破之。

三是我渡江成功并迅速突入敌纵深，切断南京、镇江之敌的退路，敌军全线溃退，一片混乱。如出现这种情况，则要求东集团用一部兵力监视上海之敌，主力迅速向太湖西侧急进，与中集团密切配合，将逃敌围歼于郎溪、广德地区。

他要求全军力争第三种情况的出现，同时，也做好应付第一种情况的准备。

——摘自：《张震回忆录》

叶　飞

（时任第三野战军第10兵团司令员）

木船渡江，必须有风。历史上有借东风的故事，把诸葛亮写的神乎其神，向老天爷借来东风，火烧曹兵**83**万。渡江战役中，盼风风到，也有“天助我也”的幸运事。

记得规定启渡时间是下午五点半，但到了四点多，江面上仍是没有一点风，这可把我急坏了，也把全体指战员急坏了。

真是巧事，四点一刻刚过去，起风了，而且呼呼地刮了起来，指挥部里所有人都跑到外面让风吹着，当时我们那个高兴劲呀，简直难以用文字来形容，真可谓“天助我也”！

——摘自：《叶飞回忆录》

正义之师追穷寇

★★★★★

∧ 我军7兵团某部翻越天目山向杭州挺进。

时间：1949年四五月间，地点：江浙地带。
我百万雄师强渡长江后，敌军兵败如山倒，纷纷向浙赣线及杭州、上海逃窜。总前委迅速调整进攻部署,国民党军在人民解放军的多路追击下,不敢南逃,直下郎溪、广德，企图突出重围。
郎广围歼战，占领杭州，进入溪口。蒋介石的看家老人流着泪说：“你们真是正义之师，仁义之师啊！”

1. 敌军兵败如山倒，穷寇南窜

横渡长江的百万人民解放军正在分路南下，追击穷寇。三野一路越过浙皖边境，一路挺进丹阳，直指上海。二野正在向浙赣边境的寿昌、开化进军。

为了不让敌人跑掉或建立新的防线，从4月24日开始，人民解放军渡江作战进入战役的第二阶段，围歼追歼逃敌。

总前委依据沿江国民党军全线南撤的情况，迅速调整进攻部署，令第三野战军除以第8兵团部率第34、第35军担任镇江、南京地区的警备任务，以第10兵团第29军东进占领苏州并向上海方向警戒外，主力在粟裕统一指挥下分别沿丹阳、金坛、溧阳及太湖西侧和南陵、宣城、广德之线向长兴、吴兴（今湖州）地区疾进，完成战役合围，歼灭由南京、镇江、芜湖地区南逃的国民党军，第7兵团并准备夺取杭州。

各部队接到命令后，不顾疲劳，不待重火器和辎重到达，克服阴雨连绵、道路泥泞等困难，向指定地区疾进。4月26日，第9兵团主力通过广德；第10兵团进抵天王寺、宜兴一线，并在溧阳以西、以南地区歼国民党军第4、第28、第51军各一部。国民党军在人民解放军的多路追击下，不敢再沿宁杭公路南逃，改由宜兴以西山区直下郎溪、广德，企图由此突出重围，直趋杭州。27日，第10兵团第29军进占苏州。第三野战军主力会师吴兴，将国民党军第4、第28、第45、第51、第66军等5个军包围于郎溪、广德之间地区，经两天激战，将其8万余人全部歼灭。

4月23日，7兵团第21军奉总前委补充命令，向宣城、宁国、广德地区追击。这天，大雨滂沱，浓雾弥漫，指战员连续奔袭，忍饥挨饿，人均负重30公斤，全身上下被雨淋湿，仍然急速向前。

4月24日，抵达黄荆塔、泾县一带。这天，南京、芜湖地区逃敌于湾址及宁杭公路被三野主力歼灭。于是第7兵团改令第21军由宣城南穿过浙皖边境，经天目山向杭州疾进。第21军从收音机中听到南京解放的喜讯时，将士们兴奋异常，干劲倍增，“11号汽车”也快了起来。

为了迅速赶在敌人逃跑以前到达杭州，第21军取捷径，翻山越岭，穿林跨溪。

山虽不高，但路崎岖艰险很难行走。部队虽轻装前进，但武器、弹药、干粮等必需品是不能精简的。由于时间紧、任务急，过江后部队没有很好地休息过，连续长时间行军，走的又都是山间小路，体力消耗很大，十分疲劳，大家两条腿沉重得像灌了铅似的。许多人的鞋底磨穿了，脚打起了泡，走起来一拐一颠，被路上的石子顶一下便疼痛难耐。

但4月的江南，春意正浓，茂林修竹，葱郁苍翠，山花竞放，姹紫嫣红。时值梅雨季节，时而细雨连绵，滋润万物，冲洗着战士的汗水，时而阳光灿烂，照耀大地，晒干了战士的湿衣。山上云雾缭绕，峰峦叠嶂；山间飞瀑悬挂，抛雪溅珠；路旁溪流清澈，淙淙有声。第21军长期战斗在山东、苏北、皖北地区，到了江南，简直进入了另一天地，战士们都为这美丽的自然景色所陶醉，因此再疲劳也都顽强地坚持了下来。

夜行军就更艰苦了。天黑、路窄，山间小路也好像故意和战士们过不去似的，变得更加高低不平，一脚高，一脚低，稍不小心就会跌倒。爬起来又跌倒，跌倒再爬起来，有的同志跌倒了多少次自己也记不清了。有的走着走着就打起瞌睡来，不知不觉地踩到了别人的鞋跟，撞到了前面同志的身上。

每次途中小憩，战士们躺在地上很快就睡着了。过江一星期了，部队没有很好地休息，战士们确实太疲乏了，各级首长真想让他们好好地睡一觉，一直睡到天亮，可一想到任务，又不得不违心地叫醒大家继续前进。尽管大家又累又困，但始终精神抖擞。有的同志开玩笑说，现在没有时间睡觉，等完成了任务，我要好好地和“周公”算算账，把损失补回来。

渡江时为少占用船只，更多地抢渡有生力量，坐骑皆暂留江北，干部和战士同甘共苦，开动“11号汽车”。指挥员活跃在战士们中间，帮助体弱有病的同志扛枪、背包。这行动，是无声的动员，又似一种无形的力量，激励着每个战士。

渴望解放的江南人民，一听说解放军来了，都纷纷站在路边为部队送茶水，把仅有的一些熟鸡蛋塞到战士的手里。部队宿营后，老百姓为战士烧水洗脚，帮战士烘烤湿衣，夜间用自己的被子把战士的湿被换下来，很多地方都有人连夜打草鞋，给跑烂了鞋子的战士穿。一些人还声泪俱下地向部队控诉国民党政府和蒋军的暴行，要解放军为他们报仇。这些都极大地鼓舞了我军的斗志。美丽的河山，凋敝的农村，热情而贫苦的人民，这一切都进一步激起了人民解放军对敌人的仇恨，更加坚定了彻底消灭残敌，解放全中国，将革命进行到底的决心。

我军强大的攻势使敌人闻风丧胆！第21军一路上几乎没有遇到国民党主力部队的抵抗，碰到的只是三五成群的残兵溃勇。他们大都面黄肌瘦，军装又破又脏，手里提着、身上背着从老百姓那里抢来的东西。还有伤病员，缠着绷带，拄着拐棍，一瘸一

∧ 狼狈逃窜的国民党军，在京杭铁路沿途丢弃的武器装备。

跛，十分狼狈。他们边走、边怨、边骂，都说："国民党军队完了，散了，连个集合地点都没有，大官乘飞机逃命，小官也溜得不见影子，只有受苦难的穷兵没人管。无路可走，老子就投奔解放军。"

这些残、散兵们，发誓不再为国民党当"炮灰"。一路上第21军收容了数百名这些国民党军队的残散兵。

在我军追击的沿途的墙壁、桥梁、大树等物体上，到处可见"45军、青年军、交警纵队到杭州集合"，"李军长、张军长、周司令等到杭州山西会馆会合"的留言。到达杭州时，又见到"318师到金华集合"以及交警纵队还有什么军"到宁波集合"等乱七八糟的通知。为了逃命，保密也不顾了，国民党军队兵败如山倒的惨状由此可见。

5月1日，第21军进至孝丰地区。

当晚，军长滕海清得到情报：防守杭州市的国民党第45军残部、交警总队及新组建的第85军已开始撤逃。

第45军的前身是蒋介石的御林军，即南京警卫师。1948年10月扩编为第45军，仍驻守南京。1949年4月21日我军渡江成功后，即向南京进攻。汤恩伯害怕残存在南

梅乐斯

美国海军上校。美国安纳波里斯海军学校毕业，1940年调入美海军部供职。1942年任海军中校的梅乐斯以美海军联络官资格来华，与戴笠合作筹办中美合作所。1942年任驻华情报处处长、中美合作所副主任。1944年升为海军准将，后又晋升为海军少将。1947任“哥伦布”号巡洋舰舰长。1948年任太平洋舰队后勤部队指挥官，指挥“戴维生”号巡洋舰。

京的有生力量被歼，于是下令23日全面撤退，放弃南京，令江防及南京守备各军向杭州集中。23日，第45军三个师于清晨纷纷撤出阵地，夺路向南逃窜。至广德地区时，三个师皆被三野主力歼灭，只有一位营长率100余漏网残兵侥幸逃至杭州，与早几日到达杭州的第45军代军长陈沛及参谋长俞天鉴所部会合。

“交警总队”是“交通警察总队”改编的。“交通警察总队”是美蒋特务机关“中美特种技术合作所”，施以特种训练并全部使用美式武器装备起来的一支特务武装部队。

1943年至1946年，美国特务头子、中美所副主任梅乐斯除了在重庆替军统训练了大批美国式的特务，并且在抗战胜利后在上海、北平两处训练汉奸特务，以加强军统的罪恶活动外，还先后在各地办了十多个“中美特种技术训练班”，训练和装备了4万多名武装特务。这支特务武装就是交警总队的前身。除临泉第10训练班由汤恩伯兼主任外，其余均由戴笠兼主任。配备卡宾枪、机枪、左轮手枪和火箭炮等武器。

抗日战争胜利后，这些特务部队均并入交通警察总局，改为20个左右的交警总队。蒋介石很重视这支部队，除了利用它担任铁路、公路的警卫外，并多次把它投入到重大战役中。1949年2月，蒋介石下野后，还特别指定调几个交警总队到宁波奉化去保护他。

渡江战役后，各地铁路、公路本身原有的交通警察也大部编入了交警总队，主要部署在浙赣铁路及杭州市内。

为消灭这几股残敌，特别是交警总队的特务很多，滕海清下令迅速抢占杭州，追歼残敌。

火箭炮

引燃火箭弹发动机点火具，赋予火箭弹初始飞行方向的多发联装发射装置。由于火箭弹靠本身发动机的推力飞行，火箭炮没有反后坐装置，能多发联装和发射弹径较大的火箭弹；发射速度快，火力猛，突袭性好，有较好的机动能力和越野能力；因射弹散布大，故多用于对面积目标射击。主要配用杀伤爆破火箭弹；也可配用特种火箭弹。火箭炮通常由定向器、回转盘、方向机、高低机、平衡机、瞄准装置、发火系统和运行体组成。

5月2日，第21军第4师强行军120里，于当晚11时攻占余杭城，歼灭余杭保安队一个排，缴获机枪3挺，步枪17支；第61师在第62师的配合下，急速奔袭进入余杭东关，余杭伪县长白仲涛率保安队200余人缴械投降。

5月3日，第21军令第61师攻占杭州市区，并临时担负杭州市的警备任务；令第62师沿富杭公路前进，抢占钱塘江大桥；令作为军第2梯队的第63师随后跟进，并作好战斗准备，预备从第62师右侧迂回，夺取萧山，切断杭州之敌退路。

此时国民党的溃军已丢盔弃甲日夜兼程地往南败退。杭州市失去了往日那种宁静的气氛，陷入一片混乱中，国民党的军政要员为逃跑使出浑身解数。他们中有门路的经杭州乘飞机逃往台湾，或是夺船走海路逃往舟山；没门路滞留杭州的溃军则坐立不安，满城骚扰。市内不时响起枪声，许多店铺被洗劫。杭州市居民家家关门闭户，白堤上横七竖八地堆着国民党军队扔下的破烂吉普和辎重等，把美丽的西湖变得如狼藉不堪的战场。因此，第61师未遇什么抵抗即进入市区。部队一进入市区，工人、学生、市民就涌上街头，爬上楼房，欢迎解放军。到处响起锣鼓声、鞭炮声，"欢迎解放军，庆祝杭州解放"的口号声，和"团结就是力量"的歌声。许多人拥到行进的部队跟前和战士握手，有的流着眼泪说："可把你们盼来了。"战士们在敌人面前是英雄，但是在大城市人民群众热烈的欢迎面前，他们既兴奋，又显得腼腆和拘谨。

第61师进入伪省政府时，伪省政府民政科长立即出来迎接。师首长们即向其询问省政府情况，民政科长报告说：除省府、警备司令部及各机关首脑人物逃跑外，其余各政府机关职员等候向解放军清册移交。首长即令那个科长通知各有关方面来接受任务。片刻后，伪省府秘书长、伪参议长、伪警察局长、伪商会会长等一帮人先后来到。首长们即向他们交代了几项任务：各机关、各部门解除武装后，继续协助解放军维持好社会秩序；迅速报告国民党残余武装和各类仓库位置，帮助有秩序地接管；规定了人民币与银元的比价及使用方法；每日为解放军筹措粮草数量若干等。他们表示遵令执行。

第21军解放杭州的同时，二野已进入浙西山区，直插浙赣线；三野主力已在苏浙皖边会合，围住了国民党南逃溃军30余万。郎（溪）广（德）战役正在进行。许多漏网之敌，纷纷麇集杭州。

∨ 1949年5月30日，我军解放了杭州，人民群众夹道欢迎我入城大军。

2. 溃兵企图郎广突围

此时盘踞上海的汤恩伯，尚不知道杭州已经解放，仍天天从上海向杭州发列车，运送国民党士兵、政治官员、军政要人及其家属。5月3日晚10时，杭州解放后，汤恩伯发来的第一列火车，在一个连的护卫下开进了良山车站。国民党兵刚下车，即被我军缴了械。敌连长尚不知杭州已解放，高叫道："我们是交警总队的，我是连长，请不要误会。"战士们风趣地说："连长先生，国民党部队必须投降缴械，我们是不会误会的。"

后来的几天，火车开到哪里得知杭州解放了，就停到哪里，于是"乘客"作鸟兽散，大多窜入杭州。一时间，杭州市内的国民党散兵游勇达万余人。他们趁第21军刚进城，无暇顾及之机，四处扰乱，抢劫市民财产。还有一些地痞流氓也趁火打劫。因此，杭州刚解放时，秩序甚是混乱。

5月3日晚饭后，第61师第181团组织干事薛克扬来到守卫《东南日报》社的第1连驻地时，连干部报告说："薛队长，报社社长让省委来的人抓走了。"

薛克扬一听，吓得头上直冒冷汗。自"皖南事变"后，浙江省委即遭破坏，省委书

记刘英壮烈牺牲，此后再未重建省委。这些情况薛克扬是知道的，就对第1连的干部们讲了，这里就没有省委。

连干部一听，知道上当了，连长和指导员立即带了一个排出去找社长。直到晚上8时左右，才把《东南日报》社社长找回来。经查，原来所谓的“省委”是一伙地痞流氓。他们劫持社长，是想从报社捞一笔钱。后来，第61师把几名主犯拘押起来，离开杭州时交给了军管会。

5月4日晚上，有一伙自称“司令”、“指挥”、“支队长”的头目们联合起来要见军管会的领导面谈。第61师胡伟师长、叶泰青副师长、李清泉主任召见了他们。这伙人一见面就都为自己辩解他们组织的“合法性”，对第21军收缴他们的武器不满。有的质问21军为什么随便就收了“自己人”的枪；有的油腔滑调地摆出一副老资格的样子；有的则尽说些奉承言辞。

胡伟甚觉好笑，严肃地说：蒋介石已经彻底完蛋了，如果有人想趁火打劫，乘混乱发财，解放军是绝不允许的。你们组织的这个军那个军都是不合法的，我们是不承认的。希望你们放聪明一点，不要违抗我们的命令，交出你们的武器和物资来，否则后果将由

叶泰青

河南信阳人。土地革命战争时期，任红28军手枪团班长。抗日战争时期，任新四军第4支队手枪连政治指导员，第7团营政治教导员、营长，新四军第2师4旅10团参谋长、副团长。解放战争时期，任山东野战军第2纵队4旅10团团长，华东野战军第2纵队4师参谋长，第三野战军21军61师副师长，第63师师长。

< 皖南事变前，新四军部队驻扎在安徽泾县云岭。

皖南事变

1941年1月4日，新四军皖南部队离开泾县云岭，向北转移。6日，行至皖南泾县茂林地区时，突遭国民党7个师8万余人包围袭击。新四军战士英勇抗击，血战7昼夜，终因寡不敌众，弹尽粮绝，除2，000余人突围外，大部壮烈牺牲。军长叶挺被扣押，副军长项英等遇难。17日，蒋介石宣布取消新四军番号，下令进攻新四军江北部队。20日，中共中央军委任命陈毅为代理军长，刘少奇为政治委员。

你们自己承担！但有一条可以告诉大家，凡是真心实意想为解放军、为人民办点事的，我们是非常欢迎的。一席话讲完，只见那些所谓的“司令”、“指挥”们一个个耷拉下了脑袋，不少人灰溜溜地走了。

后来查明，这些人绝大部分都是些流氓投机分子，有的还是国民党特务。经过两三天的工作，第21军解除了大约2,000多这类人的武装，对维护杭州解放之初的社会治安起了很大的作用。

渡江战役前夕，第21军即反复地进行了入城政策和入城纪律的教育。一些连队开始未找到公房，便在街上露宿。第182团第3连露宿地附近的百姓，早晨看到部队露宿街头，纷纷把战士往自己家里拉，一位老年人感动得流着眼泪说：“从晚清到民国的兵我都见过，从未见过像你们这么好的队伍。”第183团第3连看守保护点中有一个食

品仓库，库内有很多零散的香烟、饼干、咸鸭蛋，但干部、战士没有一个人去动，直到原样地交给第23军的接防部队。

刚入城，币值未明确前，部队不到市场上买东西，吃饭时仅有一点咸菜，有的单位甚至以盐水拌饭。币值明确后，战士们用渡江后发的几块钱，两个三个一组到商店买东西。他们选购的大多是钢笔、铅笔、小本子和书籍，有的干部为准备解放全浙江，到处打听哪里能买到浙江省的地图。当时一些商店职工中传出了这样的话："国民党军队抢购吃、穿、用，解放军战士买纸、笔、书。"人称杭州"天堂"，主要是杭州有个西子湖，但是第21军干部、战士大都没有来得及游览一下西湖；军、师首长也只是在检查部队执行任务情况路过湖区时，远看了一下那被苏东坡赞不绝口淡浓相宜的西子湖。

在第61师向杭州市区攻击前进的同时，第62师根据军的命令，决定由第185团担

V 我军沿京杭公路追歼逃敌。

任第 1 梯队，以最快的速度攻下钱塘江大桥。

“涛来势转雄，猎猎驾长风，雷震云霓里，山飞霜雪中”，形象描述了钱塘江江潮的壮丽气势。

横跨钱塘江的钱塘江大桥，联结着沪杭、浙赣两条铁路，长 1,322 米，连引桥共长 1,453 米，16 孔，于 1937 年 9 月建成，是我国最早自行设计和建造的铁路、公路两用双层桥，是华东南北交通的战略枢纽。

渡江战役前，何应钦奉蒋介石之命，亲飞杭州，在平湖秋月励志社召集国民党浙江省主席周岩、杭州市市长俞济民等人召开了一个秘密紧急会议，研究如何在浙江组织起一道“坚强”防线，以阻止解放军南下。何应钦在会议最后决定中宣布：“在共军逼近杭州之前一定要把钱塘江大桥炸毁，请周、俞二位务必坚决执行。”为了万无一失，他还专门把浙赣铁路局局长侯家源叫到玉皇山，研究炸桥问题。

担任主攻大桥任务的第 185 团第 2 营营长蔚锦茂向全营做了简短而有力的战斗动员，命令部队放下背包，只携带武器弹药轻装向钱塘江大桥疾进。在距大桥只有两公里时，部队编成战斗队形展开了。主攻连第 5 连沿江边公路前进，直插钱塘江大桥。当

V 我军某部正向钱塘江大桥进发。

第5连前进到六和塔附近时，突然遭到了六和塔和三折江大学守敌密集火力的阻击。第5连当即以部分兵力正面佯攻，连主力从侧面一举拿下了六和塔，控制了这个可以俯瞰大桥全貌的制高点。并在营火力的支援和第4连的配合下，一鼓作气拿下了北桥头堡，切断了敌人南逃的通道。至此，第2营完全控制了大桥北端，切断了敌人南逃的通道。

随后，第4、五连立即向桥南之敌发起进攻，同时第6连在六和塔以北无名高地构筑工事，阻止杭州市区的敌人南逃。第4、5连向桥南进攻，桥南守敌眼看守不住了，便把一捆捆放在桥面上的炸药点燃了。随后桥上便传来几声沉闷的爆炸声，浓浓烟尘笼罩了桥面。第2营指战员以为大桥被炸断了，一个个都把心提到了嗓子眼上。然而烟尘散去后，他们发现大桥仍巍然屹立着，只有一小段铁路和公路桥上的木板桥面稍有损坏。第2营指战员高兴极了，提着的心终于放下了，并迅速冲上去，抢占了钱塘江大桥。

何应钦亲自部署的炸桥行动失败了，是敌人的疏忽吗？不是，是铁路职工林正发用100块钢洋保住了大桥。

原来，4月底的一天清晨，林正发前往钱塘江大桥附近检修路轨。只见桥上岗哨林立，戒备森严，守桥的国民党士兵增加了不少。

“阿发，你找死啊，还不快回家？”林正发刚走出几步，就听到前边有人招呼他。林正发定神一看，原来是国民党守桥的士兵周福元。这个周福元因吃不饱肚子，常到林正发家要东西吃，因此他们很熟。

“我上工去啊。”林正发说着迎上前去，一打听，才知道国民党兵准备近日炸桥，一个排的工兵正在勘察桥梁。

“炸桥？这桥可是我们工人用血汗建起来的，是通往浙中、浙南的陆上必经之道啊！”林正发边看边想：“一定要想法阻止他们的炸桥阴谋。我得先摸清情况，再见机行事。”

于是，林正发转身向周福元说：“兄弟，下了岗到我屋里喝两盅，我那里有好菜。”

中午，周福元来了。三杯酒下肚，他的话多起来，感慨地说：“妈的，当官的都撤到定海去了，让我们这些穷当兵的守桥。如果能搞几个钱，老子早就跑回家了。”

林正发试探着问道：“炸桥了，你往哪跑？如果大桥不炸就好了。”

“不行，听说上头要亲自监督炸桥。”周福元答道。

“福元兄，你和兄弟们说说，炸桥时少装点药，帮我保住这饭碗，你们到危机时兴许还能有条生路。”

“不好办呀，现在的情势都是认钱不认人。”

林正发眼睛一亮，计上心来。说不定可以用钱买通炸桥的国民党士兵。

送走周福元，林正发马上动身进城，四处奔波，找亲戚和工友借了些钱，又把身上的怀表押在当铺里，总共凑了100块钢洋。

第二天晚上，乘着夜幕，林正发带着钢洋悄悄来到周福元的住处，然后两人一起去找工兵排的黄排长。

黄排长是个兵油子，明白了周福元的来意，连连摆手说："这事可是要掉脑袋的。"

"长官，请你高抬贵手，桥炸了你我都没饭吃了。"说着，林正发从衣袋里取出钢洋送到姓黄的面前。

黄排长一见白花花的钢洋，喜出望外地说："好吧，我想想办法。说实在的，我们这些兄弟哪个不想活命。"

后来，黄排长在捆炸桥用的炸药包时，在规定每包装60公斤炸药的炸药包里，只装了二两炸药，其余全是装的沙土，钱塘江大桥就这样保住了。

在三野部队攻取杭州期间，鉴于敌已全线崩溃，三野部队已解放南京、芜湖，第4兵团渡江后的位置距浙赣线较近等情况，为不给敌以喘息机会，早日切断浙赣线，断敌退路，割断汤恩伯、白崇禧两集团的联系，密切协同三野作战，经总前委批准，二野第4兵团不东进，而沿第5兵团右翼与第3、第5兵团并肩直出浙赣线以达赣闽，倾全力迂回至汤恩伯部侧背，猛力穷追，务求抓住敌人而歼灭之。另以第10军担任安庆、芜湖地区的警备任务。

陈赓第4兵团原定渡江后直捣蒋介石老巢，由于战局变化没打南京而占领了南昌。但是，他失去了机遇，也得到了补偿。他在南昌被蒋介石软禁时曾说过，"再来，我就带10万部队来。"这一次进军，果然实现了他的诺言和愿望，这是后话。

二野各兵团在近200公里宽的正面上，以歙县、上饶、贵溪为目标，多路向南追击。在追击作战开始时，由于部队对敌溃乱情况认识不足，多采取正面平推，以致战果不大。

刘伯承司令员及时指示部队，对溃乱之敌必须实行猛追、猛冲、猛打和平行追击与跟踪追击相结合的战术，要敢于以少胜多，不给敌人以喘息机会。各部队随即改变了战术，大胆迂回，在阴雨连绵、道路泥泞、雨具缺乏、病号增多的情况下，大力展开了互助活动，斗志昂扬，士气旺盛，每天以五六十公里的速度翻山越岭，抢占要点，使南逃之敌有的未撤至预定地区即遭攻击，东奔西逃，乱作一团。

至5月1日，二野在江南人民和游击队的配合下，控制了屯溪、

∧ 我军在苏浙皖边的山区消灭残敌。

∨ 我军与长期在江南坚持游击战争的游击队举行会师大会。

婺源、乐平一线，歼敌第106军第282师和第46军第174师全部及第96、68、73军，第119师，暂编第2、3师各一部，粉碎了敌刘汝明及侯镜如部控制皖浙边山区掩护敌主力在浙赣线展开的企图。残敌纷纷向金华、衢县、上饶等方向逃窜。三野部队在郎溪、广德地区全歼企图退往沪杭之敌，并逼近杭州，向淞沪疾进。

此时，毛泽东指示：杭州、上海之敌所剩无几，三野不日即可将其歼灭；二野任务在于歼灭皖南、赣东、浙西三区之敌，以便在敌军被歼灭后即可分别开辟三区工作。二野遵照上述指示，根据敌逃窜方向，确定第3兵团向浙赣线义乌至龙游段、第5兵团密县至上饶段、第4兵团横峰至东乡段进击，追歼溃散之敌并开辟地方工作；同时确定各兵团留一部位于屯溪、浮梁、乐平等地区清剿残敌，协助地方党组织开辟新区工作。

各部队均不顾疲劳，英勇顽强，翻山越岭，在不为小股敌人所纠缠、不为俘获所拖累的积极歼敌思想指导下，日夜兼程急进。

第4兵团主力首先于5月4日占领浙赣线之上饶、贵溪、横峰地区，其第15军占领上饶后直出武夷山，到达福建建瓯、建阳、南平、邵武等地。第3、5兵团亦于5月7日分别占领金华、衢县地区。其中第3兵团一部与三野第7兵团一部会师于诸暨。在上述作战中，先后歼敌第68军第143、119师，第88军第49师，第106军第192师，第85军第110师和暂编第3师全部，第71军，安徽省保安第3、5旅，交警第7、8总队等大部。此时，敌已溃不成军，除拼命向浙赣路以南山区逃窜外，残敌纷纷向我投降。二野即控制了义乌至东乡段长达400公里的浙赣线，完全割断了汤恩伯、白崇禧两集团的联系，粉碎了敌人在浙赣线组织顽抗的企图，为下一步进军创造了有利条件。

在此期间，四野先遣兵团和中原军区部队，先后占领了孝感、并立即进行战后组织整顿，调配武器装备，总结作战经验和展开以山地、河川、稻田战斗为中心的军事训练，认真进行政策纪律教育；并由第4兵团注意监视南昌、九江方向之敌，视情况适时进驻南昌或配合四野先遣兵团作战。

先遣兵团占黄陂，逼近武汉，完成了钳制白崇禧集团的任务。4月28日，先遣兵团归还四野建制。

当时，三野部队已解放了杭州，其主力正围歼隅守上海之敌。为扩大战果，密切配合三野主力作战，二野就势以一部兵力轻装继续追击敌人，第3兵团轻装部队向丽水、松阳，第5兵团向崇安、浦城，第4兵团向建阳、临川等方向猛追。

各追击部队由于及时吸取了前一段追歼逃敌的经验，战术更加机动灵活，采取了适时分遣合击，大胆迂回穿插的战术，并充分利用了缴获的汽车等运输工具加速追击，使敌大部被歼。至5月14日，二野各部队已分别解放了丽水、青田、古田、南平、南城等闽北、赣中广大地区，逼近了闽江、赣江。

这时，总前委命令二野主力在浙赣路金华、东乡段休整，准备对付美帝国主义可能的武装干涉，保障三野围歼上海之敌；以一部兵力向闽北、赣中进击，并相机进占南昌。

为此，二野前委下达了“关于休整与备战的指示”，指定第3兵团主力以金华、江山为中心，第5兵团主力以上饶、弋阳为中心，第4兵团主力以鹰潭、东乡为中心，沿浙赣线进行休整备战；并命令各兵团大力展开城乡工作，分遣部队至闽北、邵阳湖地区和在驻地附近地区肃清散敌，收集散兵游勇，安定社会秩序。

二野部队立即进行战后组织整顿，调配武器装备，总结作战经验和展开以山地、河川、稻田战斗为中心的军事训练，认真进行政策纪律教育；并由第4兵团注意监视南昌、九江方向之敌，视情况适时进驻南昌或配合四野先遣兵团作战。

3. 郎广围歼，占领杭州，进入溪口

5月5日，第10兵团政委谭启龙收到23军军长陶勇的一份电报，陶勇电告23军在郎广战役中伤亡13,000人。谭启龙想，一个军伤亡13,000人，那么这个军的步兵就算基本打光了。于是谭启龙调第23军进驻杭州休整，命令第21军将杭州市的警备任务移交给第23军。

5月5日下午，第21军由第61师向第23军第68师移交防务，并带68师同志现场查看了各看管保护点。6日上午，第68师进驻杭州，接替了杭州市的防务。6日下午，第21军与送别的市民群众告别，撤出市区，进至萧山地区，准备向浙南进军，解放全浙江。

第21军撤出杭州后一周，得知第23军在郎广战役中的伤亡数字实际为1,300人。

谭启龙的译电员译电报时，由于笔误，多写了一个“0”，1,300就变成了13,000。许多年之后，第21军的老战士们一想起这个多出的“0”，还甚是遗憾，因为本来第7兵团是要让21军在杭州休整后参加解放大上海的战役的，由于多了个“0”，第21军与第23军换了任务，第21军未能参加上海战役。

5月，正值梅雨季节，杭州、萧山地区不是阴雨连绵便是雾锁山川，但16日这天却现出了少有的湛蓝湛蓝的天空。天上没有一朵云彩，地上没有一缕雾霭。太阳刚刚爬出山脊时，第21军南下

大军在驻地萧山人民群众的热烈欢送下，精神饱满，斗志昂扬地踏上了征途。

杭州解放后，国民党青年军匆匆在嵊县、新昌、天台一线布防，妄图阻止我军南下浙南，以便占领浙南沿海地区，作为蒋介石反攻大陆的登陆桥头堡和前哨阵地。

5月20日，第21军第61师前锋奉命进抵嵊县以北、曹娥江畔之三界、仙岩时，发现青年军第220师的两个营分守两地。师部立即命令第183团向三界、第181团向仙岩发起攻击。很快，三界的敌人被全歼，仙岩之敌大部逃窜。第61师跟踪追击，于5月21日上午占领嵊县县城，22日上午占领新昌。当天下午第61师侦察连在新昌东拔茅接受敌一个工兵连投诚。

24日凌晨，第61师接军部电令，限该师两日内攻占溪口、奉化。

当日下午1时，第61师沿公路以日行130公里的速度向东急进，以第181团攻取奉化，第183团攻取溪口，师部率第182团随后跟进。当日晚第61师又接军转兵团命令，令该师当天就进占溪口。于是第61师连夜继续行军。

第61师行军道路的两侧，一面依山，一面临水，夜间天上繁星闪烁，四周万籁俱寂，微风吹拂，凉爽清新的空气扑面而来，给疲困之际的战士们又带来丝惬意的清凉。拂晓之前，忽起大雾，远远望去，山峰相连，周围变成黑蒙蒙的一片，仿佛走进了神秘莫测的深渊，其景色令人叹为观止。

溪口是蒋介石的老家。由于蒋介石坚持内战，与民心相背，以致连续损兵折将，被迫于1949年2月第三次下野，由李宗仁任“代总统”。但是，蒋介石并不甘心失败，躲到溪口后，仍以国民党总裁身份实际控制着军政大权，因此一个时期内，溪口实际上成了国民党的军政指挥中心。

5月25日上午8时，第61师先头部队进入溪口，第181团下午3时到达奉化，师直与第182团中午进到塔下一带。由于蒋介石长期推行反动政策，杀害了无数共产党人和进步人士，解放军指战员们对他怀有刻骨的仇恨。为防止一旦进入溪口，可能发生战士仅凭朴素的阶级感情发泄对蒋介石仇恨的破坏纪律的行为，第61师沿途已不断做过思想政治工作，多次进行教育动员。就要进入溪口时，再次重申了纪律，讲明了解放溪口的意义以及注意事项。

溪口风景秀丽，山环水绕，因剡溪与锦溪相会于此而得名，亦名锦溪村。镇东有武岭（亦称武山），为全镇屏障。在镇口有武岭门，拱形的楼门洞上，前额题有“武岭”二字，出自于右任先生的手笔；后额也有“武岭”二字，系蒋介石自题。

溪口镇傍山临溪而建，是一条约1公里的半边街。靠溪一侧砌石为堤，护以铁栏。

< 我军某部穿过莫干山竹林追歼逃敌。

沿街建筑是粉墙黑瓦的江南风格。商店店面多是可安上拆下的门板格式。蒋介石和蒋经国的出生地玉泰盐铺和丰镐房均在这条街上。

第61师军容整齐，雄赳赳地开进溪口。溪口镇的镇长带着一些人到镇口的桥边举着彩旗欢迎解放军。街上行人不多，商店照常营业。但是，也有一些店家关门歇业，一些群众仍对解放军怀有疑惧心理。

虽然部队进行了多次政治教育工作，大多数同志能正确对待群众，但少数同志对群众的暂时不理解缺乏思想准备和正确态度，个别战士甚至说："蒋介石家乡的老百姓真顽固。"师首长及时注意到少数人的思想苗头，当即指示结合实际进一步对部队加强政策、纪律教育，发动干部战士广泛向群众做宣传解释工作，并以实际行动来影响、争取群众。

部队还组织刚参军的一批绍兴青年学生，利用他们具有同当地人语言相通，又熟悉风俗民情的有利条件，组织他们深入到群众家中，和群众谈生活，拉家常，以自己的亲身经历和感受宣传解放军的纪律和政策，粉碎敌人的欺骗宣传。解放军以实际行动渐渐赢得了当地群众的信任。

第61师进驻溪口后，师司令部设在蒋介石的祖居丰镐房里。这里是蒋介石母亲王氏及他的元配妻子毛氏的住处，是一幢老式住宅，坐落在街的中段偏东，面对流溪临街而建。砖砌的大门，进门后有一段很整洁而窄小的甬道。经过一个月门便是一处小庭院，正北一座大厅堂，匾额上为吴稚晖手书的"报本堂"三个字。这是专门供奉蒋氏祖宗牌位的。两旁厢房是两层的住宅，楼上有蒋介石和宋美龄的卧室。

走廊回绕房间四周。蒋母与毛氏卧室在东厢房，西厢房楼上则设有一个小佛堂，是蒋母和毛氏生前早晚念经拜佛的地方，厅堂及走廊挂着各式宫灯，虽不算很豪华，但却油漆一新，收拾得很干净。在老宅（原称素居）西首还筑有一个小洋楼，据说是为宋美龄盖的。也有人说，蒋经国曾把这里当作办公室，置有钢琴及娱乐器具。后面的一排水泥楼房是警卫人员住处。

5月26日，第61师几位师领导一起到溪口各处巡查。出镇向西北约5里的白岩山鱼鳞寺，是蒋母王采玉的墓地。来到山脚，沿着小石板路蜿蜒上行，行至半山坡，有一碑亭矗立路旁，刻有孙中山先生所作的祭文；再往上即达墓地。此处地形像一尊弥勒佛，据说风水先生认为这里是最好的"龙脉"，蒋母坟穴位于弥勒佛的肚脐眼上。为了不压坏"龙穴"，不能多用石板水泥，以免过重，因而蒋母墓并不很大，看上去只是一个馒头形状的普通坟墓。坟侧不远处有数间平房，当地人称坟庄，蒋介石题名为"慈庵"。蒋介石回溪口多住于此。

"慈庵"虽是几间平房，但很豪华。蒋介石和宋美龄各有自己的卧室和洗澡间，还有客厅、书房、会议室等，家具设备全是新式的外国货。宋美龄卧室的墙壁上悬挂着一块很雅致的挂屏，上面敷以薄土，植一株珍贵的兰花，一进室内即闻到兰花散发的清香。蒋氏老屋丰镐房虽雕梁画栋，但与“慈庵”相比，似略逊一筹。第61师首长把看房子的人找来问了情况，交代他继续把坟墓和房子看管好，并命师警卫连派人协助。

26日午饭后，第61师几位首长又到镇上各处转了转。镇东的武岭学校据说是蒋介石耗资330余万元建造的，规模相当可观，设施也很考究。屋宇轩敞，花木繁茂。

学校分中学和小学部，除图书馆、实验室外，还附设有农场、牛奶厂等。农场里养有不少良种肥猪和火鸡、鸭子等，有些是从外国进口的，还种了不少桃树，所产白蜜桃颇有名，还专门办了一个罐头加工厂。

当时学校师生都已离校，加工厂也停工了。在武岭附近的临溪有一所小洋楼，那是蒋经国的别墅，师首长们去看时那里比较零乱，满地纸片。蒋介石下野回溪口时，那里架设了天线，警卫森严，是蒋介石在溪口的通讯指挥中心，参谋机要人员的住处。其零乱之状，表明61师到来之前他们撤退时的混乱不堪。

5月27日，第61师奉命，除留一个营驻守溪口外，其余全部向宁波集中。第61师首长即令政治部组织科科长马贝禾带领一些同志留守溪口，进一步开展群众工作，并检查部队驻扎期间执行纪律的情况。大量事实说明，第61师在溪口，无论是大队进驻还是少数人留守，都做到秋毫无犯，纪律严明。

部队进驻之初，为避免蒋介石故宅家具受到损坏，规定各处陈设的家具和用品一律不准挪动。蒋介石撤走时来不及收拾的，诸如象牙筷子一类珍贵物品散落各处，第61师官兵没有一个人去拿。参军不久的杭州国立艺术专科学校的青年学生们看见钢琴，又听说那

> 曾任国民党中央监察委员的吴稚晖。

国民党中央监察委员吴稚晖

江苏武进人。1901年留学日本。1906年在法国参与创办世界社，出版《新世纪》周报。1915年参与组织留法勤工俭学会。1916年任上海《中华新报》主笔。1922年任里昂中法大学校长。1927年参与提出“对共产党弹劾案”，支持蒋介石发动四一二反革命政变。后任国民党政府国语统一筹备委员会主席、国防最高委员会委员、中央研究院院士、国民党中央监察委员。

∧ 美国第 32 任总统罗斯福。

罗斯福

美国第32任总统。1928～1932年任纽约州州长。1933～1940年连任美国总统。1941年同英国首相丘吉尔共同签署《太平洋宪章》。1942年在其倡导下国际反法西斯同盟正式建立。1943年先后举行中、美、英三国开罗会议和苏、美、英三国德黑兰会议，就开辟第二战场等重大问题进行协商。1944年第四次当选为美国总统。1945年同斯大林、丘吉尔在雅尔塔举行会议，决定成立联合国。1945年4月12日病逝。

∧ 溪口镇的武岭学校。

是罗斯福送给宋美龄的，有人忍不住上去弹奏了几下，组织科科长马贝禾知道后，严肃地批评说："你们现在是革命军人，革命军人在任何情况下都要遵守'三大纪律，八项注意'，就是在'总统府'，也不准'乱弹琴'。"

师部离开溪口时，师参谋处石冰科长把在原蒋经国办公室发现的一支金笔亲手交给了蒋宅的看家老人，并嘱咐他一定要管理好蒋宅，不要丢失任何东西。看家老人当时激动得流下眼泪说："你们是真正的正义之师，仁义之师，我活到60多岁。从未见过这样好的军队。"

当地群众听蒋宅看家老人讲述第61师人员在蒋宅的情况后，主动向第61师同志反映："大军在'总统'家都这样，我们老百姓还有什么关系呢？大家更放心了。"

原武岭学校的蒋校长，过去第61师首长几次派人去他家请他出面主持全镇事务，他都退避三舍，避而不见。

后来，他不请自来，率二三十人，放着鞭炮，抬着杀净的几头猪和几坛黄酒，前来慰劳第61师执行留守任务的同志。他和同来的人在交谈中道出了心里话："贵军初到时，大家心里都有点害怕，但几天过来，看到贵军说话和气，不乱拿东西，跑到外面去的人也都回来了！"

那位蒋校长最后感慨地说："贵军秋毫无犯，真乃纪律严明的仁义之师。"这时第61师留守的同志请他出面维持地方秩序，帮助办理一些事务，他马上就答应了。

❶我军在战斗中缴获敌人的部分武器。

②

③

④

⑤

❷ 我军某部在抢占敌阵地后，向溃逃之敌猛烈射击。
❸ 我军战士冒着严寒，渡过深水，向敌发起总攻。
❹ 我军在修筑工事，准备迎击来犯之敌。
❺ 我军士兵在阵地中攻击敌人。

[亲历者的回忆]

粟　裕

(时任第三野战军副司令员兼第二副政治委员)

追击战要求“快速”。

我广大指战员在胜利的鼓舞下，高度发扬了连续作战的优良作风，不怕疲劳，不怕饥饿，不顾春雨连绵，踩着泥泞的道路，跋山涉水，快速行军。

我军所到之处，群众以极大的热情夹道欢迎自己的子弟兵。

他们把稻草铺到泥路上，以防战士滑倒，用木板和小船加固破烂的小桥，以便我军顺利通过，群众的这种热情，又给我们的部队以极大的鼓舞。

所以经过长途跋涉的战士们，虽然脚底下以起了大大小小的泡，但仍然满怀豪情，一脚泥，一脚水地追赶敌人。当时上上下下的思想集中在一个字上，就是“快”。

——摘自：《粟裕战争回忆录》

★★★★★

向守志

（时任第二野战军第15军44师师长兼政治委员）

在奔袭路上，师党委又发出号召：“前卫不挡路，后卫不掉队，胜利建筑在脚板上，不怕艰苦，克服困难，追上敌人就是胜利。”当日（4月25日）以70公里的强行军抵铅山城（河口镇），河上有座大桥，依然完好无损，国民党军兵败如山倒，溃逃时来不及炸掉。敌人前脚刚走，我军后脚就到，重见天日的老百姓点燃一串串鞭炮，高呼口号，热烈欢迎解放军……

在我各路大军奋勇追歼下，南逃之敌已成惊弓之鸟，我军如秋风扫落叶一般追歼残敌，使敌人未撤至预定防线即被我军歼灭或击溃，致使敌人更加混乱，各自逃命。已窜至浙赣线之敌，因无力布防，继续向南溃逃。

——摘自：《向守志回忆录》

解放上海，渡江战役胜利结束

∧ 渡江战役期间，陈毅（左二）、饶漱石（左一）、粟裕（左五）、谭震林（左三）合影。

时间：1949 年 5 月，地点：上海。
上海之战，瓷器店里打老鼠，既把老鼠打死，又不损坏瓷器。一个尖锐的问题：“是爱无产阶级的战士，还是爱官僚资产阶级的楼房？”
聂军长说：“战士和楼房，我们都爱！现在那些楼房还被敌人占领着，再过几个小时，它就不属于资产阶级，而是属于人民。我们没有任何权利毁坏它，必须尽最大努力去保全它。”

1. 解放上海，欲解决“投鼠忌器”之难题

5月的北京春意正浓。为了新中国的诞生，毛泽东日理万机，仍然十分关切华东战局的进展情况。总前委报告我军进展神速，已胜利完成“京沪杭战役实施纲要”确定的第一、二阶段的任务。毛泽东非常高兴，高速运转的大脑，又在运筹下一步的重大军事行动。

总前委领导陈毅、邓小平已带机关人员进驻江苏丹阳，与华东局领导饶漱石等一起，部署具体接管上海的工作。

三野副司令员粟裕、参谋长张震已率指挥机关从常州东移苏州。他们密切联系，进一步谋划第三阶段解放上海的作战部署。

当时，上海是东方最大的城市，它历经数百年的开发建设，由一个小渔村发展成为中国的经济中心。政治上，它既是中国共产党的诞生地、我国近代革命的摇篮，也是蒋介石发迹、各种反动势力汇集的地方。面对如此复杂的大都市，主持三野前委工作、直接指挥上海战役的粟裕副司令员感到肩上的担子很重。他与参谋长张震等反复研究解放上海的作战行动。

上海是蒋介石重点布防的城市。早在1949年3月，他就命令以汤恩伯为总司令的“京沪杭警备总司令部”由南京迁至上海。蒋介石把防守上海的大权交给了汤恩伯，特地写了手令，要汤“集中兵团死守上海，直至把上海的大批金银、物资运走。”

汤恩伯是浙江金华人，1926年从日本陆军士官学校毕业后回国，投靠蒋介石，参加过北伐战争。抗战中，曾先后任第七军团军团长、第一战区第1集团军总司令、第31集团军总司令、第一战区副司令长官等职。1945年调任京沪杭任卫戍司令，1947年出任京沪警备总司令。

蒋介石竭尽全力坚守上海，企图维持半年到一年时间，等待国际形势变化，使

国内战争转为国际战争，借助帝国主义的力量，挽回其行将灭亡的命运。

上海国民党军守备兵力有8个军、25个师，约20万人。此外，还有国民党海军各种舰艇30余艘，飞机130多架。解放军的迅猛攻势，使盘踞上海的汤恩伯集团犹如惊弓之鸟。汤恩伯整天坐卧不安，反复规划守卫上海的部署。他将整个守备阵地划分为外围阵地、主要阵地和市区核心阵地三大部分，并处心积虑地将淞沪防区划分为沪西北，黄浦江以西，京沪路以北、沪西南，黄浦江以西，京沪路以南及浦东三个守备区，以加强统一指挥。以沪西作为重点守备区，部署得力部队控制大场、江湾、真如地区，直接支援沪西北守备区的作战。另外，还酌情增设区守备兵团，固守核心阵地。

在苏州的三野前线指挥所里，粟裕详细地研究了敌上海防区布防图，心情久久不能平静。他沉思，要歼灭敌人，肯定是一场恶战，又要有许多优秀指战员为上海人民的解放而献出生命。

这一场恶战如何打法呢？这个重大问题在粟裕、张震等将军的脑海中日夜翻腾。

中央军委和毛泽东对上海战役的指导方针早有考虑，曾一再指出：既要歼灭防守上海的敌人，又要保全上海市区免遭破坏，以利日后建设。陈毅和邓小平遵照中央军委和毛泽东提出的指导方针，告诫各级指挥员说："单纯军事上占领城市是小胜，只有完整地把上海交给人民才是大胜。全胜。"

粟裕、张震等凭着对党对人民的赤胆忠诚，深刻地理解了中央军委和总前委的意图，粟裕脑海中不觉出现"投鼠忌器"的成语。是呀！上海就像一家瓷器店，藏有大量宝贵的瓷器。打上海如同在瓷器店里打老鼠，既要把老鼠打死，又不要损坏瓷器。此后，他不仅在指挥部里召开作战会议时讲"投鼠忌器"的含义，就是到部队视察时也常谈这个故事，以引起指战员们重视这个问题。

4月27日，中央军委电示粟裕、张震：

国民党在沪军队有迅速撤走可能，加以上海资产阶级不赞成在上海打仗，故上海和平解决之可能性甚大。

军委命令三野不要过于迫近上海，以免吓跑敌人，如果汤恩伯固守上海进行顽抗，则由粟裕、张震指挥三野主力攻取上海，歼灭汤恩伯集团。

长期与敌人较量、具有丰富作战经验的粟裕、张震将军感到上海如能和平解决，那最好不过。但他们知道蒋介石、汤恩伯是不甘心失败的，不可能拱手让出这块经营多年的地盘。粟裕、张震命令各部队暂缓进军，就地进行整训，一时间，各部队掀起了政治学习和军事训练的热潮。人们情绪高昂，都为能参加解放大上海而感到自豪。

在部队抓紧备战的同时，接管上海的非军事准备工作也在紧锣密鼓地进行着。

从地方和军队抽调了5,000多名干部，至江苏丹阳集中培训，准备接管上海。总前委领导邓小平、陈毅和华东局领导饶漱石直接负责此项重要工作。5月4日召开的干部大会上，邓小平、陈毅、饶漱石坐在主席台上谈笑风生，兴奋之致。陈毅看着台下将去承担管理上海大都市重任的干部，激动地说："同志们，我们就要进城了！首先，我们要学习毛泽东主席、朱德总司令颁发的约法章程；其次我有六点意见，供大家参考。

励志社

蒋介石模仿日本军队中的"偕行社"组织亲手创办的，其前身是黄埔同学会励志社，创立于1929年。社长由蒋介石兼任，社址设在南京黄埔路中央陆军军官学校内，社员以该校学生为主。在抗战胜利后，它发展到顶峰，总干事为黄仁霖，下辖四处一室；秘书室下设人事、文书、招待三科。励志社的主要任务一方面是充当蒋介石的内廷供奉机构，另一方面是接待外国来华军政人员，特别是美军顾问团。

一要艰苦演习；二要发扬军事民主；三要虚心谨慎；四要遵守入城纪律；五要注意外交问题；六要树立建设新中国的理想。"

接着，邓小平高声地说："唐太宗李世民有这样一句名言，'夫以铜为镜，可以正衣冠；以古为镜，可以知兴替；以人为镜，可以明得失。'上海是中国第一大城市，经济、文化中心，是一个灯红酒绿的十里洋场，是特务、流氓、妓女、强盗充斥的地方，还有各种反动组织、青帮、会道门等等，社会情况极为复杂。上海在国际上有很大影响，一有风吹草动，就会引起全世界的注意。可以说，人民解放军进上海是中国革命过程中又一难关。毛主席主张推迟进上海是很有道理的，是很有预见性的。将来进城后，我们的战士不能撒野，干部更不能撒野。"

就在我积极进行解放上海的各项准备，我军向上海逼近之时，4月30日，退居浙江溪口家乡的蒋介石乘"泰康号"军舰从浙江抵达上海，亲自策划和部署上海的防御。刚到时住在复兴岛上，后迁到市内金神父路，今瑞金二路励志社。其间，蒋介石在龙华机场召开军事会议。他端坐在会议桌一头的椅子上，那闪烁着寒光和无奈的眼睛，缓

V 抗战时期，蒋介石与毛瀛初合影。

国民党航空委员会参谋处副处长毛瀛初

浙江奉化人。空军军官学校第二期毕业。抗日战争初期，任国民党空军第4大队第23中队中队长，参加了著名的“八一四”空战。1938年2月，晋升为第4大队大队长，在武汉保卫战中屡建战功。1941年，赴美国进修。归国后，任驱逐机总队总队长。抗日战争胜利后，调升为航空委员会参谋处副处长，负责空军作战训练工作。1949年去台湾。

慢地扫视了每个毕恭毕敬地坐在那里的京沪警备总司令汤恩伯、淞沪警备司令陈大庆、淞沪防卫司令石觉、上海战区空军司令毛瀛初等手下的高级将领。

汤恩伯首先汇报了部队的部署情况。他见蒋介石饶有兴趣，不时发出“嗯、嗯”之声，就接着详细地报告了上海战区的防御体系。接着，汤恩伯清了清嗓子，沾沾自喜地说道：上海“这套有重点、有纵深的立体防御体系，攻不破，摧不垮，真正是……钢铁阵地”。这里汤恩伯本想说“斯大林格勒第二”，怕蒋介石忌讳“斯大林”三字，话到嘴边又改口了。

接着，海军、空军司令先后发了言，他们都强调了对地面部队的配合，要保证吴淞口外海上运输的畅通。

京沪杭总部炮兵指挥官邵伯昌，“嚓”的一声起立，向蒋介石鞠了个躬，然后大声说道：战区内，各独立炮兵团及军师属炮兵共有火炮约500门，每炮备弹300发，拟在阵地前每1公里正面平均配置5门火炮，构成一道“不可逾越的炮弹阵地”。

负责战车及装甲车部队的蒋纬国也站了起立，挺着胸脯说：战车及装甲车部队作为总预备队，定以党国利益为重，积极配合各部队作战，奋勇当前。“以往作战，共军每突破一点，就引起全线动摇。这次只要步兵部队各自守住阵地，阻止突破和恢复突破口的任务就交给我们战车部队了！”

蒋介石听了诸位属下的报告，颇感满意，强调说：“我要求你们在上海打6个月，

斯大林格勒保卫战

第二次世界大战的转折点之一。1942年夏，德军为了重获战略主动权，开始向伏尔加河流域的战略要地斯大林格勒推进。从7月到11月，是苏军在斯大林格勒战役的防御阶段，苏军挡住了德军优势兵力的进攻，同时极大地消耗了德军的有生力量。从11月到次年2月，苏军转入反攻阶段，在持续200天的整个斯大林格勒战役过程中，德军共损失150万人，3,500辆坦克和强击火炮，1.2万门大炮和迫击炮，3,000架飞机。它影响了第二次世界大战的进程，提高了苏联的国际威望和全世界人民战胜法西斯的信心，并迫使英、美等国开始认真考虑开辟第二战场问题。

∧ 1949 年，渡江战役主要指挥者之一——粟裕。

就算你们完成了任务。坚守住上海，等待第三次世界大战爆发，届时将会得到美国全力保护，我们就会重新光复全国，这是至关党国存亡之战役。”众人听了蒋介石鼓动之后纷纷表示甘愿效命。

5月1日下午，为了进一步稳定军心，激励士气，蒋介石又在汤恩伯的司令部召开驻沪团长以上军官会议。会上，蒋介石再一次鼓劲打气，并信誓旦旦地声称："我要留在上海不走，亲自指挥战事"，"要和官兵共艰苦"，"要和上海共存亡"。

他还多次与地方要人会商，召集在上海的黄埔学生讲话，一再鼓吹："党国成败在此一举，黄埔学生必须以全力来应付民族危难。"

时隔数天，蒋介石得报：有一支共军从常熟向浏河方向快速进军，可能要攻击浏河，进逼吴淞口。神经过敏的蒋介石生怕海路被断，匆匆由市内迁至停泊在吴淞口外的军舰上遥控指挥。

我军略施小计，蒋介石就吓得魂飞魄散。原来，毛泽东从上海地下党发来的密电中得悉蒋介石已从上海撤人撤物，就请周恩来给粟裕、张震发个电报："能不能先进浏河一个军，威胁一下汤恩伯"。粟裕、张震接电后，即命10兵团司令员叶飞派一部出击浏河。这个行动的消息很快传到蒋介石的耳里，引起他一番惊恐。

粟裕、张震结合当面的敌情，反复研究了攻占上海的三种作战方案：一是对上海守军实施长期围困，这虽有可能使敌人粮尽弹绝，不战而降，但也会使市民生活陷入绝境。二是攻其防御薄弱之点，从苏州河南实施突击。但考虑到这样做势必吸引守军主力于市区，使市区成为主要战场，无法达到把上海完整地交给人民的目的。三是从上海两翼迂回，钳击吴淞口，封锁其海上退路，诱歼守军主力于市郊。

此方案虽可阻击敌从海上运走更多的物资，使市区免遭更大战火破坏，但由于汤恩伯会集中全力保护退路，势必要进行大规模恶战。这样，我军要付出很大代价。经过再三斟酌，大家认为，我们是人民军队，只要有利于上海人民，有利于将来的建设，我军多做些牺牲是完全值得的。所以，粟裕、张震接到毛泽东亲自起草的电报后，毫不犹豫地于5月7日上报了夺取上海的第三方案，并得到中央军委批准。

几天来，苏州三野前线指挥部里格外忙碌，粟裕那消瘦的脸上不时露出笑容，虽说他那突出的眉骨更加明显，眼睛显得更大了，但精神抖擞，目光炯炯有神。他一手拿着军委的电报，一手拿着红笔在作战地图前与张震研究具体作战行动。

在江苏丹阳的邓小平、陈毅等总前委领导，在积极地进行接管上海的各项准备工作。三野前指领导都在忙碌于检查部队各方面的准备情况，各军领导都在电话中焦急地询问战役发起时间。粟裕总是这样回答：“别急嘛！心急吃不下热粥，只要准备好了，这碗粥有得吃的。”

张震参谋长却不受忙碌气氛的干扰，把自己关在小房间里，根据邓小平、陈毅、粟裕等领导同志研究的方案，正在专心致志地起草“第三野战军淞沪战役作战命令”。

张震脑海中好似浮现出庞大的战争场面，我英雄部队随着鲜红的军旗以排山倒海之势，从四面八方向上海涌去。他握着笔在纸上沙沙地写着，似流水、似奔马。

粟裕急不可待了，赶紧来与张震进行逐字逐句的斟酌。同时，与在丹阳的陈毅及在杭州的谭震林取得联系，征求意见。5月10日，由陈毅、粟裕、谭震林、张震4人署名发布了《淞沪战役作战命令》。

2. 蒋王朝残部坚守上海做垂死抵抗

敌人似乎有不祥之感，就在三野下达“战斗命令”的次日晚上，汤恩伯又在京沪杭司令部里主持召开紧急作战会议。与会者有淞沪警备司令陈大庆、淞沪防卫司令石觉、京沪杭警备总司令部副参谋长周自强、保密局长毛人凤、警察局长毛森以及炮兵、装甲兵司令和8个守备军的军长等70余人。他以嘶哑的声调直言相告：“诸位！据可靠情报，共军近日已有行动，估计不出两天战斗会打响……各位都准备得如何？”他扫视大家一眼，接着说：“我想告诉你们，总裁的兵舰就在吴淞口外，他亲自指挥上海保卫战。总裁要我务必转告各位，国军在上海一定要好好打一打。美国驻远东总司令麦克阿瑟已表态，只要我们坚持3个月到半年，美国一定出兵！到那时，局势就会发生本质的变化。”

5月12日，上海战役终于打响了。

为保证上海市完整地回到人民手中，三野前指决定把钳击吴淞口、封锁黄浦江作为战役第一阶段的目标。于是，我10兵团第29、28军和第9兵团第20、30军分别进击浦西吴淞和浦东高桥，似一把巨大的钢钳，直向吴淞口钳去，迫敌集兵该地，力保退路。

29军军长胡炳云、政治委员张藩率部向吴淞攻击前进。12日，该军主力第87师并指挥第85师一个团攻占浏河，歼守敌第52军一个多营，乘胜向月浦镇挺进。

月浦、刘行、杨行均位于吴淞口西侧，北濒长江，东临黄浦江，是屏障吴淞、宝山的重要阵地。国民党军为保证海上退路的畅通，在该地筑有密集的钢筋水泥地堡群，构成宽阔的纵深防御体系，易守难攻。汤恩伯特派其“精锐部队”52军守卫该地，以保“万无一失”。

12日傍晚，细雨仍在不停地下，夜幕早早降临。担任主攻月浦任务的87师260团在政委萧卡、副团长梅永熙率领下快速插到月浦镇北端。按师指挥部指示，在夜幕掩护下挖掘工事，直把交通壕、掩体挖到离月浦街七八十米处。

此时担任助攻的253团已悄悄地集结在260团的西南方向。奔袭途中，该团从俘虏口供中得知月浦镇没有多少工事，指战员们便乘夜大胆向前穿插。当晚22时，部队

V 我军三野10兵团司令员叶飞在指挥所部署淞沪战斗。

进入月浦街旁的一片“坟地”，在蒙蒙细雨中发现“坟地”一个挨一个。部队就地待命，团指挥所设在“坟场”中部。

天色渐渐转明，“坟包”变成了一座座钢筋水泥碉堡。这意外的情况使指战员们大为震惊，团领导赶紧组织部队撤离，但为时已晚。

顿时，街里街外枪声、炮声、地雷的爆炸声交织在一起，冲破了黎明前的寂静。

那一座座“坟包”都变成了可恶的魔鬼，张开血口，喷吐着火焰。我英勇的指战员们左射右扫，前赴后继。副团长指挥部队向月浦街以西发起两次攻击，均被敌多层火力阻止，伤亡甚大。

260团也遭敌机轰炸和敌舰炮击，夜里匆匆挖起的工事大半被毁。敌人疯狂的火力封锁着通往月浦街的各条道路，我军前进道路受阻。

战士们奋勇前冲，又有一批战友倒下了。满脸沾着雨水、血水的萧政委心似刀绞，他向后续部队高喊：“停止冲击！”那嘶哑的声音被炮火轰击声和部队奋勇突击的呐喊声淹没，部队如洪水般向月浦街涌去。我军勇往直前的英雄主义气概，吓得敌人胆战心惊，但那强大的交叉火力网依然把我军阻挡在月浦街外。

15日清晨，我军占领月浦镇，但伤亡很大，主攻的第260团最后只剩下64人。

敌人开始反扑，十余艘敌舰首先向我阵地猛烈炮击，飞机也不断轰炸、扫射。

随后，敌步兵在坦克掩护下向我第87师阵地猛攻，力争夺回月浦。指战员依托工事勇猛阻击，击退敌人连续5次冲击。第259团团长胡文杰血洒疆场。第260、253、259团始终像钉子一样守卫在已占领的月浦阵地上，双方形成暂时的对峙态势。

第28军军长朱绍清、政委陈美藻接到作战命令后，指挥第83、第84和第82师第244团，该团为第83师加强团、军山炮营和工兵连，于12、13日攻占太仓、嘉定后，马不停蹄，向刘行、杨行逼近。

刘行初战受挫，使第83师师长朱耀华、政委李曼村深为痛心。他们冷静地分析了情况，命令第244团领导不要蛮干，注意掌握敌人的火力情况，选好突破口，减少部队的伤亡。

14时20分，第244团再次向刘行守敌发起攻击，敌人溃退了，被英勇顽强的解放军指战员冲垮了！15日14时，我军攻占刘行镇，全歼守敌第52军第25师第73团1营和该团迫击炮连及督战队。

第84师对杨行实施包围，因守敌工事坚、火力强，一时难以拿下。15日晨，该师第252团攻占杨行以西的朱家宅，越过杨刘公路，插入杨行西南的钢钩船、大朱宅、王磨油等村庄，切断了杨行与大场、江湾的联系。

汤恩伯得报主阵地刘行已被我军突破，杨行危在旦夕，急命驻江湾的第99师火速驰援杨行。敌人在飞机、坦克、大炮的配合下，集中兵力向我第252团阵地实施反冲

＞ 李曼村，1955 年被授予少将军衔。

李曼村

山东章丘人。抗日战争时期，任山东人民抗日救国军中队长，八路军山东人民抗日游击纵队第 3 支队连长、营教导员，八路军山东纵队第 3 支队团政治委员，渤海军区第 6 军分区政治委员等职。解放战争时期，任渤海军区第 3 军分区政治委员兼警备 7 旅政治委员，山东军区第 7 师政治委员、第 11 师政治委员，第三野战军 28 军 83 师政治委员、军政治部主任等职。

朱耀华

江西瑞金人。土地革命战争时期，任红一军团第 2 师 4 团营青年干事，代连长等职。抗日战争时期，任八路军第 115 师 343 旅 686 团连长、营长，司令部二科科长，山东军区特务团参谋长等职。解放战争时期，任渤海军区警备第 6 旅 11 团团长，第 11 师 11 团团长，华东野战军第 10 纵队 29 师参谋长，第三野战军第 28 军 83 师师长等职。

击。第 252 团指战员顽强抵抗，终因深入敌纵深后立足未稳，难以抵御敌猛烈炮火和集团兵力的反击，被迫退至朱家宅一线。

我西线兵团在月浦、杨行、刘行一线战斗受挫。一时间，在上海的国民党宣传机器刮起一阵狂热的“祝捷”旋风，庆祝游行、“祝捷”大会不断，街上乱纸飞舞，浓妆艳抹的女人搀着硝烟浸染的“英雄”招摇过市。

汤恩伯在“祝捷”大会上叫道：“月浦大捷证明国军在上海修筑的阵地是铜墙铁壁，

< 时任国民党京沪杭警备总司令的汤恩伯。

坚守阵地的部队是国军中最精锐的部队，装备精良，士气旺盛，共军并不是战无不胜，第52军前方大捷说明只要我们团结一致，就有信心确保上海安全！”

然而，从浦东传来的一道道战报使汤恩伯如同三九寒天浇下一盆冷水，浑身颤抖。

浦东，位于上海市南北纵贯的黄浦江以东，东抵大海，北接长江口，是其海上退路的重要通道。尤其是位于“脚趾”处的高桥，北靠长江口，西临黄浦江，是控扼黄浦江口的要地。

按原计划，汤恩伯准备于5月18日趁大潮时炸毁奉贤拓林海堤，水淹浦东南部，阻止我军从浦东钳击吴淞口。后得知我军已于12日向浦东逼近，来不及下手，只好赶紧调第51军去加强川沙一线防备。

就在汤恩伯改变计划，匆匆调兵之时，我军两支劲旅似两把锋利的钢刀直逼浦东。

5月13日下午，第30军军长谢振华率军指挥所及第1梯队第88、89师从浙江平湖出发，由西向东分两路沿公路、海堤向浦东疾进。沿途边战边行，于14日攻占金山卫、奉贤、南汇清镇。15日晨，先头部队第88师主力大胆越过川沙，插入守军背后，截断敌第51军和第12军的联系，孤立川沙守军。

是日上午，第88、89师各一个团对川沙发起攻击。善于夜战、近战的我军从两翼包抄，勇猛攻击，只用了两个小时就攻占了川沙县城，歼敌700余人。

在30军激战川沙之时，另一支劲旅第31军亦长途奔驰，插向浦东。按原计划第31军，是准备担负接管上海市区的任务。由于战局变化，三野前指决定让该军改归9兵团指挥，参加浦东作战。

5月8日，该军军长周志坚、政委廖海光率部立即投入浦东作战，攻占周浦，会同第30军夺取高桥，直插三岔港，封锁黄浦江，切断敌人海上退路。

周浦镇是敌浦东外围阵地的一个重要据点守敌，约3,000人。为打好浦东作战第一仗，第31军91师领导决定由在济南战役中立有赫赫战功的第27团即"济南第二团"担任主攻，由周浦镇西北实施突击，第272团从镇西南、第273团从正南配合攻击。

第31军浦东首战告捷，指战员们为之振奋。

三野苏州前线指挥所里，粟裕、张震在仔细地翻阅着一份份战报，前线战况牵动着他们每一根神经。东线部队顺利推进，他们感到欣慰；西线部队遭受挫折引起他们的高度重视。

早在5月14日，粟裕、张震接到叶飞、胡炳云、刘培善等西线指挥员的战况报告，

> 廖海光，1955年被授予少将军衔。

廖海光

湖南酃县人。土地革命战争时期，任红8军第22师青年干事，红二军团直属队总支书记、第4师11团总支书记，第6师17团政治委员。抗日战争时期，任八路军总部随营学校3队政治指导员，抗日军政大学第一分校大队政治委员，胶东军区16团政治委员，南海军分区政治委员等职。解放战争时期，任胶东军区5师政治委员，华东野战军第13纵队政治委员，第三野战军24军政治委员等职。

∧ 上海战役期间，蒋介石派长子蒋经国飞赴上海给汤恩伯打气。

深感问题严重，当即对敌情和部队的思想状况作了认真分析，感到有必要迅速调整部署，改变战法。三野前指根据总前委的指示精神和部队的作战情况，于16日下达了“淞沪作战的战术指示”，虽然迟了一点，但对改变西线部队的被动局面，完成下一步作战任务起了重要作用。

早已跑到浙江定海的蒋介石得知解放军迅速包围上海，进而分东西两线向吴淞口钳击的战报，更为沮丧和不安。他不甘心苦心经营的大上海就这么落入共产党手中，更担心大批金银、物资来不及抢运。于是，特派其长子蒋经国返回上海，督促抢运金银、物资，并给汤恩伯等人打气。

5月15日上午10时，蒋经国从定海飞抵上海，沿途所见断墙残壁，冒着青烟的树木，衣冠不整的军人，令他神色暗淡。从这些景象中，他看到“蒋家王朝”已彻底崩溃，无奈地闭上眼睛。蒋经国首先召见市长陈良，询问抢运金银、物资情况，指令无论如何得把上海的物资抢运出去。

接着，蒋经国又以“太子监国”的身份在湘沪警备司令部召开作战会议，听取作战处长王之师的战况报告。后来，他又召见汤恩伯，了解战况。身穿士兵服的汤司令，带着硝烟气味进见蒋经国，连句客套话都未说，就唉声叹气地讲起国军节节失败的情况。

蒋经国也随着摇头叹息，只好搬出老头子，说了些鼓劲的话，第二天上午10时许就匆匆离开了上海。

3. 渡江战役全面胜利，划江而治阴谋彻底破产

上海战役打响以来，我军动作迅猛，迫使汤恩伯将主力集中于吴淞口两翼地区，市区兵力空虚，为我歼敌主力于市郊并迅速攻占上海市区创造了有利条件。但由于对敌工事的复杂性估计不足，进攻敌主阵地前缺乏充分准备，故也碰了些钉子。几天来，在苏州直接指挥上海战事的粟裕、张震，心情格外沉重。他们在按照中央军委和总前委最新指示精神，运筹对上海发起总攻的作战规划。同时，他们也为上海守军内部起义的流产而感痛惜。

5月18日，粟裕、张震接到中共上海局策反工作负责人沙文汉转来的信件，得知以张权为司令的上海市区武装起义遭到了敌人的残酷镇压。

本来，中央军委批准了中共上海地下党领导的武装起义于5月16日10时举行。

军委任命张权为起义军司令、王亚文为政治委员、郑振华为副政治委员兼政治部主任。

张权是河北武强县人，1917年从军，曾在程潜部任职。北伐时，任国民革命军

第6军第191师师长，常与时任第6军党代表兼政治部主任的林伯渠交往，深受其政治影响，从此与中共建立了密切的关系。1944年，以国民党中将总队长职率领陆军战车防御炮教导总队到重庆驻防，常与周恩来往来。周恩来非常欣赏张权忧国忧民的主张和出众的才能，亲自推举中共党员王亚文到其部任上校秘书，做联系工作。

张权受到蒋介石的排斥，给他一个联勤总部中将视察员的虚职。然而，这个职务使他可以到各部视察，为他组织武装起义提供了便利条件。起义前几天，张权特别激动。他为自己和王亚文一起受命组织指挥这次具有重大意义的武装起义而感到责任重大和无比光荣。当听到从月浦和浦东方向传来的隆隆炮声时，他知道天快亮了。

武装起义的准备工作有条不紊地进行着。为使起义按时成功地发起，张权、王亚文不顾个人安危和疲劳，分头到有关部队视察，检查落实情况。一切安排妥当，只盼那约定起义的重要时刻快快到来。

起义的前一天，即15日上午，张权去吴淞口，争取炮兵司令邵伯昌参加起义，以减少断敌海上逃路的阻力。可是，万万没有料到张贤叛变，敌人的屠刀已悄悄地向起义军的领导者砍来。张权、李锡佑等先后落人敌入魔掌。

粟裕、张震心如刀绞，眼前呈现出许许多多被捕同志的身影。一场生与死的较量不可避免，对上海的总攻刻不容缓。

粟裕含着眼泪急切地对张震说："发个电报给军委和总前委，报告上海起义流产的情况，征询总攻的时间。"

在丹阳总前委的邓小平、陈毅早已得到上海武装起义流产的消息，他们义愤填膺，恨不得马上攻占上海。今又收到粟、张电报，遂即复电：

进入上海的政治准备业已初步完成，攻占上海的时间不受限制。

毛泽东、朱德、周恩来等在忙于筹备开国大典的同时，十分关心上海战役的进展情况。他们本来想通过武装起义尽量减少上海人民生命财产的损失，故命令部队暂缓进攻，待机行动。现在，大规模的军事较量已不可避免。他们阅毕粟裕、张震的电报，非常理解前线指挥员的心情，决定加快解放上海的步伐。

∧ 1949年5月22日，我军在上海市郊与浦东游击队会师。

粟裕、张震收到中央军委19日关于总攻时间“不宜拖得太长”电示的当天，即在苏州召开作战会议，紧锣密鼓地部署总攻上海的准备。

粟裕、张震等领导人的每一根神经都绷得紧紧的。他们一边上报总攻部署，一边向各兵团、各军通报情况，命令各部做好准备。同时，嘱咐各部要接受前一阶段作战中由于对敌情况不明而受挫的教训，研究淞沪守敌的战术特点、军事设施及防御工事配系状况，以便各级指挥员掌握克敌制胜的办法。

5月22日，粟裕、张震怀着激动的心情看着军委复示：

同意21日午电所述之攻沪部署，望即照此执行。

随即由陈毅、粟裕、谭震林、张震4人联合署名，下达了《淞沪战役攻击命令》，决

∧ 我军占领黄埔江江堤后向纵深发展。

定5月23日晚全线对负隅顽抗的上海守军发起总攻。

敌人是不甘心退出历史舞台的，仍在做垂死挣扎。汤恩伯曾夸下海口，要以“火海”对付解放军。他得知浦东守军反击成效不大，预感黄浦江口将会被截，退路受到严重威胁，如坐针毡，急忙于22日拂晓第三次从市区调75军增援高桥。该地守军得到加强，斗志稍增，又在火炮、坦克和飞机的支援下，发动多次反扑。我第30、31军互相配合，浴血奋战，经过反复争夺，大量杀伤敌人，坚守了既得阵地。

次日清晨，守敌95师一部又向我90师魏陆家宅阵地猛扑，一度突破前沿。第90师一副团长在部队伤亡很大、敌人逼近团部的情况下，率领团直机关干部、战士拼死抵抗，击退突入之敌。另一股敌军在炮火掩护下突入第92师第275团阵地，抵近团指挥所。在这危急时刻，第275团副政委组织指挥所人员和送弹药的民工一起出战，射击的射击，投弹的投弹，还有几人绕到敌侧后开火，终将疯狂的敌人压了回去，保住了阵地。

杨行、吴淞、宝山方向守敌几天来慑于我军强大攻势，不敢组织大规模反扑，但是敌军飞机、舰炮一直没有停止对该地区的狂轰滥炸。

“淞沪战役攻击命令”下达以后，粟裕、张震密切地注视着部队备战情况和思想情绪，注视着敌人的一举一动。22日下午，得报汤恩伯、陈大庆等乘舰出海，在吴淞口外指挥守军撤退。敌54军已从真如地区撤走，苏州河以南市区仅有交警总队守备，兵力空虚。敌人的大部分兵力已被我吸引到郊区。这些情况的出现，极有利于我实现攻取上海又不打烂上海的目标。粟裕立即命令各部队于23日夜按所负任务同时发起总攻，迅速全歼上海市守敌。

广大指战员日夜盼望的总攻时间终于到来了。他们似强弓上的利箭，从四面八方射向敌人的心脏，以排山倒海之势向大上海冲击。

由于空中联系早已中断，吴淞口地区成了敌惟一的海上逃路。汤恩伯集中守军主力于该地，企图依托密集、坚固的防御工事继续顽抗，保证其部队和大量物资顺利撤出。我军从一开始就把该地作为截断敌人逃路、歼灭守军、解放上海的重要战场，战役的第一枪从这里打响，现在为了减少上海人民生命财产的损失，最激烈的大规模的战斗也要在这个地区进行。

在上海地下党密切配合下，我军在市区战斗进展迅速。至25日上午已完全控制了苏州河以南市区。

汤恩伯和陈大庆已将指挥所移至吴淞口外的军舰上。一方面，他们按照蒋介石的旨意，匆忙而焦急地部署守军全面撤退；另一方面，这些掌握军政大权、曾鼓吹“要与上海共存亡”的顽固官员，均在寻找替身，准备逃窜。

5月25日下午，陈大庆壮着胆子在自己家中召集最后一次军事会议，冠冕堂皇地说是为了调整防务，固守阵地，实质上是在安排后事。会上，陈大庆脸色阴沉，以嘶哑的声音说道："上海保卫战至此，我们已经得到大的胜利。现在，我们不得不做军事战略上的调整。我已经和汤先生说好，今天夜间，苏州河以南第75、54军、浦东方向的第37军全部撤至苏州河以北，河南只留下4个交警总队。第51、123、21军组成兵团，防守苏州河北。沿河有高楼大厦，又有苏州河作屏障，防务十分巩固。"

陈大庆心里明白，长江立体防线都被解放军一举冲垮，这小小的苏州河怎在解放军话下。他按照事先与汤恩伯商定的计划，任命重新组建的第51军军长刘昌义为淞沪警备司令部副司令兼北兵团司令。这样汤恩伯、陈大庆就把一副要散架的烂摊子撂给了刘昌义。此时此刻，刘昌义心里也很清楚：汤恩伯、陈大庆留下来的第51军是匆匆拼凑起来的，第21军是四川部队，第123军由苏北民团组成，他们把这些杂牌军当作掩护撤退的挡箭牌和牺牲品，把我当成替死鬼，我刘昌义也没有那么呆！

上海市长陈良也在急于寻找代理人。他曾找颜惠庆、张菊、徐寄三位有名望的老人商量，请他们出山代理市长，可谁都不愿当替死鬼。陈良无奈，只好软硬兼施把工务局长赵祖康抬出来代理市长，并在24日上午召开的警察局长会议上宣布了这一决定。

赵祖康早与中共上海地下党有联系，曾得到地下党的指示，"如果有机会，应该把上海的政权接过来，迎接解放。"

这一天终于到来，赵祖康暗暗自喜，为有机会维持上海秩序，保护上海，把大上海完整地交给人民而感到兴奋，下令警察局要维持好秩序和社会治安，避免同解放军冲突。随后，赵又主动与中共代表李公然联系，商定了八条安全移交上海的具体事项。赵祖康的行动为我军顺利接管上海创造了有利条件。

国民党军政头目纷纷潜逃，部队已处于土崩瓦解之势。24日下午，逃至吴淞口外军舰上的汤恩伯密令其嫡系各军及各特种兵部队准备登船撤逃。为掩护其亲信部队安全撤离，汤恩伯不惜丢弃杂牌军。至25日，溃逃之敌第52、54、12军及第4第99师和各特种兵团残部均已集结在高桥、吴淞一带窄小地区，遭我军密集炮火猛烈轰击。那些等船溃逃，胆战心惊的敌军官兵如热锅上的蚂蚁，乱作一团。刺耳的喇叭声、叫骂声、哭喊声交织在一起，如同为残兵败将送行的哀乐。

就在敌人狼狈溃逃之时，我军钳击吴淞口的东、西线部队加紧对敌攻击，夹紧钢钳，截断敌人的海上逃路。

汤恩伯、陈大庆等一伙军政头目乘坐的军舰早已远离长江口，正逃出黄浦江口的几艘敌舰加足马力向海上驶去，几艘后逃的舰艇遭我远程炮火轰击，冒起股股浓烟。惟一的黄浦江水上通道已被我军完全卡死，上海市区的守军成了瓮中之鳖。

5月25日凌晨，我军占领苏州河以南地区后，欲乘胜过河，全歼市内守敌。但是，各部队从拂晓一直打到中午，仍未能过河，伤亡较重。原来，北岸守敌第37、51军（重新组建）和交警部队，凭借高楼大厦和工厂、仓库等坚固建筑物和大量永固性碉堡，居高临下，织成稠密的火力网，封锁住整个河面和南岸沿河马路。坦克、装甲车日夜巡逻，稍有动静就喷射猛烈的火力，阻止我军前进。特别是第37军，是年初伪国防部搜罗社会上亡命之徒组成的青年军，配有美式装备，战斗力较强。

本来，该军想随汤恩伯至吴淞口登船出逃，因逃路被断，只好半途折返回原地驻防，继续顽抗。

我军指战员被敌人的顽固和凶残激怒了。大家心中暗暗发誓，要为死难的战友报仇。有的部队把榴弹炮营从郊区拉到了外白渡桥南岸，有的调来几十门大炮，将炮口对准百老汇大厦，想用炮火把对岸敌人连同那些高大建筑物一起摧毁。第27军军长聂凤智、政委刘浩天，心里时刻牢记着陈毅同志“要把上海完好地交给人民”的嘱咐，一方面命令部队不准轻举妄动，一方面深入部队了解战况，做思想工作，研究解决办法。

聂军长、刘政委来到西藏中路一个团的阵地上，看到干部、战士们浑身是土，满脸是汗，一双双布满血丝的眼睛充满着激愤和期待。多么可爱的指战员呀！

军长、政委含着热泪向他们表示慰问，倾听他们的意见。有个负伤的爆破组长激动地拉着聂军长的手说：“军长，下命令吧！三包炸药，管保把对面那座楼炸飞！”

有的主张用炮火去收拾对岸敌人，群情激昂。有的刚从第一线赶来的指挥员，情绪高昂，发言中充满了火药味。他们提出一个极其尖锐的问题：“是爱无产阶级的战士，还是爱官僚资产阶级的楼房？是我们干部、战士的鲜血和生命重要，还是官僚资产阶级的楼房重要？”

∧ 我军某部冲过苏州河，向市区攻击。

不能再等了。聂军长、刘政委马上召开军党委紧急会议，统一思想，研究部署下一步作战行动。

面对大家严肃、期望的目光，聂军长、刘政委心情也很激动。是呀！上海战役打响以来，我们的指战员一直按照上级指示，宁可把敌人引到郊外去打激烈的争夺战，也不在市区内打攻坚战，宁可自己多伤亡也没有在市内使用大炮等重武器。可是顽固的敌人似乎摸到了我们的心理，龟缩在坚固的建筑物和大量的坦克、装甲车内疯狂顽抗。我们的指战员一批批血洒疆场，他们在即将看到上海解放时却带着仇恨和遗憾与战友、亲人永别了！真令人痛心呀！不能怪下级指挥员有此情绪，要怪只能怪我们高级指挥员没能及时根据战况做好思想工作，提出解决问题的办法。经过紧急磋商，统一认识，聂军长代表军党委向大家解答说："战士和楼房，我们都爱！我跟大家一样，爱惜战士的生命；大家也跟我一样，爱惜人民的财产。现在那些楼房还被敌人占领着，再过几个小时，我们从敌人手里夺过来，它就不属于资产阶级，而是属于人民。我们没有任何权利毁坏它，必须尽最大努力去保全它。”

与会同志的情绪渐渐冷静下来了，思想也逐步统一了。既然不能用重武器，那该怎么办？军领导又引导大家就此进行了反复讨论，出主意、想办法。最后决定改变进攻战术，在苏州河正面佯攻，以部分主力天黑后从侧面涉过河去，沿苏州河北岸从西向东攻击，抄敌人后路。同时，与上海地下党取得联系，发动政治攻势，分化瓦解敌军，争取他们弃暗投明，放下武器。这样双管齐下，以确保上海完好地交给人民。

瓦解敌军，从哪里突破呢？聂军长沉思着。他眼睛忽然一亮，嘴里不断说着“刘昌义、刘昌义”这个名字。是啊，刘昌义早年就与蒋介石有矛盾，曾参加过倒蒋活动，故受到蒋的排斥。现在，蒋介石、汤恩伯又拿他当炮灰。他内心深处一定怨恨蒋，肯定在寻找出路，如能做好工作，动员他弃暗投明，就可将敌防线中段撕开个口子，打乱敌人防御部署，加速全歼守敌的进程。正当聂军长思考如何开始政治攻势之时，接到第81师政委罗维道的电话：“报告军长，我们已经通过地下党对敌第31师进行策反，找到了第51军军长刘昌义，阐明了党的政策，晓以利害，刘昌义表示愿意谈判。”聂军长非常高兴，就直接与刘昌义通了电话，决定下午在第27军军部谈判。

25日傍晚7时，刘昌义一行按约定时间来到第27军指挥所。聂军长以礼相待，动之以情，晓之以理。刘昌义深明大义，表示率第51军撤出阵地，到指定的江湾、大场一带集结，待命而行。谈判期间，聂军长借故离开会场，将情况向兵团和三野首长作了汇报。

粟裕得知刘昌义率兵投诚，苏州河即刻就能突破，高兴得连连自语：“好事，好事，大好事呀！”正说着，接到报告，陈毅、饶漱石等负责接管上海事宜的领导已到苏州车站。粟裕、张震马上赶去迎接，并当面汇报了聂凤智与刘昌义谈判的进展情况。

陈毅听后，兴奋地说：“太好了，这样可以少费很多事呵！”随即向粟裕、张震扼要地交代了有关接管人员开进情况和进一步强调宽俘政策，即把手一挥对随行人员说：“走，今晚不在苏州住了，大家辛苦一点，继续东进，到南翔宿营。”

26日凌晨1时，位于虹桥镇的第27军前沿指挥所里，聂军长与刘昌义的谈判仍在继续进行，聂军长拿出陈毅的指令向刘昌义宣读：“一、接受刘昌义投诚；二、限刘部于26日上午4时前集中在江湾附近指定的三个村庄待命；三、所撤地区由人民解放军接防；四、凡拒不接受命令者，由人民解放军解决。”

陈毅司令员的语气严肃、果断，使刘昌义毫无迟疑的余地。刘要过电报仔细地看着，又掏出怀表一看，指着电文中第二条说：“现在已过了午夜，即使马上回去下命令，恐怕也来不及。”聂军长爽快地说：“这是个实际问题，那么，限期推迟到26日中午12时如何？”刘昌义点头称：“可以。”至此，谈判结束。

刘昌义急忙返回驻地，率领第51军4万余官兵撤出阵地，向我军指定的江湾、大场一带集结待命。这样，苏州河中段防线“决堤”，敌人赖以支撑的苏州河北部市区的防御体系随之土崩瓦解。但是，战斗并没有停止。敌第37军仍坚守阵地，垂死挣扎。

聂军长命令各师加强攻势，积极开展分化瓦解工作，迅速向苏州河北岸突进。

第79师在外白渡河一带向北岸进攻，遭敌猛烈火力阻击。第235团3营7连指导员迟浩田带领战士王其鹏和张瑞林悄悄地爬进一个地下水道，顺着臭水沟趟进苏州河，又潜泳游到河对岸，趁夜暗闯入一大楼内的敌204师师部，以智慧和勇敢俘敌上校副师长，迫敌师部及三个营1,000余人缴械投降，为全师北渡扫清了障碍。

驻守在四川路桥北邮政总局大楼内的敌第37军一部凭借坚固高楼继续顽抗。

第27军领导通过代市长赵祖康去邮政总局劝说局长王裕光与守军谈判。26日傍晚，该楼守军挂白旗投降。盘踞在外滩百老汇大楼上的第37军两个营被我第79师第235团包围后拒绝投降。

我军用高音喇叭喊话：“再不投降，将切断大厦的水电。”

绝望的敌人只好从窗口挂出白旗。驻守在中纺十二厂的第37军4,000余人在我军威慑下和通过地下党的工作，也于27日上午投降。

至此，苏州河以北市区大部被我军占领，惟有杨树浦发电厂和自来水厂还被敌第21军残部盘踞着。聂军长十分着急。如用武力解决，水电设施定遭破坏，将严重影响着全市生产生活，这万万不可；如不使用武力，等敌人投降要到何时？

聂军长正在寻思良策之时，陈毅司令员到了军指挥所。陈毅司令员听着聂军长的汇报，浓眉紧锁，急问：“他们属于哪一部分？”“是国民党21军230师。”陈毅听到这个番号，觉得很耳熟，想起该师副师长许照毕业于国民党陆军大学，是上海知名人士蒋子英的得意门生。想到这里，陈毅喜上眉梢，转身对聂凤智说：“对了！蒋子英一直在上海，你赶快请他做工作。”

聂军长如释重负，通过电话局很快找到了蒋子英。蒋老先生愉快地答应尽力而为。27日下午3时，聂军长就接到报告，说自来水厂、发电厂守军8,000余人已挂出白旗，缴械投降。聂军长兴奋得连声称：“好！好！好！”

大特價

5月27日，是一个不平凡的日子。三野指战员没有辜负中央军委和上海人民的期望，在上海地下党和广大人民群众的大力协助下，经过16昼夜的艰苦奋战，共歼灭国民党军15.3万人，缴获各种火炮1,370门、坦克装甲车119辆、舰艇11艘及大量物资，大上海完完整整地回到了人民的手中。

人民解放军雄赳赳、气昂昂地行进在上海市宽阔的大马路上。

上海市内，热烈隆重的锣鼓声、爆竹声到处蔓延，秧歌队、腰鼓队满街满巷，嘹亮而欢快的歌声此起彼伏；从马路两边，从层层高楼的窗口，一朵朵鲜花，一把把彩纸抛向这威武之师、文明之师……

上海解放后，在陈毅为主任的上海军事管制委员会领导下，顺利地实现了对军事、政治、经济、文化、财贸、交通等部门和行业的军事接管。但是，警备任务相当繁重，它关系到保证军事接管、维护社会治安、稳定社会秩序、保护民众安危的大问题。为了作好这项工作，令第9兵团领导机关兼淞沪警备区领导机关将市区和郊区划分为5个警备分区。各部队严守城市纪律，依靠当地人民群众，在"人民保安队"、"人民宣传队"等群众组织的积极协助下，清除危障，

< 上海人民上街游行，欢庆解放。

V 我军某部从南京路开赴苏州河畔围歼顽抗的残敌。

∧ 上海解放后，陈毅司令员（前左一）、饶漱石政委（前左二）、粟裕副司令员（前左三）等检阅入城部队。

肃清匪特，整顿社会秩序，保护国家财产和政府机构、人民群众的安全，巩固了新生的人民政权。

第23军完成上海市区的战斗任务后，即于6月1日返回杭州，归建制于7兵团，担负解放不久的杭州市的警备任务。

淞沪地区被我军攻占后，盘踞崇明岛的敌暂编第1军5个团、第123军残部和县大队近万人，惶惶不可终日。他们企图封锁长江口，纠集船只，准备逃跑。第25军军长成钧、政委黄火星奉命率部协同兄弟部队占领吴淞地区后，发扬连续作战的光荣传统，继续攻歼崇明岛残敌。该军分梯队渡江，采取穿插、堵击、围攻等战法，迅速占领万安港、江口镇、县城、堡镇等地。

战至6月2日上午，共歼敌3,790余人，胜利地完成了解放崇明岛的作战任务。第28、29、31军在上海战役中圆满完成任务后，迅速撤出大上海，分别到常熟、苏州、嘉兴地区休整，准备进军福建。

在此期间，第三野战军第7兵团在浙东、浙南游击队的配合下，解放了宁波、奉化、

∧ 我军步兵乘车经过检阅台。

镇海、温州、临海、黄岩等城市和广大地区。第二野战军一部解放江西省南城和福建省建阳、建瓯、南平等地；另一部为策应第四野战军先遣兵团的渡江作战，进至江西省丰城、樟树一线，并于22日占领南昌。第四野战军先遣兵团于5月14日开始举行汉浔间渡江作战，从武汉至九江间横渡长江。15日，争取了国民党华中军政副长官兼第19兵团司令官张轸率2万余人在贺胜桥起义，17日解放华中经济中心武汉。6月2日，第三野战军一部解放崇明岛，至此，渡江战役结束。

渡江战役历时42天，人民解放军摧枯拉朽，一举歼灭国民党军11个军部、46个师共43万余人，我亦伤亡6万余人；解放了苏南、皖南、浙江广大地区和江西、福建、湖北部分地区。其战役规模不亚于辽沈、淮海、平津三大战役，是解放军在战略追击阶段所举行的以突破国民党长江防线、粉碎划江而治阴谋的一次大规模进攻作战。

此后，渡江作战部队遵照毛泽东5月23日发出的《向全国进军的部署》：一野解放整个西北；三野经营东南沿海；二野、四野向华南、西南大进军；人民解放军势如破竹，消灭国民党军残敌所向披靡，凯歌高唱迎来新中国的诞生！

∧ 1949 年 5 月 22 日，我军解放南昌。

❶陕北人民将大批粮食弹药运到前线。

②

③

④

⑤

❷ 我军向敌整 90 师指挥部所在地发起攻击。
❸ 我军战士登上刚刚占领的城墙。
❹ 我军某部炮兵以猛烈火力轰击守敌。
❺ 我军在无定河上架设的浮桥。

粟　裕

(时任第三野战军副司令员兼第二副政治委员)

上海解放是继南京解放后又一件轰动国内外的大事。

它的意义，正如当时新华社时评所指出的：上海解放，表示了中国人民无论在军事上、政治上和经济上都已打倒了国民党反动派，结束了国民党20余年的反动统治；也表示了中国人民已经确立了民族独立的基础，结束了百年来帝国主义侵略奴役中国人民的历史。

因此，上海的解放，在中国人民解放事业中具有特殊重要的意义。

——摘自：《粟裕战争回忆录》

★★★★★

张　震

（时任第三野战军参谋长）

解放大上海是渡江战役的最后一战，也是一个相对独立的战役。

如果说，我军百万雄师过大江，适时地转入战略追击，粉碎了国民党反动派建立“南北朝”的企图，那么，淞沪战役则为这场京沪杭大会战画上了一个圆满的句号，也为即将诞生的新中国的经济建设奠定了坚实基础。

——摘自：《张震回忆录》

《聚歼天津卫》 《解放大上海》 《合围碾庄圩》 《进 军 蓉 城》
《保 卫 延 安》 《血 拼 兰 州》 《喋 血 四 平》 《剑指济南府》
《鏖战孟良崮》 《席 卷 长 江》 《攻克石家庄》 《总攻陈官庄》
《围困太原城》 《登 陆 海 南》 《兵 发 塞 外》 《重压双堆集》

1.部分图片由解放军画报社供稿

摄影作者(按姓氏笔画排列)：

于天为	于庆礼	于成志	于 坚	于 志	于学源	马金刚	马昭运	马硕甫	化 民	孔东平	毛履郑
王大众	王文琪	王长根	王仲元	王纪荣	王甫林	王纯德	王国际	王 奇	王学源	王 林	王述兴
王青山	王春山	王振宇	王晓羊	王 鼎	王 毅	邓龙翔	邓守智	丕 永	冉松龄	史云光	史立成
田 丰	田建之	田建功	田 明	白振武	石嘉瑞	艾 莹	边震遐	任德志	刘士珍	刘长忠	刘东鳌
刘 叶	刘庆瑞	刘寿华	刘保璋	刘 峰	刘德胜	华国良	吕厚民	吕相友	孙天元	孙庆友	孙 候
安 靖	成 山	朱兆丰	朱 赤	朱德文	江树积	江贵成	纪志成	许安宁	齐观山	何金浩	余 坚
吴 群	宋大可	张 平	张 宏	张国璋	张 举	张炳新	张祖道	张崇岫	张鸿斌	张谦谊	张 超
张颖川	张 熙	张醒生	张 麟	时盘棋	李 丁	李九龄	李久胜	李书良	李夫培	李文秀	李长永
李 风	李克忠	李国斌	李学增	李家震	李 唏	李海林	李基禄	李 清	李维堂	李雪三	李景星
李 琛	李 锋	李瑞峰	杜 心	杜荣春	杜海振	杨绍仁	杨绍夫	杨 玲	杨荣敏	杨振亚	杨振河
杨晓华	沙 飞	肖 迟	肖 里	肖 孟	肖 瑛	苏卫东	苏中义	苏正平	苏河清	苏绍文	谷 芬
邹健东	陆仁生	陆文骏	陆 明	陈一凡	陈书帛	陈世劲	陈希文	陈志强	陈福北	周有贵	周 洋
周 鸿	周 锋	周德奎	孟庆彪	孟昭瑞	季 音	屈中奕	林 杨	林 塞	罗 培	苗景阳	郑景康
金 锋	姚继鸣	姚维鸣	姜立山	祝 玲	胡宝玉	胡 勋	赵 化	赵 良	赵 奇	赵明志	赵彦璋
郝长庚	郝世保	郝建国	钟 声	凌 风	唐志江	唐 洪	夏志彬	夏 枫	夏 苓	徐 光	徐肖冰
徐 英	徐振声	流 萤	耿 忠	袁汝逊	袁克忠	袁绍柯	袁 苓	贾 健	贾瑞祥	郭中和	郭 良
郭明孝	钱嗣杰	陶天治	高 凡	高礼双	高 帆	高 宏	高国权	高洪叶	高 粮	崔文章	崔祥忱
常 春	康矛召	曹兴华	曹 宠	曹冠德	盛继润	章 洁	野 雨	隋其福	雪 印	博 明	景 涛
程 立	程 铁	童小鹏	董 青	董 海	蒋先德	谢礼廓	雁 兵	韩荣志	鲁 岩	楚农田	照 耀
路 云	熊雪夫	蔡 远	蔡尚雄	裴 植	潘 沼	黎 民	黎 明	冀连波	冀 明	魏福顺	

(部分照片作者无记载：故未署名)

2.部分图片由gettyimages 供稿